1968 a paixão de uma utopia

19

68 a paixão de uma utopia

Daniel Aarão Reis
Pedro de Moraes

FGV
EDITORA

ISBN — 978-85-225-0681-1

EDITORA FGV
Rua Jornalista Orlando Dantas, 37
22231-010 — Rio de Janeiro, RJ — Brasil
Tels.: 0800-21-7777 — 21-2559-4427
Fax: 21-2559-4430
e-mail: editora@fgv.br — pedidoseditora@fgv.br
web site: www.fgv.br/editora

Impresso no Brasil / *Printed in Brazil*

1ª edição — 1988

2ª edição revista e atualizada — 1998

3ª edição revista e atualizada — 2008

PREPARAÇÃO DE ORIGINAIS: Maria Lucia Leão Velloso de Magalhães

EDITORAÇÃO ELETRÔNICA: FA Editoração Eletrônica

REVISÃO: Fatima Caroni e Marco Antonio Corrêa

ILUSTRAÇÕES: Claudio Mesquita

CAPA: Sérgio Campante

FOTOS DE CAPA E 4ª CAPA: Pedro de Moraes

Ficha catalográfica elaborada pela
Biblioteca Mario Henrique Simonsen/ FGV

Reis Filho, Daniel Aarão, 1946-

1968: a paixão de uma utopia / Daniel Aarão Reis e Pedro de Moraes. — 3. ed. rev. e atual. Rio de Janeiro: Editora FGV, 2008.
268 p.

Inclui bibliografia.

1. Movimentos estudantis — Brasil — 1968. 2. Estudantes — Atividades políticas — Brasil — 1968. I. Moraes, Pedro de. II. Fundação Getulio Vargas. III. Título.

CDD — 322.44

Aos que não esqueceram
nem se arrependeram

Desejaria salientar a participação de professores e pesquisadores de história sem a qual este livro não teria sido possível: Rita Helena Dethloff, Marcio Scalercio, Ivano de Souza e Gil Vicente Vaz Oliveira. Também agradeço a Marcelo Ridenti, João Moura, João Roberto Martins Filho e Samuel Aarão Reis por terem cedido as entrevistas de Jean Marc von der Weid, Elinor Brito, Jorge Batista e Sérgio Passarinho, pela edição das quais, no entanto, assumo a responsabilidade.
Para esta edição, cabe formular agradecimentos especiais às graduandas em história Mariana Bruce e Emilly Couto Feitosa, cujo apoio foi decisivo para a elaboração das entrevistas dos representantes estudantis de 2008 e para a atualização bibliográfica.
A todos, o meu reconhecimento.
Da parte fotográfica, queremos agradecer a colaboração do Studio Oficina.

— Você se arrepende?

— De modo algum.

— E se fosse preciso recomeçar?

— Eu recomeçaria.

— No entanto, você já sabe: os homens não mudam e detestam se lembrar.

— É um problema deles. Mas eu não esquecerei.

Eli Wiesel

Sumário

Aconteceu uma vez, há 40 anos...

Daniel Aarão Reis

Mais uma década, uma data redonda a mais, sugerindo, suscitando, quase impondo novas *comemorações* — palavra aqui tomada no sentido etimológico de rememorar juntos, recordar em conjunto a saga de 1968.

A passagem do tempo nunca é neutra e indolor. Aparecem processos históricos imprevistos, surpreendentes, propondo problemas inesperados, modificando concepções outrora bem estabelecidas. As memórias são acionadas de modo diverso, operando seleções inusitadas, descobrindo referências esquecidas, esquecendo agora temas e idéias que pareciam inescapáveis.

Em 1978, primeira década passada, não houve comemorações de vulto. Ainda prevalecia no Brasil um regime de exceção, que os mais delicados passariam a chamar de regime autoritário, mas era mesmo uma ditadura, capaz de prender e matar os opositores, praticando a tortura como política de Estado. É verdade, no ano seguinte, o Ato Institucional nº 5 seria revogado, abrindo as portas para a consolidação do processo lento, seguro e gradual de transição para a democracia possível em nosso país. Entretanto, as sombras da ditadura ainda eram muito densas em 1978, inviabilizando comemorações do ano mais turbulento de sua história. Basicamente, na sociedade como um todo, prevaleceu o silêncio.

Já em 1988 e 1998, mudança radical do quadro. A nação reencontrara os caminhos da democracia, reconciliando-se com os valores democráticos, reconciliada politicamente. Liberdades de expressão e de organização. Pluripartidarismo e alternância reconhecida no poder. Os inimigos continuavam não mandando flores, mas se haviam convertido em adversários. A arena do jogo político substituíra os enfrentamentos armados. A épica dos confrontos dera lugar à prosa democrática. Aparentemente, já não havia direitas no país, e as lideranças e tendências consagradas e tradicionalmente de direita se queriam, no máximo, de centro. O *centrão*, como jocosa e brasileiramente se autodenominavam, e eram denominadas, nos trabalhos da Constituinte eleita em 1986. Centristas tanto mais incongruentes quanto se esvaíra a polarização que lhes pudera conferir sentido. Do outro lado, também as esquerdas radicais apequenaram-se de modo drástico. Revistas as concepções revolucionárias, até mesmo os participantes das organizações da luta armada, em sua grande maioria, reconstruíram-se em uma espécie de *ala esquerda* das lutas democráticas. Tornara-se elegante, quase chique, uma espécie de troféu, ter participado das lutas de 1968.

Assim, acentuando-se em 1998 as tendências presentes em 1988, a saga de 1968 foi recordada como precursora da democracia *realmente existente*. Nos quatro cantos do país, incontáveis eventos, seminários, entrevistas, cobertura midiática, em toda a parte predominou uma espécie de fascínio benevolente por aquele ano turbulento. Uma certa unanimidade — indubitavelmente burra, como todas as unanimidades — se disseminou. Tornara-se uma obrigação, quase, aplaudir e celebrar as lutas sociais e políticas registradas nos anos 1960. Aqueles bravos meninos e meninas de 1968. *Porras-loucas*, sem dúvida. Mas ousados, pois, lutando, salvaram a honra da nação.

Ao longo dos anos 1980, no entanto, consolidando-se na década seguinte e nos primeiros anos do século XXI, um processo histórico surpreendente, esboçado desde os anos 1960, ganhou um vulto extraordinário — instaurou-se, de modo irrecusável, em escala mundial, uma revolução científico-tecnológica, por muitos chamada de globalização. Subverteu, em profundidade, a cultura, a sociedade, a política, a economia. Todas as dimensões da vida humana foram obrigadas a se redefinir, a se modificar, a se reformar e a se revolucionar. Marcando o processo, embora não o resumindo, ressurgiu a doutrina liberal de organização política e social. Aquelas propostas que pareciam moribundas nos anos 1930 e 40, e mesmo depois da II Guerra Mundial, apoiadas em suas matrizes clássicas — inglesa e estadunidense —, retornaram à cena política, ditando políticas e normas de comportamento. Mais uma vez, como advertira E. Morin, o improvável tornando-se possível.

O imprevisível. Derrocadas doutrinárias, sublinhadas depois da desagregação da URSS e da conversão da China maoísta em dragão de um desenvolvimento econômico turbinado por grandes empresas capitalistas mundiais. No começo do século XXI, os atentados terroristas nos EUA. O fortalecimento do fundamentalismo islâmico. Embaralhamento de referências. Já ninguém se reconhece nos lugares anteriores, posto que muitos lugares anteriores simplesmente desapareceram. Uma vertigem. Num contexto de recrudescimento espantoso da velocidade em que tudo agora passa a acontecer, numa aceleração de ritmos totalmente fora de controle, ainda não experimentada, e até hoje não dominada.

Todas essas mudanças germinadas nos últimos anos do século passado, e reforçadas nos primeiros anos deste novo século, ensejaram um contexto para as comemorações de 2008 inteiramente diferente das condições existentes em 1988 e 1998.

As direitas recobraram-se e, embora ainda não se sentindo à vontade para se reconhecerem como tais, apresentam-se com um perfil mais nítido. As experiências das vitórias de Lula e do PT, apesar de suas limitações, irritam as tradições conservadoras. Sem contar a força crescente dos movimentos alternativos dos sem-terra, dos sem-teto, dos que lutam pela justiça ambiental. Na América do Sul, o ressurgimento de uma vaga nacionalista popular, reformista-revolucionária, inquieta, atemoriza as forças reacionárias mais excitadas.

É provável, assim, que vá desaparecer a benévola e burra unanimidade. No lugar do acordo, divergências, controvérsia, cizânia. Em vez de festas, acusações e maldições. Antes mesmo de entrar o ano de 2008, já apareceram vozes, antes sóbrias, atirando pedras em 1968, como se fosse uma Geni, querendo riscar o ano do calendário, como responsável por todas as desordens e desgraças do século passado.

Benditas divergências!

O ruído delas (que seja ensurdecedor!) poderá contribuir para a melhor compreensão daquele ano singular, mas plural, porque houve ali todo tipo de propostas. As mais originais apostavam numa renovação drástica de padrões de comportamento e chegaram, em alguns momentos, a construir ensaios de democracia radical. Não tiveram tempo histórico para se afirmar, é verdade, mas ficaram heranças, desdobrando-se no tempo. Também compareceram as esquerdas tradicionais. As moderadas correndo pateticamente atrás dos movimentos. As radicais, com seus cânticos de guerra e de apocalipse, e sugestões de ditaduras revolucionárias. Finalmente, mas não menos importante, o conservadorismo das maiorias, que, afinal, sufocaram, sem vencê-las, as idéias quentes de 1968. É preciso elucidar melhor o papel dessas maiorias, dos que se imobilizaram no movimento, dos que se calaram naquele ano barulhento, procurando um refúgio — que fosse o da censura e o da repressão, desde que os livrasse de tempestades ameaçadoras.

Salve a cacofonia!

Ela dará fim às celebrações anódinas e honrará melhor a turbulência de 1968, recuperando sua atmosfera de lutas e enfrentamentos e contribuindo, talvez, para que se desvendem melhor as promessas renovadoras — e os limites insuperados — de um ano que se recusa a passar.

Paris, janeiro de 2008

Trinta anos depois

Daniel Aarão Reis

O exercício da memória é arriscado.

Será possível aventurar-se com sucesso no passado, recuperar a trama dos acontecimentos e das ações, o contexto social e político, os valores e as propostas de um tempo que já se foi? Deslindar o passado em suas múltiplas versões, revelando os fundamentos e os motivos de cada uma, e a sua trajetória cambiante, contraditória, através do tempo? E de uma forma que essa aventura humana, que é a reflexão histórica, conseguindo compreender melhor, possa oferecer referências para a construção do presente e do futuro?

Não são poucos os riscos de derrapagem.

Há a hipótese de o pesquisador não conseguir *situar-se* adequadamente. De não perceber as marcas, e os marcos, do tempo que deseja estudar. Assim, de forma às vezes involuntária, transferirá perspectivas próprias de uma época para outra, cedendo à tentação de impregnar uma conjuntura específica com valores que não foram os seus.

E as urgências do presente, como esquecê-las? Quero dizer, do sucesso presente, solicitações prementes, freqüentemente incontornáveis, sobretudo na sociedade atual, cada vez mais midiática e admiradora do espetáculo e dos efeitos especiais. À procura do centro do palco, e da sintonia fina com as tendências dominantes e com os padrões de respeitabilidade e de aceitação sociais, quantas concessões espíritos que já foram fortes não são obrigados a fazer?

E não se pode negar ainda o caráter inerentemente parcial e oblíquo do olhar humano. Enviesamentos, nem sempre conscientes. A velha história da árvore e da floresta. Havendo os meios, e o talento, por que não usá-los em favor de uma árvore, ou daqueles que, de uma forma ou de outra, é preciso agora realçar, para que um dado ângulo, e não outro, permaneça gravado na memória coletiva, ainda que em prejuízo da visão do todo, da floresta, do movimento.

Os riscos, não há como deles escapar. Nem mesmo pelo esquecimento, essa outra maneira, perversa, de exercício da memória.

No Brasil, passadas três décadas, continuam os embates em torno da recuperação dos anos 1960 e, particularmente, de seu ano mais turbulento e vermelho, 1968. Não faltam abordagens e nuanças diferenciadas, não seria o caso de aqui resumi-las. Mas é importante destacar, pelo menos, duas grandes vertentes. Vertebradas, já em fins dos anos 1970, em torno da luta pela anistia, tiveram desta leituras radicalmente distintas.

De um lado, a proposta da conciliação. Recordar na concórdia e na paz. Anistia como congraçamento universal. Reconhecimento mútuo de erros inevitáveis, mas reparáveis. O passado passou. Que seja revivido com alguma nostalgia e, sobretudo, com humor suave. Não é preciso dizer que essa vertente conserva ampla hegemonia na sociedade e nos meios intelectuais, não é gratuita a grande acolhida suscitada pelos livros e filmes que a encarnam.

De outro lado, alerta e inquieta, a crítica insatisfeita com os rumos que as coisas tomaram. Muitos não desejavam a anistia como esquecimento, mas como movimento de questionamento e de investigação. O passado, para esses intratáveis, não passou. Mesmo porque seus traços fortes permanecem, sublinhados, no presente. Nas idéias e nos políticos do dia. Na economia. E no modelo de sociedade realmente existente. A ironia e o humor aqui são ácidos, surgem como provocação. Incitam à reflexão. Essa vertente, turbulenta, precisa de tempos turbulentos para almejar a hegemonia. Enquanto, e se, isso não acontecer, seus representantes tenderão a permanecer por aí, espicaçando, sempre minoritários, mas inextirpáveis.

O pé e o contrapé, as alternativas em jogo, esse embate promete desdobrar-se no tempo, voltando à tona por ocasião de filmes, livros, relatos, comemorações, infindável como as grandes polêmicas da História, um quebra-cabeças sempre em recomposição.

O que 1968 teve de mais denso, explosivo — e histórico — foi uma particular combinação de utopia e de cotidiano. Ao contrário das vozes dominantes, não foi, considerado socialmente, um tempo de delírios inconseqüentes, embora os delirantes pululassem, e de todos os bordos, como costuma acontecer em períodos de instabilidade e crise.

A análise atenta dos depoimentos reunidos neste livro e dos acontecimentos que marcaram aquele ano evidencia o seguinte: onde e quando os movimentos tomaram impulso e adquiriram amplitude política e social, deveram-no a um cuidado especial com reivindicações que diziam respeito à melhoria das condições de vida e de trabalho (e de estudo) dos manifestantes. Dito de outra maneira: ninguém estaria disposto a lutar e a enfrentar os poderosos do momento, se não estivessem em jogo interesses imediatos, claramente definidos.

Entretanto, ao lado de programas de mobilização assim articulados, de caráter marcadamente sindical, havia, quase sempre, propósitos — e propostas — que iam além do horizonte limitado das lutas parciais e setoriais. Aparecia aí um território de fronteiras indefinidas entre a razão e a loucura, sonhos, arrogâncias, silhuetas imprecisas, generosidade sem limites, aquilo que se convencionou chamar de utopias, no sentido de tudo o que transcende o imediato, o familiar, o visível a olho nu.

Cotidiano e utopia. Tem brilho e cor essa mistura. Bem dosada, desdobrada em ação, e coincidindo com a autoconfiança dos que estão embaixo, e a intransigência das elites, abre as portas da percepção, e pode detonar governos aparentemente sólidos e estáveis.

Em alguns países, foi o que quase ocorreu. Entretanto, apesar de abalados, os regimes sobreviveram. Os movimentos sociais, salvo algumas lutas de libertação nacional (a guerra popular no Vietnã foi o caso mais emblemático), refluíram, vencidos, incapazes de mobilizar de modo eficaz e profundo a vontade dos povos no sentido de mudanças realmente significativas no seu modo de produzir, de existir, de conviver.

As derrotas, em perspectiva, podem ter assinalado uma vontade de mudar ainda pouco amadurecida, e insuficientemente disseminada nas sociedades. Com efeito, apesar de todo o movimento, foi como se águas profundas tivessem sido apenas afloradas, ou simplesmente não tocadas.

O que dizer de todos aqueles para quem 1968 passou ao largo? Que simplesmente ignoraram seu impacto? Grandes maiorias conservadoras, resignadas, ensimesmadas, sequer estavam na janela, e nem viram o ano passar. Muitos outros, embora inquietos, permaneceram igualmente de lado, e não conseguiram, senão em forma vaga, fazer daquele ano uma referência para a construção de programas alternativos. Terão sempre dificuldade em recordar aquilo que não viveram. De maneira inversa, o que dizer de um movimento tão ambicioso na forma e no conteúdo, mas incapaz de suscitar o ânimo de grandes maiorias, a não ser em momentos bem particulares, quase fugazes? Ora, a participação maciça era algo indispensável para efetivar muitas das mudanças preconizadas, mesmo porque já se sabe em que resultam processos de mudanças impostos de cima para baixo.

Os desencontros. E os fios partidos. Para compreendê-los, é preciso convidar ao exercício da memória e à reflexão crítica. Este é, sem dúvida, o melhor sentido — e o grande desafio — das comemorações dos 30 anos de 1968. Mas será possível trabalhar a hipótese da mudança em tempos de pensamento único e de triunfo aparentemente decisivo do bezerro de ouro?

Nos anos 1960, um músico respondia, otimista, que a resposta para as indagações referentes às mudanças estava no vento, vinha soprada por ele. Esses ventos, os ventos da mudança, voltarão novamente a soprar?

Fevereiro de 1998

Pedro de Moraes

O ano mágico

Daniel Aarão Reis

"Lembra o tempo
que você sentia
e sentir
era a forma mais sábia
de saber
e você nem sabia?"

Alice Ruiz

Já se passaram 20 anos, quase o tempo de uma geração; um risco leve na dimensão larga da história, uma cicatriz nas pessoas que amadureceram e modelaram suas vidas sob o signo daquele ano mágico.

1968 é um redemoinho de imagens atravessando a neblina do tempo. Um mundo em movimento, conflitos, projetos e sonhos de mudanças, gestos de revolta, lutas apaixonadas: revolução nos costumes, na música, nas artes plásticas, no comportamento e nas relações pessoais, no estilo de vida e nas tentativas novas não só de derrubar o poder vigente, mas de propor uma relação diferente entre a política e a sociedade. O que se questiona — de modo confuso e vago — é a articulação da sociedade e suas grandes orientações, seus propósitos, seu modo de ser: trata-se de mudar de sociedade e de vida.

No Brasil, 1968 foi também um ano de tormentas, com um personagem central: a rebelião estudantil.

Estudantes universitários, pouco mais de 200 mil, menos de 0,5% da população, quase todos filhos da classe média. Ao seu lado, o mais amplo e diferenciado contingente de estudantes secundaristas.

Por que lutavam — e se rebelavam — os estudantes em 1968?

Reivindicavam mais verbas para as escolas e universidades. Para melhorar os espaços de estudo, as bibliotecas e laboratórios, a capacidade dos professores. Para modernizar o equipamento de ensino e pesquisa e ampliar o acesso da população ao nível superior. Por uma política de auxílio aos estudantes mais pobres: bolsas de estudo, assistência médica, transportes e restaurantes mais baratos. A luta específica dos estudantes do Calabouço seria um símbolo. Em sua bandeira cruzavam-se, sobre um livro, o garfo e a faca — a dupla fome: do alimento e do saber.

Os estudantes não lutavam apenas por melhorias materiais. Queriam reformas no ensino e na pesquisa. Currículos adaptados ao país, métodos menos magistrais e livrescos, critérios de avaliação objetivos e transparentes — e novos professores, dispostos a fazer do ensino um caminho de troca e diálogo. Desejavam uma pesquisa aberta aos desafios do Brasil, preocupada em enfrentá-los e resolvê-los.

Os estudantes reivindicavam participação. Sentiam-se e compreendiam-se como agentes de um processo mais amplo — o da educação. Reclamavam voz na elaboração das políticas, lugar nos órgãos de decisão, influência no controle de sua aplicação, ou seja, a democratização das escolas e das universidades onde estudavam e trabalhavam.

O que era apenas um programa de lutas — específicas — transformou-se numa sucessão de conflitos, numa rebelião.

A rebelião veio germinando, lentamente.

Em 1964, quando os militares derrubaram o governo constitucional de João Goulart, contaram com o amplo apoio da classe média. Os estudantes assistiram passivos, ou respiraram aliviados, diante da nova situação. Na oposição, apenas alguns núcleos esboçaram débil resistência, logo dominada.

No dia seguinte à vitória do golpe, os partidários mais extremados do novo regime queimaram o prédio da União Nacional dos Estudantes, a UNE, no Rio de Janeiro. O governo organizou inquéritos policiais militares nas faculdades, incentivando a delação. No final do ano, aprovou-se a Lei Suplicy, com o objetivo de controlar as entidades representativas do movimento estudantil.

Foram anos de perplexidade e dúvida para a classe média.

A frente de forças — ampla e heterogênea — que propôs e apoiou a derrubada de Goulart desejava uma intervenção militar *rápida*, para salvar o país do "comunismo, do sindicalismo e da corrupção". Ora, o que tomava corpo era um projeto definido: a hegemonia do grande capital internacional e associado, apoiada num regime que assumia a forma de uma ditadura militar.

A classe média foi tomada pelo desencanto.

O golpe fora bem-vindo para garantir a *sua* participação política. *Seus* direitos e prerrogativas. Para deter a inflação, preservando, porém, o *seu* poder aquisitivo.

A política dos militares, no entanto, surpreendia. Era aceitável o controle sobre a massa dos trabalhadores (desde que não se cometessem excessos!), mas a repressão estava perdendo o rumo e a capacidade seletiva. Atingia indistintamente lideranças populares — os *demagogos* — e *pessoas de bem*. Além disso, a política financeira provocava milhares de falências entre as pequenas e médias empresas. O arrocho salarial não penalizava apenas os operários — o que poderia ser lamentado, mas compreendido —, mas alcançava todos os assalariados, inclusive os de classe média.

A classe média sentiu-se traída. E sua amargura estimulou a luta e o protesto dos estudantes.

A rebelião tomava corpo.

Em 1965, houve os primeiros ensaios: uma vaia ao general-presidente Castelo Branco na Universidade Federal do Rio de Janeiro. Um plebiscito nacional sobre a Lei Suplicy, no qual a ampla maioria dos estudantes decidiu manter suas entidades fora do controle do governo. Uma pequena passeata contra o Ato Institucional nº 2, também no Rio. E a luta dos estudantes de Brasília em defesa da sua universidade, ameaçada pela política do governo.

No ano seguinte o movimento transbordou para as ruas. Em março, em Belo Horizonte, uma passeata de calouros foi atacada pela polícia. O movimento de solidariedade tomou os principais centros estudantis.

Em meados do ano, a UNE se reuniu na clandestinidade e elegeu nova diretoria. No segundo semestre, foi a vez da "setembrada", seqüência de manifestações que agitaram as principais cidades do país em protesto contra a repressão. Um fato provocou comoção: a invasão da Faculdade de Medicina da Universidade Federal do Rio de Janeiro por tropas da Polícia Militar que espancaram e prenderam centenas de estudantes.

O ano de 1967 foi de refluxo, mas o clima não era de derrota. Ainda na clandestinidade, a UNE conseguiu organizar seu congresso em São Paulo. Houve lutas de importância regional. O movimento estendia-se em escala nacional, articulava-se melhor, tateava caminhos.

1968 amadurecia.

Os estudantes já compreendiam que a política educacional do governo era o avesso de suas reivindicações. À universidade gratuita, o governo antepunha a universidade paga. Em vez de soluções originais para os problemas brasileiros, o governo preferia os assessores e os acordos com os norte-americanos. No lugar da ampliação das matrículas, um ensino ainda mais seletivo nas universidades públicas, a perspectiva do ensino pago, a serviço das grandes empresas. No lugar de uma política de assistência, a revogação dos subsídios, o fechamento dos restaurantes. Por isso é que as entidades estudantis precisavam ser fechadas, ou controladas. As propostas de democratização da universidade e da educação entravam em rota de colisão com os objetivos dos donos do poder.

Um Conselho Nacional, promovido pela UNE em começos de 1968, tentaria definir novos caminhos. Todos desconfiavam do governo e se opunham à política educacional, mas havia dúvidas quanto às opções de luta: manter em primeiro plano as denúncias políticas, tentando retomar as manifestações de rua de 1966, ou concentrar a atenção nos interesses imediatos da categoria estudantil, evitando os enfrentamentos de rua e priorizando a luta nas escolas?

Nenhuma das duas orientações excluía a luta política ou a luta reivindicatória, a luta geral ou a luta específica. A diferença — capital, do ponto de vista do encaminhamento prático das lutas — residia nas distintas ênfases e prioridades. Por maioria apertada, o Conselho Nacional pronunciou-se pela ***segunda posição***: prioridade para as reivindicações imediatas e para a organização nas escolas e universidades. Mas as divergências se mantiveram e reapareceriam no decorrer do ano que se iniciava.

As primeiras lutas — em janeiro e fevereiro — mobilizaram os chamados "excedentes" e os estudantes do Calabouço. Uns queriam mais vagas, os outros a ampliação e a melhoria do restaurante que os servia. As reivindicações opunham-se à política educacional do regime. As manifestações foram combativas, mas ninguém parecia supor que estava começando um ano fora do comum.

Em março o movimento por mais vagas cresceu. O impulso vinha agora de São Paulo. Estudantes de filosofia da USP, da Fundação Getulio Vargas e da PUC acamparam nas respectivas reitorias. No Rio, o pessoal do Calabouço não aceitava as condições em que fora reaberto o seu restaurante. Foi, justamente, numa das escaramuças em torno do Calabouço que surgiu o primeiro grande conflito social de 1968.

Era uma quinta-feira, 28 de março, entardecia no Rio e os estudantes preparavam nova manifestação pelas ruas do centro da cidade, armavam faixas e bandeiras, desenhavam cartazes. Os choques da polícia militar chegaram, como sempre, pretendendo fazer medo, intimidar. Receberam vaias e assobios. Os policiais resolveram então invadir o restaurante — e já o fizeram de armas na mão. Diante da vaia, agora ensurdecedora, foram os policiais que se amedrontaram — e começaram a atirar.

Mataram Edson Luis de Lima Souto. E ainda feriram outros, com tiros a esmo e pancadas dos cassetetes. Depois fugiram.

Quem matou Edson Luis? Por ordem de quem?

Perguntas sem resposta, apesar dos *rigorosos* inquéritos.

Mas o crime não ficou sem resposta. Os estudantes levaram o corpo para a Assembléia Legislativa, funcionando então na Cinelândia. E se recusaram a entregá-lo às autoridades, que desejavam autopsiá-lo no Instituto Médico Legal, receando que sumissem com o corpo.

Acampados na Assembléia, os estudantes guardaram o corpo do colega, enquanto a notícia da morte e a denúncia do crime circulavam pela cidade.

No dia seguinte, a praça amanheceu tomada pelo povo. O governo retirou a polícia das ruas e mais de 50 mil pessoas puderam enterrar a primeira de uma longa série de vítimas da violência policial. Houve passeatas de protesto em todo o país. Mas em Goiânia a polícia se permitiu atacar os manifestantes e invadir a catedral da cidade, atirando em rapazes e moças que ali estavam refugiados, matando mais um estudante...

No dia 1º de abril, os estudantes resolveram "comemorar" a seu modo o quarto aniversário do regime militar. No dia 4, as missas rezadas pelo sétimo dia da morte

Manchete

de Edson Luis registrariam novos choques violentos, destacando-se a cavalaria da polícia militar, que atacou as pessoas na saída da Igreja da Candelária, no Rio de Janeiro.

No restante do mês de abril, e em maio, houve um refluir para as escolas, para as lutas setoriais e locais. O movimento refazia forças, inventariava os problemas da universidade, discutia reivindicações. Sucederam-se, no entanto, manifestações, pequenos atos públicos, comícios-relâmpago, greves. Parecia que os estudantes não se haviam deixado abater. Em alguns lugares, lutas parciais anunciavam a possibilidade de novos conflitos.

Em junho, o transbordamento das reivindicações para as ruas seria mais consistente e orgânico. Exprimia a maturação de uma discussão mais elaborada das reivindicações: verbas, vagas, currículos, métodos de ensino, relações entre professores e alunos. A política educacional do governo era o alvo principal da crítica.

Desde o dia 5 de junho, 16 mil estudantes da Universidade Federal do Rio de Janeiro entraram em greve. No dia 7, a União Estadual dos Estudantes de São Paulo promoveu uma concentração na Reitoria da USP, que, poucos dias depois, seria ocupada. O movimento não se limitava a denúncias gerais, apresentava reivindicações precisas, propunha diálogos setoriais com as autoridades universitárias e negociações globais com o Ministério da Educação. Os dirigentes estudantis não eram

Manchete

mais apenas porta-vozes de um descontentamento difuso, mas lideranças de aspirações enraizadas no cotidiano de estudantes e professores. Daí sua legitimidade e o melhor nível de organização demonstrado: por universidade, por faculdade, em cada turma.

As lutas radicalizaram-se ao mesmo tempo em vários centros: greves, ocupação de faculdades, manifestações, concentrações. Os estudantes reclamavam definições e exigiam diálogo.

As autoridades negaceavam. A polícia reprimia.

No dia 20 de junho, no Rio de Janeiro, reunidos na Reitoria da UFRJ, numa assembléia que durou cerca de oito horas, os estudantes quase obrigaram os professores do Conselho Universitário a dialogar sobre os problemas da universidade e da educação no país.

Na rua, a polícia cercou a universidade alegando ordens para prender líderes estudantis. De nada serviu a intermediação dos próprios professores. A polícia preparava-se para reeditar a invasão da Praia Vermelha, em setembro de 1966.

Mas os estudantes não se dispuseram a esperar o fechamento do cerco. Armados de paus e pedras, forçaram a saída em meio a nuvens de gás lacrimogêneo, tiros e bombas de efeito moral. Centenas deles, porém, foram presos e encurralados no estádio de futebol do Botafogo, na rua General Severiano. Ali sofreriam o vexame do espancamento, da identificação policial, do medo e da angústia. As fotografias dessas cenas, divulgadas pelos jornais, provocariam a revolta.

No dia seguinte, houve a "sexta-feira sangrenta".

Os estudantes protestaram contra os acontecimentos do dia anterior, e já se dispersavam quando a polícia chegou atirando para ferir e matar. Muitos morreram nessa tarde de sangue. Dessa vez, no entanto, a cidade reagiu como pôde, usando paus, pedras, objetos contundentes jogados do alto das janelas, fios de arame para derrubar os cavalos. A batalha durou mais de sete horas e levou à prisão mais de mil pessoas. Mas a polícia também foi obrigada a contar suas baixas: um morto, 35 feridos, mais de 10 camburões incendiados.

"A gente é contra essa estrutura, e na rua a ditadura tem medo da gente, porque sabe que, da voz do povo e da voz dos estudantes, sai a condenação dos grandes donos, dos grandes exploradores deste país."

Vladimir Palmeira, na Passeata dos 50 Mil

"Não sou mágico que cria avanços e recuos, fabrica passeatas. Quem faz isso são os estudantes."

Vladimir Palmeira

Enquanto isso, a polícia cercava e invadia, novamente, a Universidade de Brasília. Em São Paulo, os estudantes ocupavam a Faculdade de Filosofia, dispostos a lá permanecerem até que suas reivindicações fossem atendidas.

A combatividade ganhava outros focos: dia 24, em Fortaleza, Belo Horizonte e Porto Alegre. Os estudantes do Rio convocavam nova passeata para quarta-feira, 26 de junho.

O governo, mais uma vez, cederia à pressão da opinião pública: a polícia voltou a desaparecer das ruas.

Estavam criadas as condições para a Passeata dos 100 Mil.

O povo voltou a ocupar as ruas e praças públicas, com calma, pacificamente, apresentando reivindicações e denúncias. Uma comissão — dos Cem Mil — foi designada para dialogar com o governo, reunindo representantes dos estudantes, dos profissionais liberais, dos professores, dos religiosos e das mães dos estudantes. Mas a negociação não avançou, pois o governo recusava-se a considerar uma reivindicação preliminar: a liberação dos presos em passeatas anteriores. Rompidas as conversações, o Rio ainda assistiria a uma última manifestação pacífica, a dos 50 mil, em 3 de julho.

O movimento parecia ter chegado a um impasse, embora conservando força e entusiasmo em Fortaleza, Salvador, São Paulo. A ocupação da Faculdade de Filosofia e do Conjunto Residencial da USP ensejava novas experiências: os estudantes formavam grupos de estudo e pesquisa, discutiam os currículos, constituíam-se em gestores da vida cotidiana da faculdade. A reivindicação das comissões paritárias, organizadas por estudantes e professores, tornava-se realidade.

Entretanto, a abertura do segundo semestre escolar não poderia ocultar os sinais do refluxo natural de uma luta reivindicatória que esbarra num impasse: a resistência a concessões por parte das autoridades e a impossibilidade de ulteriores avanços sem a remoção desse obstáculo.

Dois outros pontos contribuiriam para o fenômeno: de um lado, o início, em julho, da luta aberta entre as correntes presentes no movimento estudantil pelo controle da renovação das entidades, a ser realizada em agosto-setembro. As divergências voltavam a polarizar vanguardas e lideranças. De outro, a intensificação da repressão, tentando aproveitar o refluxo para desarticular o movimento: prisão de lideranças, condenações de estudantes presos em passeatas, mobilizações maciças de tropas para impedir manifestações, invasões de universidades, espancamentos, utilização de forças parapoliciais para provocar e matar estudantes, como o Comando de Caça aos Comunistas (CCC).

Os estudantes tentavam articular respostas a cada provocação, a cada agressão, mas o próprio jogo de ações e reações parecia condenar um movimento em curva descendente. Assim, logo depois da prisão de Vladimir Palmeira, no começo de agosto, houve passeatas de protesto. O mesmo ocorreu quando da invasão da Universidade de Brasília. Nos primeiros dias de outubro, em face da agressão do Comando de Caça aos Comunistas à Faculdade de Filosofia da USP, novas passeatas seriam organizadas. Mas as mobilizações reuniam cada vez menos gente e enfrentavam uma reação policial cada vez mais forte. Protestos contra assassinatos resultavam em mais assassinatos. As mortes em manifestações públicas tornaram-se anônimas, banais.

Foi então que houve o Congresso da UNE, em Ibiúna, São Paulo, onde os estudantes resolveram realizar, também na clandestinidade, mais uma reunião de sua entidade nacional. Iniciado em 11 de outubro, o congresso foi estourado pela polícia no dia seguinte. Cerca de 700 líderes estudantis foram presos numa só operação — um desastre político, tendo em vista o declínio em que se encontrava o movimento.

Ainda foi possível organizar pequenas manifestações de protesto. Mas o grosso dos estudantes não mais respondia aos apelos. Nessas condições, de pouco valeu convocar um Dia Nacional de Protesto, em 22 de outubro. A polícia já não hesitava em dissolver à bala manifestações pacíficas, invadir igrejas e hospitais. Sua ação provocava desânimo e medo, em vez de indignação. A insistência em responder nas ruas a cada desafio conduziria apenas ao isolamento de algumas centenas de estudantes, que já não eram acom-

"A gente sabia que eram estudantes e ouvia no rádio que eles estavam atacando Brasília. Podiam proclamar a República, e aí? Mas ninguém estava querendo ir na cidade falar com a polícia. Fui duas vezes e agora a gente pode ficar mais sossegado. Os bandidos tão presos. Eu vi lá ontem."

Miguel Góis, caboclo de Ibiúna, sobre o XXX Congresso dos Estudantes

Pedro de Moraes

panhados nem mesmo pelos próprios colegas.

O refluxo consolidava-se. O movimento mais amplo perdia fôlego. Era necessário inventar novas formas de luta e organização.

O movimento estudantil de 1968 estava derrotado.

Os estudantes foram personagens centrais nas lutas de 1968, mas não os únicos. Junto com eles, formando uma comunidade de interesses, estiveram profissionais liberais, jornalistas, escritores, artistas e religiosos. Participaram da denúncia do regime e das lutas sociais movidos pelo mesmo desencanto diante dos rumos que tomava o novo regime.

Desde 1964 insurgiram-se contra a censura, denunciaram os *excessos* da repressão, o desmantelamento da Universidade de Brasília e a ofensiva contra as manifestações culturais e artísticas. Artigos e colunas nos jornais, filmes e peças de teatro, "manifestos à nação" testemunham um movimento crescente de crítica, uma atitude de desafio ao poder.

Em fins de 1965, um ato simbólico: oito intelectuais erguem faixas de denúncia e protesto à entrada do general-presidente Castelo Branco na reunião da Organização dos Estados Americanos (OEA), realizada no Hotel Glória, no Rio.

Os músicos e compositores exprimiriam a insatisfação generalizada. Os festivais de música popular e os shows musicais divulgariam temas, indagações, propostas que colocavam em questão o Brasil oficial, incentivando a crítica e a rebeldia.

Em 1967, o lançamento de *O rei da vela* (Oswald de Andrade/José Celso Martinez Correa) no teatro, de *Terra em transe* (Glauber Rocha) no cinema e do movimento tropicalista (Caetano, Gil, Tomzé e os Mutantes) desenha o perfil de uma intelectualidade inassimilada pelo discurso oficial. Os artistas não pareciam atemorizados, mantinham-se críticos e criativos.

Até quando o regime toleraria o desafio?

No princípio de 1968, haveria no Rio o lançamento de *Roda viva* (Chico Buarque/José Celso Martinez Correa) — a proposta de um teatro corrosivo e agressivo, decidido a enfrentar preconceitos e a retirar o espectador de seu papel passivo e consumidor. Um mês depois, os artistas fechariam os teatros numa greve de protesto contra a censura.

O pessoal de teatro voltaria à greve, em protesto contra o assassinato de Edson Luis, em março. Dali em diante, em todas as grandes manifestações estudantis, estariam presentes atores, cineastas, músicos, escritores, jornalistas e profissionais liberais.

Entre artistas e estudantes havia um intercâmbio permanente de energias. Pode-se dizer que se estimulavam reciprocamente em suas buscas, indagações e caminhos. O público estudantil compunha, em sua maioria, a platéia participativa dos festivais de música, das peças de teatro, dos filmes e dos shows. Além disso, entre os estudantes, multiplicavam-se iniciativas que acompanhavam os passos dos artistas. 1968 assistiria ao crescimento do movimento de cineclubes, festivais de cinema e teatro estudantis, sem falar nos jornais e revistas dos diretórios acadêmicos.

Intelectuais e estudantes também formaram uma comunidade de gostos, inclinações e interesses na divulgação e defesa de novos valores e comportamentos, que se opunham às preferências e políticas do poder político.

Distinguiam-se na aparência das roupas (a revolução da minissaia), na preferência pelas cores, na comum hostilidade à rotinização da vida, na procura de novos horizontes musicais, de novas propostas de vida afetiva (a revolução da pílula) e de percepção da vida (o consumo das drogas leves ampliava-se suavemente entre os adeptos da paz e do amor). Os artistas tiveram aqui um papel de vanguarda. A crítica ao conservadorismo ultrapassava o domínio estrito do discurso político do poder para alcançar as raízes do comportamento, das relações afetivas, da vida cotidiana.

O intercâmbio entre estudantes e intelectuais se expressaria politicamente na Comissão dos Cem Mil, legitimada em praça pública para conduzir o diálogo com as autoridades. A intransigência destas últimas, o refluxo do movimento estudantil e o ainda frágil vertebramento dos movimentos de artistas e intelectuais, entre outros fatores, contribuíram para fazer morrer o que seria — por uma semana apenas — o símbolo de uma proposta de organização popular de oposição.

Os estudantes ainda encontraram apoio entre os religiosos brasileiros — mais um fenômeno de inversão de alianças. A hierarquia da Igreja Católica abençoou o movimento que depôs o presidente Goulart. Os terços e os tanques irmanaram-se

"O objetivo é abrir uma série de Vietnãs no campo da cultura, uma guerra contra a cultura oficial, de consumo fácil. O sentido da eficácia do teatro hoje é o sentido da guerrilha teatral a ser travada com as armas do teatro anárquico, cruel, grosso como a grosseira apatia em que vivemos."

José Celso Martinez Correa, sobre a peça Roda viva

"O povo pobre tem direito à violência na defesa de seus direitos."

Declaração de 700 padres

nas grandes marchas da Família com Deus pela Liberdade.

Rapidamente, entretanto, setores do episcopado, e a própria hierarquia, tomariam suas distâncias. Mais tarde, os rumos do capitalismo *selvagem* entrariam em rota de colisão com o processo que o catolicismo passou a viver em escala mundial, com repercussões inevitáveis no Brasil. A *atualização* da Igreja, determinada pelo Concílio Vaticano II, pelas encíclicas papais de João XXIII e de Paulo VI, implicava opções incompatíveis com o regime que os militares e os capitalistas impunham ao país.

Já em 1965-1967 algumas ordens religiosas — franciscanos, dominicanos e beneditinos — cediam prédios e igrejas para reuniões estudantis ilegais. A UNE e muitas UEEs rearticularam-se, freqüentemente, graças à compreensão de representantes da religião católica.

Em 1968, não faltariam choques, às vezes brutais, entre os homens da religião e o poder.

Os religiosos denunciariam a miséria do povo, a injustiça social, a doutrina da segurança nacional, que se transmudava em insegurança para a grande maioria. E reclamariam reformas — em primeiro lugar, a reforma agrária, compromisso assumido e esquecido pelos que lideraram a intervenção militar. Denunciariam também repressão aos direitos humanos, celebrados nos discursos e desrespeitados na prática.

Uma corrente *progressista* se destacou na hierarquia e entre os leigos. Estaria presente nas passeatas, nas greves operárias, na Comissão dos Cem Mil. Tentaria intermediar entre manifestantes e policiais, abriria as portas de igrejas e seminários para missas de sétimo dia, para reuniões políticas, para abrigo de fugas. E sofreria, como os demais opositores, os inquéritos, as proibições, as prisões.

A Conferência do Episcopado Latino-Americano (Celam), em fins de agosto de 1968, em Medellín, na Colômbia, confirmaria opções pelas mudanças, pela justiça social, pela liberdade. Tomaria então corpo a Teologia da Libertação, que procurava sintetizar a crítica social marxista e os princípios cristãos. Não faltaram padres e leigos, desiludidos com as

Manchete

possibilidades de diálogo, que se inclinariam pelo enfrentamento armado contra os regimes dominantes na América Latina e no Brasil.

A repressão e o isolamento social os alcançariam a todos — artistas, escritores, professores, profissionais liberais, religiosos. Seu movimento de protesto e crítica seria igualmente derrotado em 1968.

O relato até o momento evidencia uma ausência — a massa dos trabalhadores manuais. A maioria do povo deste país, como sentiu e como participou dos acontecimentos?

Os trabalhadores manuais, ao contrário da classe média, viveram a intervenção militar como um desastre. Organizações sindicais sob intervenção, lideranças em fuga, presas. Os políticos em quem confiavam, ou votavam, desapareceram do cenário, cassados, impedidos pela força de permanecer no jogo institucional.

Foi um desabamento de referências.

Um longo processo de aprendizado foi subitamente negado: as lutas sindicais por reajustes salariais, ritmadas pelos dissídios coletivos, arbitradas pela Justiça do Trabalho, marcadas pelas assembléias, manifestações e greves de pressão. A tolerância, a cumplicidade ou o patrocínio do Estado, mais ou menos amplos, segundo as conjunturas, mais ou menos generosos, de acordo com os governantes. A corte dos políticos, sempre acentuada nos períodos eleitorais, impondo concessões em troca do apoio, verbas por votos...

Durante quase 20 anos, e apesar das limitações da legislação trabalhista, os trabalhadores urbanos — e rurais desde fins dos anos 1950 — foram construindo organizações, formando lideranças, ocupando um lugar no jogo político, constituindo-se como interlocutores de fato e de direito. A conquista de um simulacro de cidadania sob os governos de Vargas e Goulart — mais do que os aumentos salariais eventuais, mais do que os empregos — fez dos trabalhadores adeptos das lideranças e da ideologia trabalhistas.

Essas mesmas razões levariam as elites sociais, as Forças Armadas e a classe média à exasperação. O golpe militar teria tido, antes e acima de tudo, uma função: colocar os trabalhadores manuais em seus "devidos lugares", liquidar pela força o que havia sido conquistado em longas e incertas negociações.

O novo regime, por isso mesmo, não se limitaria a perseguir e a prender. Elaboraria toda uma nova

"Há uma conspiração calada e eficaz contra a paz, cujas causas se encontram no colonialismo interno e nos monopólios internacionais. Uma violência institucionalizada no campo social. Não devemos estranhar a tentação da violência. É mais surpreendente a paciência de um povo que suporta durante anos uma condição que não aceitariam nunca os que têm uma consciência desenvolvida dos direitos humanos."

II Conferência Episcopal Latino-Americana, em Medellín, Colômbia

"Se uma minoria conseguir empalmar greve por índice salarial acima do índice oficial e não oferecido espontaneamente pelos patrões, ou essa minoria tem um dispositivo militar capaz de levar tudo de roldão ou não tem. Se não o tem, espere para ver o que vai dar."

Jarbas Passarinho, ministro do Trabalho, coronel, quando da ameaça de greve dos bancários em Belo Horizonte

legislação. Derrubaria conquistas e ergueria barreiras à participação dos trabalhadores: Lei de Greve, Lei de Arrocho Salarial, derrogação da estabilidade, esvaziamento da Justiça do Trabalho, exclusão dos trabalhadores do controle da previdência social.

Era preciso não só esmagar o que existia, mas dificultar ao máximo um eventual renascimento.

A resistência foi débil. A debilidade evidenciaria as carências do movimento dos trabalhadores.

Dependência do Estado e, principalmente, de lideranças carismáticas, a quem tudo se pedia e de quem tudo se esperava. Separação entre lideranças, integradas em negociações e jogadas políticas, mas desligadas de suas bases, imersas em preocupações cotidianas de salários e condições de trabalho. Divisões reais entre categorias profissionais, lutas descoordenadas, dispersas, entre os trabalhadores do campo e da cidade. Ausência de uma sólida organização nos locais de trabalho. Não é difícil inventariar as causas de uma derrota, depois que ela acontece.

A rearticulação seria lenta e quebradiça. Exprimia, num desenho tortuoso, as tendências adquiridas ao longo do tempo — e de difícil reversão, sobretudo sob condições desfavoráveis.

No entanto, a insatisfação e o descontentamento com as políticas do regime militar levariam a um processo de reconstrução molecular.

Daí emergiria o MIA — Movimento Intersindical Antiarrocho —, um esboço de organização, em 1966/1967, mas que não foi capaz de dirigir nenhuma luta de envergadura. Faltavam bases sociais para tanto.

E então, de surpresa, viriam o movimento e as greves de 1968.

Em Contagem, cidade industrial, perto de Belo Horizonte, os operários cruzariam os braços em abril, exigindo um reajuste acima das determinações da política salarial vigente. Acabaram conseguindo um pequeno abono. A greve parecia ressurgir como instrumento de conquistas reivindicatórias.

Nas comemorações do 1º de Maio, Dia Internacional do Trabalho, pela primeira vez depois de 1964 os trabalhadores saíram dos recintos fechados para os comícios de rua. Em São Paulo, o então governador Abreu Sodré compareceu com seus assessores, mas quando desejou falar foi surpreendido por um núcleo de trabalhadores que o recebeu com vaias e pedras. Só lhe restou refugiar-se numa igreja próxima, enquanto os trabalhadores tomavam e queimavam o palanque das autoridades. Da praça da Sé os operários sairiam em passeata, também a primeira desde a instauração do regime militar.

Em julho, seria a vez de Osasco, centro industrial próximo de São Paulo. Nova greve, dessa vez com ocupação de empresas. Os operários

Agência Folhas

Agência Folhas

reivindicavam reajustes equivalentes à perda real provocada pela inflação. Um contrato coletivo de trabalho. E a promessa de novos reajustes trimestrais, sempre acompanhando a inflação. Reclamavam ainda da política salarial e criticavam o governo por sua atitude hostil em relação aos interesses dos trabalhadores.

Mas as autoridades estavam alertas e imediatamente decretaram a ilegalidade da greve, criminalizaram o movimento, anunciaram o não-pagamento dos dias parados, ameaçaram com dispensas maciças e mandaram a polícia expulsar os operários das empresas ocupadas. Além disso, anunciaram a intervenção no sindicato e a prisão preventiva das lideranças.

A greve não durou mais do que três dias.

Agência Folhas

Ao longo do segundo semestre surgiram novas propostas de luta: entre os bancários, os metalúrgicos do Rio e de São Paulo, uma segunda greve em Contagem — dessa vez uma tentativa que cedo se frustrou.

Pequenos ensaios.

O governo acabaria analisando os movimentos como os últimos estremecimentos de um adversário já fora de combate.

Para os estudantes as greves eram o prenúncio de novas e gigantescas batalhas: Contagem e Osasco tornaram-se palavras mágicas, anunciando enfrentamentos apocalípticos. Centenas de jovens se mobilizaram em conseqüência: venda de bônus, distribuição de panfletos nas cidades e nas portas das fábricas, solidariedade ativa. Em São Paulo chegou-se a organizar uma passeata estudantil de apoio à greve e mais de uma assembléia ouviria a voz de lideranças operárias que pela primeira vez cruzavam as portas das universidades para falar de suas reivindicações e aspirações.

As greves de 1968 não se reduziam a arrancos dispersos e derradeiros do movimento derrotado em 1964.

Havia novas características: organizações por locais de trabalho, coordenação clandestina, combinação entre o trabalho sindical e a organização nas bases das empresas, lideranças jovens, nenhum vínculo com o Estado e com os partidos políticos tradicionais.

Mas, por outro lado, não se confirmaria a previsão de que elas dariam origem a grandes lutas sociais.

A inércia e a dispersão prevaleceriam sobre o espírito de luta e o inconformismo das greves de Osasco e Contagem.

Ainda falta falar de outro personagem não de todo evidente na crônica dos fatos — os partidos políticos de esquerda.

Em certos momentos, pareceu haver uma fusão de linhas entre os partidos de esquerda e o movimento estudantil. Os partidos adquiriram feição estudantil, dada a composição social da maioria dos militantes. Além disso, a força e a influência dos partidos dependiam, em larga medida, do movimento estudantil. Por outro lado, os partidos marcavam, com suas concepções e iniciativas, o ritmo e a dinâmica do movimento. Seria difícil, em 1968, encontrar uma liderança estudantil desvinculada de um partido de esquerda. A relação íntima entre partidos e movimento não poderia fazer esquecer, porém, a autonomia de ambos, marcada por características próprias, objetivos específicos, distintos percursos.

Os partidos de esquerda foram brutalmente atingidos em 1964, obrigados, daí em diante, a agir na clandestinidade. Foi doloroso enfrentar os novos tempos. Não tanto devido às condições impostas pela repressão, mas pela desorientação em que todos se encontravam. Nos limites deste trabalho, é impossível evidenciar as nuanças que diferenciavam as correntes de esquerda, mas é certo afirmar que todas depositavam enormes esperanças nos movimentos populares anteriores a 1964 e nenhuma esperava, em conseqüência, uma vitória tão rápida de seus inimigos.

Foi necessário rever conceitos e concepções. Entretanto, nas discussões que se abriram, ganharia pouca força a perspectiva de se analisar em profundidade as bases sociais e históricas da derrota política. Prevaleceu a inclinação pela busca de bodes expiatórios e pela crucificação dos "culpados".

Entre os partidos, a grande vítima foi o Partido Comunista Brasileiro — o PCB. O velho partido, fundado em 1922, definira-se pelas propostas de aliança com a burguesia nacional e pelo caminho pacífico para a obtenção das reformas de base que transformariam o país. Acreditava no caráter irreversível da democracia brasileira e na força de um dispositivo militar nacionalista e legalista que impediria no nascedouro qualquer tentativa golpista. A instauração do regime militar desmentira seus cálculos e prognósticos. Também aqui haveria um desabamento de referências.

O trabalhismo foi outro bode expiatório. Responsabilizado pelo anestesiamento das "massas", seus líderes em fuga — para o exílio — eram culpados pela passividade do povo. Chamados de "populistas", perderiam o respeito da crítica revolucionária posterior a 1964.

Afirmaram-se, então, concepções que primavam pela clareza — e pela simplicidade. O novo regime exprimia o que de mais retrógrado havia no país: os interesses do grande latifúndio e das empresas imperialistas. Estava, portanto, condenado a uma só política: conter, reprimir e afundar o país na estagnação. Assim, o povo cedo abriria os olhos e despertaria do sono que lhe fora imposto pelos "reformistas" do PCB e pelos "populistas" do PTB. O Brasil estava num impasse sem saída, era um barril de pólvora, prestes a explodir. Tudo se resumia numa questão de tempo, de pouco tempo. Caberia aos partidos de esquerda apressar o momento do enfrentamento. A luta armada aparecia, então, como a grande alternativa — a solução — para os problemas que atormentavam o país, o povo — e a esquerda.

Também entraram em crise os padrões de organização conhecidos. O esquema piramidal do PCB, baseado nas células e numa sucessão de comitês, dirigidos por um comitê central e por um secretário-geral, mais ou menos imitado pelos demais partidos, foi associado à derrota, criticado como incapaz de assumir a agilidade dos tempos novos que se anunciavam.

Caíram nesse contexto, evidentemente, os dirigentes mais experimentados — sua credibilidade foi a zero, não resistindo à derrota de suas concepções políticas e partidárias.

Seguiram-se a dispersão e a fragmentação orgânicas — e a proliferação de siglas. Um processo inevitável, em larga medida, tendo-se em vista o panorama de atomização em que se encontravam as forças sociais cujos interesses a esquerda pretendia representar.

Apesar de tudo, os partidos de esquerda desempenharam papel decisivo nas entidades estudantis, polarizando o movimento. Em 1968, dois blocos se defrontariam: de um lado, a Ação Popular (AP), parcialmente apoiada pelo Partido Comunista do Brasil (PCdoB) e pelo Partido Comunista Brasileiro Revolucionário (PCBR). De outro, as "dissidências" do PCB, oriundas dos comitês universitários do velho partido, aliadas à Organização Revolucionária Marxista — Política Operária (ORM-Polop) e, em certos momentos, ao próprio PCB.

As alianças no movimento estudantil estavam determinadas pelas concepções respectivas a respeito do papel dos estudantes no que todos entendiam ser o processo da revolução brasileira em marcha. E pelas diferenças de ênfase na definição dos programas e nas escolhas das formas de luta. O bloco liderado pela AP enfatizava as denúncias políticas gerais e as lutas de rua, enquanto as "dissidências" e seus aliados preferiam concentrar a atenção nas lutas reivindicatórias e na articulação e organização nas escolas e nas universidades. Mas os partidos não se diluíam nas alianças e blocos, ao contrário, lutavam para afirmar um perfil próprio, e não seriam incomuns desavenças e enfrentamentos em cada bloco ou aliança.

É que todos os partidos, na verdade, visavam horizontes mais amplos, se queriam revolucionários e se proclamavam vanguardas de um processo inevitável de transformações sociais que — cedo ou tarde — desembocaria no socialismo.

De acordo com essas concepções, o movimento estudantil era um — e mais um — terreno de lutas, um elo numa corrente mais vasta, um peão num jogo mais complicado, e que tinha peças mais importantes. É claro que, na prática, os partidos muitas vezes se deixavam arrastar — e dominar — pela dinâmica dos estudantes. Mas não pretendiam ser regidos por eles, ao contrário, desejavam dirigi-los, segundo seus objetivos. Daí vinha uma inclinação para instrumentalizar as aspirações imediatas estudantis. Nesse sentido, as organizações de vanguarda obedeciam à sua lógica intrínseca...

O movimento estudantil, enquanto movimento social, não teria sido capaz, mesmo em 1968, de criar mecanismos de controle dos partidos de esquerda. Em conseqüência, sofreria os influxos negativos de suas orientações gerais. A utopia da revolução imediata, dos grandes e decisivos enfrentamentos que se aproximavam, a ilusão de uma guerra iminente dificultaram enormemente a percepção da curva de declínio do movimento estudantil. O mesmo ocorreria por ocasião das greves operárias de Contagem e Osasco, superestimadas por sua localização — ilusória — no xadrez mais grandioso de um processo revolucionário que só existia no delírio da imaginação dos partidos de esquerda.

Duas organizações de vanguarda radicalizariam ainda mais suas expectativas revolucionárias: a Ação Libertadora Nacional (ALN) e a Vanguarda Popular Revolucionária (VPR). Para elas, a guerra já começara e o movimento estudantil não passava de um epifenômeno, que se esgotaria em si mesmo. Tratava-se de preparar a guerrilha rural, arrecadando fundos, expropriando armas e explosivos, realizando ações de propaganda. As chamadas ações de "meios" (recursos para as organizações e para a guerrilha rural que se pretendia desencadear) começariam ainda antes de 1968. Bancos, carros e trens pagadores, casas de armas, pedreiras, com seus depósitos de dinamite; algumas ações de propaganda mereceram destaque: o carro-bomba lançado em junho de 1968 contra o Quartel-General do II Éxercito, em São Paulo, e o justiçamento do capitão do Exército norte-americano Charles Chandler, em outubro, também em São Paulo. Coincidentemente — mas não passou de uma coincidência, o que não deixa de ser altamente simbólico —, ações realizadas em momentos decisivos vividos pelo movimento estudantil. A primeira, na madrugada seguinte à Passeata dos 100 Mil. A segunda, no próprio dia em que seria estourado o Congresso de Ibiúna. Linhas paralelas, não se cruzariam...

Para lideranças desanimadas com o declínio do movimento estudantil, as ações guerrilheiras bem protegidas, aparentemente eficazes — e incapturáveis —, surgiam como uma alternativa. A força gravitacional das organizações nela empenhadas logo se faria sentir. Num momento seguinte, muitos partidos já organizavam grupos armados, enquanto outros deslocavam os melhores militantes para o campo (guerrilha rural) e para as fábricas.

Essa verdadeira hemorragia de quadros seria um fator a mais do enfraquecimento. E os partidos de esquerda não percebiam que estavam contribuindo para secar a fonte de apoio de que dispunham. Pelas novas formas de ação e organização adotadas, ainda teriam um tempo de sobrevida maior que o do movimento de onde retiravam força e influência. Mas também não escapariam de uma dolorosa derrota.

Anos de luta, mas também de derrotas e repressão.

E, no entanto, a repressão não foi monolítica desde o início, nem sua evolução linear.

Entre as forças heterogêneas que apoiaram a deposição de Goulart, as contradições logo surgiram a respeito da natureza que deveria revestir a intervenção militar e do tipo de projeto de desenvolvimento a ser imposto no país. As divergências se exprimiram na disparidade entre o discurso que prestava homenagem aos valores liberal-democráticos — adotado inclusive pelos generais que se sucediam no poder — e a prática de um regime de exceção que se acentuou até tomar a forma do Ato Institucional nº 5 (AI-5).

No meio tempo, sucederam-se querelas e crises entre os vencedores. Disso se aproveitaria o movimento estudantil. É certo que a polícia atacou sempre suas manifestações, mas, por outro lado, a ditadura parecia às vezes hesitar. Além disso, a própria legislação, em certo grau e num dado período, protegia as vítimas do arbítrio. É que os estudantes pertenciam à classe média, base social importante do golpe militar. Caberia, portanto, contemporizar, preservar seu apoio.

As declarações de respeito à democracia e os compromissos passados com aliados de todo o tipo também imporiam um certo grau de tolerância às vozes da oposição consentida. Daí a linha de ziguezagues e as incertezas atribuídas por muitos a supostas divisões entre linha "dura" e linha "moderada". Cassavam lideranças, mas limitavam o próprio poder de cassar. Afastavam juízes e castravam suas funções, mas não as extinguiam de todo. Liquidavam os velhos partidos, mas propunham a criação imediata de novos. Reduziam os poderes do Congresso e até fechavam o Parlamento, mas o continuavam caracterizando como fonte de poder e instância legitimadora para a eleição dos próprios generais-presidentes. Instauravam o Estado de exceção, mas faziam aprovar uma Constituição preparada a toque de caixa por uma comissão submissa ao general-presidente de plantão.

Quando o general Costa e Silva investiu-se no poder, em 1967, concentrando os superpoderes conferidos pela Constituição imposta ao país dois meses antes, afirmou, sem sorrir, que se comprometia a construir um país humano e democrático.

Uma abertura? Ou mais um ziguezague?

As ilusões dissiparam-se em 1968. No decorrer do ano a linha da política repressiva estaria sempre em ascensão, salvo em raros momentos.

Quando o estudante do Calabouço morreu baleado no Rio, alguns ainda puderam atribuir o crime a um policial isolado. Mas, nos dias seguintes, a repressão mataria outro estudante em Goiânia. Desde então, e excetuada a semana de liberdade das passeatas em junho, a repressão policial continuaria dissolvendo a tiros as passeatas, banalizando a morte nas ruas. No segundo semestre, embora o movimento já estivesse em declínio, continuou sendo violentamente atacado.

A repressão não se limitaria à ação dos policiais. Um de seus aspectos mais agressivos se revelaria através dos grupos paramilitares, atuando à sombra da própria lei.

Bombas em teatros do Rio e São Paulo, em editoras, jornais, faculdades, espaços culturais, instituições de oposição ao regime, seqüestros e espancamentos de artistas e estudantes. Dezenas de ações que se sucederam sem que a responsabilidade de uma única fosse apurada...

Em dois momentos, pelo menos, seria possível tomar conhecimento detalhado dessas operações. Em 1º de setembro, a polícia paulista prendeu um cidadão chamado Sabato Dinotos, também conhecido por Aladino Félix. O homem confessou exercer a chefia de um grupo de soldados e graduados da Força Pública que havia cometido dezenas de atentados e assaltos em São Paulo. Acusou o general José Paulo Trajano como mandante e envolveu nas acusações o general Freitas, do Departamento da Polícia Federal, subordinado direto da Casa Militar da Presidência da República, chefiada pelo general Jayme Portela, também secretário-geral do Conselho de Segurança Nacional. Em algum lugar as investigações subseqüentes emperraram e, dias depois, por uma *distração* dos carcereiros, o presumido chefe do grupo terrorista simplesmente sumiu da cadeia...

O outro escândalo foi denunciado da tribuna do Parlamento e envolveu a utilização de uma tropa de elite da Aeronáutica — o Para-Sar — na prática de missões criminosas. O ministro da Aeronáutica desmentiu a denúncia, mas oficiais e praças do Para-Sar (serviço especializado em salvamentos) a confirmariam. Teriam sido, de fato, em abril, convocados pelo brigadeiro João Paulo Burnier, chefe do Serviço de Informações da Aeronáutica, para executar ações terroristas (explosão

"A peça *Roda viva* transformou-se em autêntico show depravado... Como se não bastasse, conclama o público burguês a se levantar, incitando-o a derrubar a ditadura que se implantou no Brasil... Num processo de ridicularização, apresenta artistas com indumentárias de sacerdote, soldados e, inclusive, a Virgem Maria sendo possuída pelo anjo. Há cenas de 'mulheres com mulheres' e 'homens com homens' e muito palavreado subversivo."

Do despacho da Polícia Federal, em outubro, proibindo em todo o território nacional a peça Roda viva

Tribuna da Imprensa

"O entendimento perfeito entre o governo e as classes trabalhadoras e estudantis existirá no meu governo por obrigação e não por favor."

Presidente Costa e Silva, em março

do gasômetro no Rio, eliminação de lideranças estudantis e políticas nacionais) que seriam atribuídas a partidos de esquerda. O superior imediato dos denunciantes confirmou os fatos e solicitou abertura de inquérito. Ora, as autoridades preferiram defender os denunciados, prendendo e demitindo de seus postos os denunciantes.

Nos dois episódios estabeleceu-se a cumplicidade entre os responsáveis pela lei e a ilegalidade, entre a autoridade e o crime.

Também no plano institucional o regime se fechava. Logo no começo do ano, a Secretaria Geral do Conselho de Segurança Nacional recebeu, por decreto, novos e amplos poderes. A oposição extraparlamentar — a Frente Ampla — foi proibida pelo Ministério da Justiça. Em junho, aprovou-se o instituto das sublegendas para garantir o partido do governo. Depois veio a proibição das passeatas estudantis, e os quatro exércitos seriam chamados a participar do controle da "ordem pública". Em setembro, pela primeira vez, e já sob determinação dos tribunais militares, foram condenados quatro estudantes a penas de até dois anos de prisão por terem — supostamente — incendiado um camburão.

O cerco se fechava.

O desfecho veio com a representação dos ministros militares, requerendo abertura de processo contra o deputado Márcio Moreira Alves por ter em discurso "ofendido a honra das Forças Armadas". Quando o Congresso, no uso de suas atribuições legais, negou a autorização, disparou-se o AI-5. Reinstaurava-se o Estado de exceção, agora sem prazos, sem autolimitações de nenhum tipo.

Não se sustenta, portanto, a idéia — ou a tese — de que o "fechamento" foi uma reação a pressões políticas insuportáveis. Como se o governo estivesse acuado por forças descontroladas e tivesse recorrido ao AI-5 como última linha de defesa. Nem é possível acreditar que as investidas dos movimentos sociais, cada vez mais enfraquecidas, tenham feito tremer o governo militar...

Na verdade, o governo não estava ameaçado, nem acuado, ao contrário, mantinha a ofensiva. E precisava do AI-5 para levar às últimas conseqüências o modelo de desenvolvimento econômico-social em vigor.

O AI-5 aferrolhou mais ainda a sociedade, mas foi sobretudo uma decantação de alianças, um golpe dentro do golpe.

Suportamos seus efeitos até hoje. E as suas conseqüências se prolongarão ainda por muitos anos...

Os movimentos sociais no Brasil só podem ser compreendidos no contexto dos acontecimentos que se desenrolaram em nosso país. Apenas a má-fé poderia vê-los como expressão de "centrais subversivas", movendo cordéis secretos pelo mundo afora.

Mas isso não significa que não recebessem influxos e inspirações, nem que determinados processos internacionais deixassem de marcar com seu magnetismo as imaginações, os programas e as formas de luta aqui adotadas.

Mesmo porque 1968 foi um ano de paixões desencadeadas em todo o mundo.

Seria difícil inventariar as influências. Mas é possível ressaltar certas linhas de força. Em torno delas se formavam mitos e utopias.

Em primeiro lugar, o Vietnã.

A Guerra do Vietnã se arrastava desde os anos 1940. Mas a intervenção norte-americana, alcançando o ponto máximo exatamente em 1968, polarizou as atenções de todo o mundo sobre um pequeno povo que enfrentava a força da maior potência mundial.

Dessa luta era possível extrair muitas conclusões. Os que lutavam no Brasil, naturalmente, tratavam de selecionar as mais aptas a confirmá-los em suas opções.

A guerra popular no Sudeste asiático sugeria a idéia de que a fraqueza militar era algo relativo, que uma dada correlação de forças podia ser alterada, desde que houvesse união do povo, determinação e organização. Eram estes, aliás, segundo Giap e Ho Chi Minh, os fatores essenciais da vitória.

O ser humano era mais importante do que a técnica. A vontade política valia mais do que as máquinas. Um guerrilheiro com um bom fuzil podia mais do que uma superfortaleza voadora da força aérea norte-americana. Os relatos da guerra mostravam como as forças revolucionárias multiplicavam-se, fortaleciam-se a partir do nada até alcançar o nível de resistência que aparava os golpes da máquina de guerra dos Estados Unidos. Uma guerra justa — moralmente justa — seria, inevitavelmente, vitoriosa. Os mais impacientes ainda apontariam uma lição maior: a luta do Vietnã era de vida ou morte armada, um enfrentamento decisivo, não comportava os meios-termos, os tons cinzentos, as vacilações.

Essas idéias não flutuavam no ar, encarnavam-se em experiências práticas. O Vietnã fervilhava nos meios de comunicação e, através deles, vieram as notícias da ofensiva do Tet (ano-novo lunar), desfechada em 30 de janeiro de 1968. No exato momento em que os Estados Unidos defendiam a tese de que a guerra estava sob controle, que poderia até mesmo ser vencida, mais de 50 mil guerrilheiros brotavam da terra para atacar capitais provinciais, tomar cidades importantes e de forte simbolismo, como Huê, antiga capital imperial, investir contra a própria capital do país, Saigon, tomando — por seis horas — a embaixada dos Estados Unidos. Mais que o feito militar, contou o impacto psicológico. A coesão do povo norte-americano, já abalada, não pôde mais ser recuperada. Afloraram amargos debates sobre as responsabilidades da guerra, surgiria a revolta da juventude. O próprio presidente Lyndon Johnson foi politicamente constrangido a renunciar à disputa de mais um mandato. As negociações de paz começaram em maio, em Paris. Embora elas ainda fossem durar mais sete anos, a guerra fora decidida pela ofensiva do Tet.

Outras guerrilhas retomariam as lições do Vietnã. Da África negra chegavam notícias de movimentos armados: Zimbábue, Namíbia, Angola, Guiné-Bissau, Moçambique. Davam conta de avanços moleculares, mas sólidos, lutas prolongadas, invencíveis. Era preciso lutar, a vitória viria com o tempo, apesar do tempo.

A mensagem era tão forte que os reveses da guerrilha latino-americana eram simplesmente recusados. Antes de 1968 já estavam praticamente liquidadas as experiências guerrilheiras na Argentina, Paraguai, Peru, Venezuela, sem falar no desastre maior: a morte de Che Guevara nas selvas da Bolívia.

Em 1968 continuaram os desastres: a morte do líder do Exército de Libertação Nacional, na Colômbia. Os relatos dos salvados da guerrilha de Che, refugiados no Chile. O frustrado desembarque de um grupo guerrilheiro no Haiti. Na Guatemala, o anúncio da morte de Cesar Montes e o frustrado seqüestro do embaixador norte-americano, John Gordon Mein, morto na ação. Os fracassos foram sumarizados nas páginas do diário de Che Guevara. Durante quase um ano ele anotou as dificuldades e os problemas que cercavam — e condicionavam — o foco guerrilheiro, que, apesar de todo o seu talento militar, seria derrotado de forma fulminante pelos *rangers* bolivianos.

Mas a morte de Che seria menor do que sua legenda. O heroísmo de sua dedicação continuaria sendo exaltado nos cartazes e bandeiras das passeatas, nas pichações e no coro dos estudantes. E o fracasso da guerrilha foi absolvido pelo heroísmo do guerrilheiro. As suas palavras de encorajamento: "criar um, dois, três, muitos Vietnãs", falariam mais alto do que a derrota da alternativa que propunha ou do que o silenciamento de seu fuzil.

Entretanto, os enfrentamentos de 1968 nem sempre assumiram a forma de conflitos guerrilheiros. Por toda a parte levantaram-se movimentos sociais, com diferentes padrões de atuação, diversas referências, mas que, de uma forma ou de outra, questionavam a ordem vigente.

A sociedade norte-americana foi atingida por uma onda de descontentamento que modelaria toda uma geração.

Duas vertentes se destacaram: o movimento dos negros e o movimento estudantil.

Desde 1967, incêndios e saques em cidades norte-americanas anunciavam o desespero em que se encontravam os negros, sempre discriminados e empobrecidos.

Em 1968 o movimento ganhou força sob a liderança do reverendo Martin Luther King, líder pacifista da luta pela conquista de iguais direitos civis para todos os cidadãos norte-americanos, independentemente da cor da pele de cada um.

Manchete

Entretanto, um atentado racista silenciou Luther King, quando se preparava, em começos de abril, mais uma passeata. Milhares de pessoas se manifestaram em protesto contra a intolerância e em homenagem ao líder assassinado. Mais de 100 mil pessoas presenciaram seu enterro. Seus conselhos, porém, sempre favoráveis à utilização de métodos não violentos, não conteriam a revolta e a indignação: durante quase uma semana, 125 cidades em 28 estados seriam novamente atingidas pelos incêndios, pela destruição, pelas mortes. A influência dos Panteras Negras, e de sua proposta de luta armada, cresceria com o desespero.

Um mês depois tomaria corpo mais uma das iniciativas de Luther King, embora não mais com sua presença: a marcha do povo pobre em Washington, reunindo os deserdados da sociedade norte-americana, vítimas da discriminação no emprego, na habitação, na educação: negros, chicanos, porto-riquenhos, índios. Lado a lado, exigiam a consi-

"How many years can some people exist
Before they are allowed to be free
How many times can a man turn his head
And pretend that he just doesn't see
The answer, my friend, is blowing in the wind
The answer is blowing in the wind"

Bob Dylan

Agência Folhas

deração e o respeito devidos a seres humanos.

O mês de abril também foi aquecido pelo movimento dos estudantes, revoltados contra a hipótese de morrer no Vietnã. Sucederam-se as ocupações de universidades: Cornell, Boston, Ohio, Berkeley, Columbia. E os conflitos com os policiais — de São Francisco a Nova York. Em fins do mês, um dia nacional de luta reuniria milhares de manifestantes contra a guerra em 17 cidades, quase 100 mil somente em Nova York. Um outro ponto culminante ocorreu em agosto, na Convenção do Partido Democrata, em Chicago, quando a polícia atacou de forma violenta os jovens que vinham protestar contra o partido responsável pela política que atolara os Estados Unidos numa guerra suja e sem esperança.

Os estudantes fugiam à conscrição. Os negros se sabiam discriminados também na morte, porque morriam muito mais na guerra, proporcionalmente. Da comum oposição decorreria uma aliança de interesses, visível nas manifestações de rua.

Outros movimentos cresceram. Os presidiários capturavam reféns, bloqueavam pavilhões, chamavam a atenção da opinião pública para o tratamento que lhes era dispensado. Revoltavam-se nas penitenciárias de Oregon, Raleigh, Ohio, Colúmbia, Atlanta.

Os homossexuais denunciavam a discriminação que sofriam, reivindicavam liberdade, mostravam a hipocrisia da sociedade, formavam organizações próprias.

As mulheres faziam renascer o feminismo, mais amplo e abrangente que as campanhas passadas. Da diferença entre os sexos não poderia derivar a desigualdade no trabalho, nos postos de responsabilidade, no salário, no enfrentamento das tarefas do cotidiano, no tratamento dos filhos. Revoltavam-se contra o machismo sufocante que negava, na prática, o discurso e os códigos democráticos. Foi um tempo de desafios, de liberação sexual, de manifestações de rua, de enfrentamentos familiares. Tratava-se de revolucionar um dos fundamentos básicos da ordem existente.

O questionamento do mundo capitalista mais desenvolvido alcançaria também o Japão e a Europa ocidental.

No Japão, a Federação Nacional das Associações Estudantis — Zengakuren — travou verdadeiras batalhas campais. Objetivos: preservar o país das armas nucleares, evitando seu armazenamento em território japonês. Recusar qualquer tipo de envolvimento com a guerra no Sudeste asiático, impedindo a escala de navios e de aviões que pudessem servir aos planos norte-americanos. As lutas contra a escala do porta-aviões *Enterprise* e contra a construção do aeroporto de Narita foram marcadas por enfrentamentos prolongados, provocando centenas de feridos e milhares de prisões. A organização dos estudantes japoneses, sua disposição de luta, sua combatividade pareciam colocar em questão, pelo menos provisoriamente, a coesão social e política da sociedade japonesa.

Na Europa ocidental, os estudantes transformaram as universidades em centros de inquietação e luta. Na Bélgica, protestos dos estudantes flamengos contra o domínio dos valões e denúncia de uma estrutura educacional ultrapassada e autoritária. Na Espanha, choques com a polícia, passeatas reprimidas, fechamento de faculdades. Os estudantes recusavam o plano de enquadramento de suas entidades pelo governo. Na Inglaterra, questionamento de currículos, exames, métodos de ensino. Protestos contra a política do Estado inglês de apoio incondicional à intervenção norte-americana no Vietnã. Na Suécia, também manifestações contra a guerra.

O movimento ganhou maior amplitude na Alemanha, Itália e França.

Os estudantes alemães, organizados pela Liga dos Estudantes Socialistas (SDS), em fevereiro, organizaram várias manifestações contra o autoritarismo nas universidades e a guerra na Ásia. Um atentado, em abril, contra Rudi Dutschke, um de seus principais líderes, precipitaria em muitas cidades novos choques e conflitos. A Universidade de Frankfurt foi ocupada, e as lutas se estenderiam por todo o primeiro semestre.

Na Itália, houve um ano agitado. Desde janeiro, a Universidade de Florença foi ocupada. Em março, as autoridades fecharam a Universidade de Roma duas vezes em função dos protestos estudantis. Em Veneza, os estudantes denunciaram o caráter conservador e mercantil do festival tradicional, quase impedindo a mostra. Em junho, ocupação da Universidade de Milão. A crise política nesse mês, que levou à de-

"A humanidade só será feliz no dia em que o último capitalista for enforcado com as tripas do último stalinista."

Daniel Cohn-Bendit, Maio *francês*

missão do primeiro-ministro Aldo Moro, vinculava-se, em certa medida, à agitação e aos conflitos em curso. As lutas sociais ressurgiriam com vigor redobrado em novembro: greve geral estudantil, greve operária com a adesão de mais de 12 milhões de trabalhadores. Finalmente, no último mês do ano, greves diversas em Roma, Florença, Turim, Bolonha, Nápoles, Gênova.

Mas a onda de choque teria seu epicentro na França.

O movimento estudantil fermentava desde o início do ano, em Nanterre, periferia de Paris. Queria a reformulação e a liberalização do estatuto dos estudantes residentes nas cidades universitárias, reformas nos currículos e métodos de ensino. Denunciava os cursos magistrais, a cultura livresca. Criticava o autoritarismo e a política norte-americana de guerra no Sudeste asiático.

As autoridades respondiam com desprezo, hostilidade e repressão à pressão que se avolumava.

Em fins de março, a prisão de estudantes que distribuíam panfletos e colavam cartazes geraria o descontentamento em Nanterre, originando a criação do mítico movimento 22 de Março. Em abril, haveria uma escalada de escaramuças entre policiais e estudantes de várias universidades francesas. Tentando localizar e destruir a fonte dos conflitos, as autoridades recorreriam a um velho método: fecharam a Universidade de Nanterre. Foi inútil, pois o vírus já se espalhara. Em 3 de maio, um grande comício na Sorbonne contra o ato autoritário mereceria a mesma resposta. A polícia invadiu a universidade mais tradicional da França.

O estopim que faltava. Começava o *Maio* francês.

Uma vaga impressionante de manifestações, envolvendo dezenas de milhares de pessoas, se levantaria contra a ação policial e as autoridades entre 6 e 11 de maio. No dia 10, uma noite de barricadas marcou um primeiro ápice do movimento.

O poder recuou: libertou os estudantes presos, retirou-se da Sorbonne e do Quartier Latin, centro dos acontecimentos. Mas as manifestações não cessaram e atingiram a província — Estrasburgo, Lyon, Nantes, Bordeaux, Toulon, Rennes — às vezes com dimensões proporcionalmente superiores às que ocorriam em Paris. Em Estrasburgo, criou-se a primeira universidade livre — os estudantes proclamaram o poder estudantil, ocuparam os prédios e passaram a administrá-los. Em muitas cidades menores, desde 8 de maio, os trabalhadores integravam-se em bloco às manifestações estudantis.

No dia 13, sentindo o recuo das autoridades, houve uma Jornada Nacional de Protesto contra as arbitrariedades: milhões de pessoas desfilaram em toda a França. Os trabalhadores pareciam ter tomado gosto pela luta. A radicalização viria

novamente das cidades do interior, onde começaram as greves, com ocupação das fábricas e seqüestro dos diretores. A primeira grande empresa a sofrer esse tipo de ação foi a Sud-Aviation, em Nantes. Em 15 de maio, a Renault aderia. Dois dias depois, havia 200 mil grevistas. No dia 18, 1 milhão. No dia 20, 4 milhões. Três dias depois, 9 milhões.

Os trabalhadores reivindicavam jornadas menos intensas, melhores salários e condições de trabalho, participação na determinação das normas de trabalho e na organização do cotidiano das fábricas. E se organizavam para conquistá-las: ocupavam as indústrias, cuidavam do próprio abastecimento, adotavam formas de autogestão, aproveitavam o tempo disponível para conversar, jogar, dançar.

Era uma revolução?

O todo-poderoso general De Gaulle, numa fala à nação, tentou — em vão — impressionar os grevistas. Na mesma noite, uma nova noite das barricadas abalou não só Paris, mas Lyon, Estrasburgo, Nantes: dois mortos e cerca de 500 feridos.

No dia 25 de maio, representantes do Estado, dos patrões e dos operários se reuniram para tentar acordos. Lentas e penosas negociações resultaram numa série de propostas, recusadas, porém, pelas assembléias dos grevistas.

O governo paralisava-se, os funcionários públicos começavam a aderir à greve. Na província, o poder diluía-se. Enquanto isso, os trabalhadores permaneciam na expectativa, entrincheirados nas empresas. Uma situação singular: um duplo não-poder.

O vácuo não podia durar indefinidamente.

As forças conservadoras pareceram recompor-se primeiro. No dia 30 de maio, cerca de 700 mil pessoas desfilaram em Paris apoiando o governo. A revolta, portanto, não era unânime. No mesmo dia, De Gaulle dissolveu a Assembléia e convocou novas eleições parlamentares para 23 de junho. Chamava, assim, para o terreno institucional as lutas que se desenvolviam na sociedade. Das barricadas para as cabines indevassáveis. Das ruas para os votos.

Os partidos de esquerda imaginaram chegada a sua hora. E convidaram os militantes a se concentrar nas campanhas eleitorais. Quanto às reivindicações sociais, deveriam ser resolvidas setorialmente, segundo as condições de cada categoria profissional.

A retomada dos serviços públicos estratégicos, em 6 e 7 de junho, anunciou o declínio. Em Flins e Sochaux, símbolos da revolta, houve o recuo em 11 e 12 de junho. No dia seguinte, ainda estavam firmes 600 mil grevistas. Uma semana depois, restavam apenas 300 mil.

A greve fora um grande desafio, mas estava morta — os estertores se prolongariam até julho.

As eleições deram uma confortável vitória às forças políticas conservadoras. O partido do general De Gaulle ganhou inclusive maioria absoluta. Haveria, então, azedas discussões entre os partidos de esquerda e as centrais sindicais sobre as respectivas responsabilidades. A rigor, todos haviam perdido o pulso da situação. Não previram o maremoto da indignação popular, não lideraram as greves e também não souberam ganhar as eleições. Antes, não avaliaram a força do ascenso. Depois, não souberam reconhecer a rapidez e a natureza do refluxo.

A revolução parecia ter escorrido por entre os dedos. Esfumara-se no ar.

Entretanto, o movimento estudantil cruzava latitudes e longitudes.

Ancara e Bangcoc, Túnis e Adis-Abeba, Cartum e Alexandria, Dacar e Beirute. O questionamento da estrutura educacional misturava-se a questões políticas locais, convergia na denúncia da Guerra do Vietnã, denominador comum de quase todos os movimentos. Choques com a polícia, fechamento de universidades, barricadas e bombas, prisões de estudantes, parecia em ação a internacional estudantil.

A América Latina não escapou da onda.

Em Caracas, greves e manifestações deixaram quatro estudantes mortos pela polícia. Na Argentina, houve choques em La Plata e Buenos Aires. Os estudantes também estiveram ativos na Bolívia, no Chile, em São Domingos, na Guatemala e no Peru. No Uruguai, os trabalhadores participariam igualmente das lutas sociais, organizando duas greves gerais, de 24 horas, em junho e julho.

No México, a situação assumiu contornos de tragédia nacional. Tudo começou em fins de julho. Como em toda parte, pequenas e combativas passeatas reivindicatórias respondidas com repressão, invasão e fechamento da Universidade Nacional. Houve uma comoção geral e os estudantes puderam fazer uma manifestação pacífica de cerca de 50 mil pessoas. Em agosto, sucederam-se choques intermitentes com a polícia. Os estudantes insistiam no atendimento de suas demandas: liberdade para os presos políticos, eliminação da polícia de choque, autonomia universitária, indenização para as vítimas da repressão, demissão das autoridades responsáveis por ela.

Os tanques reocuparam a universidade em 18 de setembro. Os estudantes responderam com indignação. Na noite de 23 de setembro, as lutas duraram 12 horas, provocando 17 mortes e mais de mil prisões. As tropas voltaram a retirarse da universidade, retomada por estudantes e professores. O governo estaria se preparando para fazer concessões? Ao contrário — articulava armadilhas.

No dia 2 de outubro de 1968, as tropas cercaram uma manifestação de estudantes desarmados, na praça das Três Culturas, e desencadearam uma rara carnificina: 300 a 500 mortos. Seguiu-se um terror inominável — milhares de presos, censura, arbítrio, repressão...

O ano ainda veria o reaparecimento e a intensificação de lutas que fugiam aos padrões dos partidos ortodoxos de esquerda e às previsões das forças conservadoras: lutas pela identidade nacional de povos que deveriam estar extintos mas pareciam ressurgir das cinzas.

No Paquistão, na Índia, nos territórios palestinos ocupados por Israel; na África, em Biafra; na Europa, onde Estados centralizados imaginavam ter imposto um nível irreversível de uniformidade, retomavam-se lutas que pareciam fantasmáticas: irlandeses, flamengos, bascos, occitanos, bretões reivindicavam liberdade e autodeterminação. O mesmo acontecia entre os habitantes de fala francesa no Canadá, em Quebec. Muitos atribuiriam o mesmo sentido às lutas dos negros e índios nos Estados Unidos, associando-as às lutas de libertação nacional em todo o mundo. Como se antigas nações ressuscitassem de um longo sono...

Das agitações de 1968 tampouco escaparia o mundo socialista...

Nas universidades polonesas, os estudantes pareciam decididos a libertar-se dos controles do socialismo burocrático. Em fevereiro, muitos haviam protestado contra a condenação de Janusz Szpotanski a três anos de cadeia pelo crime de ter escrito uma ópera satírica. Em mar-

"Estamos cansados da burguesia vermelha."

Estudantes batizam a Universidade de Belgrado de Universidade Vermelha Karl Marx

ço, a censura de uma peça escrita no século XIX pelo poeta polonês Adm Mickiewitcz provocaria passeatas e verdadeiras batalhas de rua em Varsóvia. Os estudantes reclamavam o fim da censura, a democratização da universidade, a libertação dos presos, a revogação das punições.

Na Iugoslávia, em começos de junho, os estudantes ocuparam a Universidade de Belgrado e a rebatizaram de Universidade Vermelha Karl Marx. Reivindicaram melhor estatuto para os residentes universitários, bolsas de estudo compatíveis, fim da brutalidade policial, demissão de autoridades comprometidas com a vigilância e a censura, abolição dos controles do Partido Comunista na educação e na cultura. As tensões ganharam outras cidades: Zagreb, Skoplje, Sarajevo, Ljubljana, Novi Sad, obrigando o governo a fazer concessões.

Na Tchecoslováquia, os movimentos sociais ganhariam dimensões internacionais.

Logo no começo do ano, a eleição de A. Dubcek para a direção máxima do Partido Comunista anunciava ventos de mudança. Antonin Novotny, antigo dirigente, velho stalinista, perderia, um a um, todos os seus cargos. Começaram as revisões dos processos judiciais e históricos. Os presos políticos foram soltos. Muitos dos condenados e torturados nos anos 1950 ganhariam reabilitação póstuma.

No início de abril, um novo governo propôs um programa de ação: garantia de liberdades civis; novas leis eleitorais; ampliação da liberdade de organização partidária; reequilíbrio dos poderes entre o Parlamento, o governo e o Partido Comunista; reformas na economia, conferindo-se maior independência às empresas, revitalizando o setor privado, expandindo o comércio com todas as nações do mundo; Judiciário independente; autonomia para a Eslováquia; revisão dos processos de expurgo: os carcereiros e torturadores de todo tipo não deveriam mais assumir postos de responsabilidade no poder.

Começava a Primavera de Praga. A União Soviética acusaria imediatamente o golpe e começaria a articular pressões para limitar ou fazer recuar os novos horizontes que se abriam. De início, insinuações. Depois, anátemas. Uma cúpula de países comunistas concluiria, em julho, pela incompatibilidade entre o socialismo e a experiência tchecoslovaca. Assinavam a declaração comum representantes da URSS, Alemanha Oriental, Hungria, Polônia e Bulgária. A solidariedade da Iugoslávia e da Romênia e a neutralidade hostil da Albânia pesariam pouco, desde então, a favor da política que se tentava implementar em Praga.

A URSS intensificou as pressões. Exigia o restabelecimento de uma severa censura, a supressão das críticas ao socialismo real e a restauração do estrito controle exercido pelo Partido Comunista sobre a vida política do país. A ortodoxia exibia seus títulos e não admitia contestações ou "desvios".

Em fins de julho, realizou-se um encontro que parecia decisivo entre os dirigentes tchecoslovacos e soviéticos, em Cierna, na fronteira entre os dois países. As lideranças tchecas hesitavam: de um lado, a pressão da opinião pública do próprio país, exigindo a manutenção da nova política, uma atitude de resistência. Manifesto nesse sentido recolheria cerca de 1 milhão de assinaturas. De outro, as ameaças soviéticas e novas exigências, que agora incluíam o afastamento dos "liberais" de postos de responsabilidade na estrutura de poder e permissão para a entrada de tropas soviéticas e seu estacionamento — por tempo indeterminado — nas fronteiras da Alemanha, uma garantia para evitar o contágio do imperialismo.

O comunicado final da reunião, retomada dias mais tarde por um encontro mais amplo, realizado em Bratislava, capital da Eslováquia, era, no mínimo, ambíguo e, certamente, vago. Reafirmavam-se princípios gerais e laços de solidariedade. Porém, não ficou claro se seriam feitas concessões e de que tipo.

O fato é que, depois de duas semanas, a imprensa da URSS e de seus fiéis aliados voltaria à carga, de forma cada vez mais violenta, contra o que se fazia na Tchecoslováquia.

As dúvidas cedo se dissipariam. De surpresa, na noite de 20 para 21 de agosto de 1968, a Tchecoslováquia seria invadida pelos países do Pacto de Varsóvia, liderados pela URSS. Divisões blindadas e tropas aerotransportadas — cerca de 650 mil homens — ocupariam rapidamente o país.

Os dirigentes tchecoslovacos conclamaram à resistência passiva. Mesmo assim ocorreram reações, dispersas e desesperadas, deixando um saldo de 20 mortos e 300 feridos. A única tentativa de resistência mais organizada consistiu na realização de um Congresso Extraordinário do Partido Comunista tchecoslovaco. Reuniram-se 1.200 delegados na fábrica CKD, elegeram um novo comitê central e reafirmaram a linha política até então observada. Entretanto, alguns dos principais dirigentes não participariam, pois haviam sido presos e enviados diretamente para Moscou, onde se realizaram, entre prisioneiros e carcereiros, discussões ásperas e difíceis.

Os tchecos cederam novamente e assinaram um acordo pelo qual reconheciam a necessidade de reinstauração da censura, admitiam a presença de tropas soviéticas em território tcheco, prometiam a dissolução de grupos ou organizações considerados incompatíveis com a

"A soberania de cada país socialista não pode se opor aos interesses do socialismo no mundo..."
"Os partidos podem aplicar livremente os princípios do socialismo, mas não abandoná-los..."
"Cada PC é responsável não somente por seu povo, mas por todos os países socialistas..."

Doutrina da Soberania Limitada, Pravda, *Moscou*

"Por três minutos na praça Vermelha eu me senti livre. Estou satisfeito pelos três anos que vocês me deram por isso."

Julgamento do dissidente soviético Vadim Delone, condenado a três anos de prisão por protestar contra a invasão da Tchecoslováquia

URSS, aceitavam a possibilidade de afastamento de dirigentes que se recusassem a cumprir o que estava sendo deliberado. Segundo as imposições soviéticas, comprometiam-se a *normalizar* o país.

Como o movimento do *Maio* francês, a Primavera de Praga crescera demais para desaparecer rapidamente. Depois da invasão, no entanto, só restaria assistir à sua prolongada agonia...

Na União Soviética, o povo assistiu passivo à invasão. Entretanto, algumas dezenas de intelectuais assinaram um manifesto de protesto. Alguns, três dias depois, ousariam erguer cartazes e faixas de protesto em plena praça Vermelha. Presos e condenados em processo sumário, confirmariam a tradição de luta e coragem da *intelligentsia* russa.

Do outro lado do mundo socialista, na China, estudantes e organizações de guardas vermelhas tentavam, na contracorrente, manter vivo um processo que também se extinguia: a Revolução Cultural.

Iniciada em fins de 1965, ampliada e aprofundada em 1966/1967, a Revolução Cultural abriu amplos horizontes. Produziu inúmeras inovações no campo da educação, alterou condutas, propôs modificações importantes nas relações de trabalho, desestabilizou instituições e chegou, inclusive, a dissolver, em certos momentos e lugares, o próprio Partido Comunista enquanto organização e instrumento de poder. Por isso mesmo, em 1968, muitos se recusaram a aceitar que um processo destinado a revolucionar os "velhos hábitos, as velhas idéias e os velhos costumes" terminasse limitado a expurgos de dirigentes e a remanejamentos de cúpulas políticas e militares.

A demissão de Liu Shao-Shi de todos os postos de responsabilidade e sua caracterização como agente dos serviços secretos imperialistas assinalaram — e simbolizaram — o estreitamento e a desfiguração da Revolução Cultural. A formação dos comitês revolucionários confirmaria sua institucionalização e congelamento. Aos estudantes inconformados restou o duro aprendizado da *reeducação* nos campos de trabalho...

O mito da coesão do mundo socialista também se fez em pedaços. Atingido há anos, não resistiria às fraturas provocadas por 1968. A invasão da Tchecoslováquia confirmou as divergências e foi seguida de denúncias, excomunhões, insultos. Consolidou-se o abismo entre a URSS e a China. Evidenciaram-se também divisões entre a China e o Vietnã. Partira-se a solidariedade de interesses tão decantada. E de nada valeriam as iniciativas soviéticas de juntar os cacos, convocando uma conferência internacional para recompor a unidade comprometida.

Decididamente, o ano de 1968 não parecia poupar nenhum sistema social, nenhum regime político.

E nenhuma escala de valores.

Numa certa medida, parecia que se estilhaçavam em pedaços que não poderiam mais ser reunidos os princípios que organizavam a rotina da produção e do consumo, o exercício da autoridade, a vigência da ordem, os padrões de conduta, as relações familiares, os símbolos e os signos do legal e do ilegal, do legítimo e do ilegítimo, do possível e do impossível.

A música e os músicos desempenharam um papel decisivo. Como é possível medir a intensidade da influência de Bob Dylan, dos Beatles e dos Rolling Stones, de Janis Joplin e Jimi Hendrix? Em alguns anos apenas, conseguiram inovar conceitos e revolucionar tradições. Um novo mundo fluía de suas músicas — mais solto, mais amoroso, mais livre. Toda uma geração foi plasmada por suas canções — e elas foram inconformistas e inconformadas como o ano do qual eram expressão.

As outras formas de expressão artística também abalaram os cânones estabelecidos, os dogmas filtrados pela resignação e pela abolição da criatividade. O teatro de rua tentou ampliar as formas de comunicação, romper com o espa-

"Precisamos aplicar as instruções do presidente Mao quando as entendemos e mesmo quando não as entendemos."

Diário do Povo, *de Pequim*

Manchete

Pedro de Moraes

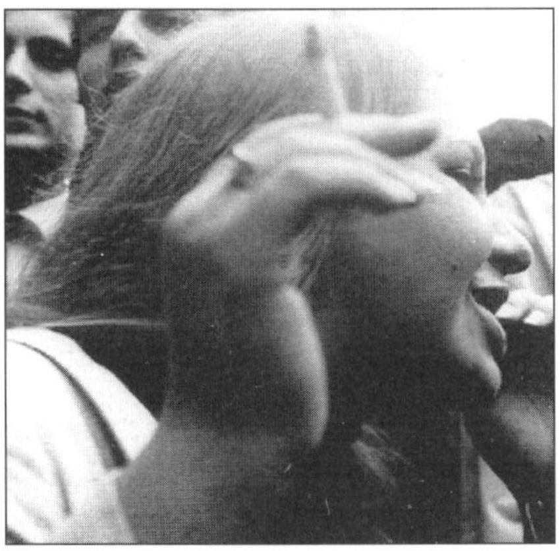

ço padronizado das salas fechadas, limitadas a um público restrito. O teatro da agressão tentou retirar os espectadores da passividade confortável e incolor, decidindo-se a fazer do palco um espaço de participação e de criatividade. O *happening* sempre surpreendia, pela própria natureza de sua proposta, antagonizando preconceitos e expectativas cristalizadas. O cinema inovava linguagem e temáticas. As novas formulações das artes plásticas, como a *pop art*, integrando novas dimensões, como o cotidiano, abriam horizontes.

A luta das mulheres — ao lado da liberação dos costumes permitida pela introdução da pílula anticoncepcional — criaria condições para uma verdadeira revolução nas relações afetivas e familiares, anteriormente baseadas no patriarcado e em seu corolário — o machismo. A revolução sexual ganhou nova intensidade e novas cores em 1968, um marco num processo que vinha se gestando há muito tempo e que se desdobraria ainda por muitos anos mais.

A quebra de tabus e o desabamento de tantas referências conduziram à experimentação de novas fronteiras na percepção humana. O consumo de drogas, antes de se tornar uma contrapartida para a angústia existencial, foi, em 1968, uma investigação de novos horizontes e um exercício de prazer, uma prática, aliás, recuperada de inúmeras sociedades antigas. Dois professores norte-americanos, Timothy Leary e Richard Alpert, pioneiros na experimentação e difusão do ácido lisérgico — o LSD —, acabariam sendo expurgados da Universidade de Harvard por estímulo ao consumo de drogas entre os estudantes. Num outro nível, das grandes massas, generalizava-se o consumo da maconha. Os jovens impunham na prática, nos festivais e concertos de música, nas festas que promoviam e protagonizavam, e nas lutas de que participavam, a sua legalidade de fato.

Ampliar a percepção e encorajar a sensibilidade eram propostas que se situavam no contexto da crítica e do questionamento a uma sociedade rotinizada, coagulada, cujos dirigentes estavam apenas comprometidos com a reprodução de um mundo que não mais satisfazia.

Revolucionar tradições culturais exige amplos horizontes e tempo, trabalho de Penélope, renovação de energias e convicções, mudanças nas estruturas da sociedade.

1968 não poderia completar essa revolução.

Mas foi um marco nessa luta.

O ano de 1968 inquietou o mundo, e formou uma geração.

Será possível encontrar referências comuns para lutas tão desencontradas, embora simultâneas? Lutas que se desencadearam pelo mundo, ignorando fronteiras políticas e diferenças raciais, ultrapassando contradições políticas e antagonismos ideológicos?

Houve combatividade, um incomum espírito de luta.

A decisão de conseguir a realização de seus interesses — conquistá-los — é visível no discurso, nas assembléias, nas passeatas, nos enfrentamentos.

A determinação de alterar pela própria ação as circunstâncias desfavoráveis, de suplantar a insensibilidade de autoridades hostis, encadeava numa mesma corrente os estudantes universitários, os comensais do Calabouço, os operários de Osasco, os artistas, os profissionais liberais.

É possível ainda, 20 anos depois, distinguir nas fotografias um certo brilho decidido no olhar dos que participavam dos encontros, das reuniões e das manifestações. Um brilho que vinha da vontade de não se dobrar diante da pressão e da força dos inimigos. A mesma vontade havia entre os estudantes do México, da praça das Três Culturas, na ocupação da Universidade de Colúmbia em Nova York, nas ações dos Panteras Negras, no movimento de ocupação de faculdades e fábricas na França, nas operações guerrilheiras na África e no Vietnã. Na desesperada luta de Che Guevara na Bolívia.

No início — de 1968 — não era o verbo, mas a disposição de luta.

Ela parecia brotar antes mesmo do reconhecimento da correlação real de forças, antes mesmo do cálculo e da avaliação dos resultados previsíveis de um dado conflito. Argumentava-se com a ação, e não com os dados, preferia-se o movimento aos coágulos, as passagens aos muros, o livre arbítrio ao destino, a vida em vez da morte.

Uma ética da ação e da luta.

As mudanças não seriam obra do acaso, nem dependeriam de intervenções externas, ou do fluir do tempo, através de lentas e moleculares mutações, resultantes da convergência de imponderáveis fatores. Tudo dependia da decisão com que se assumiriam as coisas, agora, neste mundo, no país e no lugar em que cada um se encontrava, nas condições existentes. E se elas fossem desfavoráveis, pior para elas!

Caía — e caiu — por terra a sábia ponderação dos acontecimentos. Superou-se com entusiasmo o

"Em maio de 68 éramos um pouco o motor da história e, em vez de sofrermos sua ação, nós a fazíamos. Isso não é tão comum assim."

Jean Pierre Dut'euil

frio mapeamento das condições que distinguem a política como a arte do possível em cada momento determinado, como a capacidade de descobrir a força e a fraqueza do inimigo antes de expor os próprios projetos.

Não havia o que aprender com velhos e matreiros dirigentes — acostumados a liderar derrotas. A canção indicava o caminho: fazer a hora e, não, esperar acontecer. Seria preferível, se fosse o caso, perder no torvelinho da luta do que escapar, e sobreviver, na derrota, sem oferecer resistência. Nesse sentido, Dubcek e os dirigentes tchecos, quando da invasão soviética, conclamando à calma, orientando a resistência passiva, encarnariam o avesso do espírito do tempo, representado nas ruas de Praga pelos que brandiam a bandeira tcheca diante dos soldados russos, e mudavam as placas de trânsito e das ruas para desorientar o invasor e cuspiam — pateticamente — nos tanques.

Não se excluía o diálogo — as conversações de Paris, entre vietnamitas e norte-americanos, demonstravam que os revolucionários também podiam negociar. Mas a hipótese só era concebível em condições favoráveis — e estas deveriam ser criadas na e pela luta; não fora a ofensiva do Tet o fator determinante para que os Estados Unidos se dispusessem a começar a falar de paz?

A ética da luta supunha o engajamento e a dedicação.

Por isso mesmo é que se pode falar de uma luta apaixonada.

Havia certamente paixão entre os que se lançaram contra os tiros e as patas de cavalos nas ruas do Rio na sexta-feira *sangrenta*. Entre os que resistiram às sucessivas invasões da Universidade Nacional de Brasília. Entre os adolescentes que transformaram Goiânia num dos mais importantes centros de denúncia da intolerância e do autoritarismo no Brasil. Em São Paulo, Belo Horizonte, Fortaleza, Salvador, em toda a parte onde se lutava — bolas de gude contra balas de metralhadoras, atiradeiras contra revólveres, pedras contra cavalos, uma relação de forças tão desequilibrada só podia ser enfrentada — e o sonho de sua alteração só podia ser sonhado — com muita paixão.

Um mesmo sentido de urgência marcaria negros e mulheres nos Estados Unidos, envolvidos na euforia das primeiras vitórias do *black power* e do movimento feminista; e também os nacionalistas bascos e os estudantes italianos, os jovens japoneses e os guerrilheiros africanos: mudanças substantivas, radicais, viragens.

Uma pichação em Paris denunciava os que falavam apenas na revolução, mas nada faziam em seu favor. A paixão em 1968 também se encontrava na ânsia de vertebrar o discurso e a prática, conferindo coerência entre o que se dizia e o que se fazia, entre o falar e o agir.

Não eram então bem-vistos os chefes cautelosos que sabiam se preservar, os estados-maiores que encarnavam as orientações que outros executariam — era preciso não só se opor, mas também, e talvez principalmente, se expor. Por isso o Che apareceu como símbolo — ninguém mais se engajou tanto, e tanto se expôs, e com tamanha paixão.

Um ano agitado, bravio, descontrolado.

Muitas lutas sequer tiveram lideranças gerais ou partidos dirigentes. Caso típico, nesse sentido, foi o *Maio* francês. Certamente, destacaram-se, até mesmo do ponto de vista internacional, algumas personalidades, como Daniel Cohn-Bendit, Alain Geismar, Jacques Sauvageot. Mas eles próprios recusariam o estranho título de "condutores". Entretanto, isso não quer dizer que foram lutas espontâneas, qualificativo reservado pelos partidos de vanguarda aos processos sociais que os tomam no contrapé, de surpresa. Ao contrário, e como toda atividade social, os movimentos seriam organizados pelas pessoas que deles participaram, projetando lideranças locais, conhecidas e respeitadas em cada área de conflitos.

Alguns processos chegaram a ter lideranças visíveis, partidos dirigentes. Na Alemanha, a Liga dos Estudantes Socialistas e Rudi Dutschke. No Vietnã, a Frente de Libertação Nacional. Na Tchecoslováquia, o Partido Comunista. Mas era comum, mesmo nos limites de determinado país, um conjunto de organizações desempenhar papéis equivalentes na direção do protesto e da luta. Foi o caso do movimento estudantil no Brasil, ou das lutas estudantis e raciais nos Estados Unidos. A multiplicidade de vanguardas dificultava a instrumentalização do movimento, equilibrava as influências, impedia a recuperação, sufocante e opressiva, por parte de determinado líder ou partido. E mesmo nos casos de uma vanguarda reconhecida, freqüentemente o movimento escapava de seu controle. Como na Alemanha, ou na Tchecoslováquia, sem falar na China, onde a Revolução Cultural ameaçou exterminar seu próprio criador, o Partido Comunista Chinês.

Se foi um movimento largamente descontrolado nos limites nacionais, não houve sombra de coordenação em escala internacional. Haveria exemplo mais dramático do que o dos delegados vietnamitas às conversações de paz procurando ansiosamente táxis numa cidade paralisada pelas greves e manifestações?

Os regimes políticos e os sistemas ideológicos existentes não puderam nem têm desejado desvendar a trama daquele ano "maldito", talvez porque tenham sido seus alvos privilegiados. Nem o capitalismo, nem o socialismo real foram destruídos pelas agitações e tumultos. Mas não puderam ignorar a ameaça que varreu suas áreas de domínio.

Na verdade, as lutas sociais de 1968 rasgaram novas perspectivas, para além das ordens existentes. Não foi à toa que então surgiram — ou reapareceram — movimentos e tendências que rompiam tendências ortodoxas dos partidos de esquerda ou de direita, tradições conservadoras e progressistas.

Onde localizar a queima de sutiãs? O protesto das mulheres? As lutas nacionais no interior de Estados centralizados e supostamente uniformizados? Alguns pretenderam ver na luta dos tchecos uma volta ao capitalismo, outros viram nela o dedo do imperialismo. Não teria sido algo novo, em gestação, sem fronteiras claramente definidas ainda? E o movimento de ampliação das fronteiras da percepção através das drogas? E o rock? E a revolução sexual? E a crescente preocupação com o meio ambiente, destruído pela poluição das indústrias socialistas e capitalistas?

O ano introduziu novas perspectivas, que se enquadravam mal nos horizontes explorados. Foi marco de novas utopias, criadas pela imaginação humana, caminhos que apontavam novos pontos cardeais, de contornos vagos, pouco precisos, trilhas carecendo ainda de melhor conhecimento, mas que se apresentavam como promessas no caminho da construção de um mundo novo.

Mas as propostas utópicas não se articulavam no ar — porque nesse caso não teriam condições de mobilizar tantos milhões. Na verdade, se houver atenção na análise, será possível enfatizar o essencial: as lutas de 1968 estiveram, sempre que adquiriram dimensão social, estreitamente vinculadas aos interesses imediatos das pessoas.

Luther King, quando foi assassinado, preparava-se para dirigir uma grande passeata, que se inseria na luta dos garis de Memphis por melhores condições de vida e de trabalho. As marchas dos estudantes norte-americanos contra a Guerra do Vietnã tinham a ver com seus interesses reais: lutavam para salvar a vida de uma morte inútil. Da mesma forma, o *Maio* francês se enraíza em pautas reivindicatórias extremamente ligadas ao cotidiano das pessoas que batalhavam nas barricadas do Quartier Latin ou nas fábricas ocupadas. Por outro lado, basta conferir o programa de ação da Primavera de Praga, ou as reivindicações dos estudantes de Varsóvia ou Belgrado, para que se evidencie a noção de que o mundo melhor pelo qual todos aspiravam começaria — em caso de sucesso das lutas — aqui e agora.

O mesmo teria ocorrido no Brasil. A pujança do movimento estudantil e os programas das greves de Osasco e Contagem devem-se a objetivos definidos, compreendidos por todos os que participavam como capazes de alterar — para melhor — as possibilidades de realização de seus interesses mais imediatos.

Desse encadeamento — interesses imediatos e horizontes mais amplos, cotidiano e utopia — 1968 recolheria seu brilho — e sua força.

E a esperança de mudanças.

A confiança enorme de que seria possível mudar.

Não era a certeza de mudanças que impulsionava lutas de rua que ignoravam a desproporção de forças? Não era a idéia de que a vitória estava ao alcance das mãos que empurrava os guerrilheiros vietnamitas ao assalto da cidade imperial de Huê, onde resistiriam mais de um mês aos contra-ataques dos norte-americanos, que tiveram de arrasar a cidade para reconquistá-la?

Os muros de Paris gritavam que para ser realista era necessário pedir o impossível. As mulheres desejavam rapidamente a emancipação de uma opressão multissecular. Os negros norte-americanos queriam exorcizar uma discriminação ancestral. Os bascos exigiam a reconstituição de sua nação — o que se faria à custa de dois sólidos Estados europeus. Os estudantes tchecos pretendiam, talvez sem sabê-lo, desestabilizar o equilíbrio forjado pelas duas superpotências há quatro décadas. E os guardas vermelhos ousavam desejar a construção de uma sociedade baseada na abolição das divisões entre trabalho manual e trabalho intelectual.

No Brasil, ao lado dos estudantes, que contavam com a reversão de uma ditadura militar que se encontrava no apogeu de sua força, pequenos grupos guerrilheiros, em ações paralelas ao movimento das ruas, pretendiam, com suas ações exemplares, levantar um povo que imaginavam estar prestes a explodir.

Em toda parte, estudantes, trabalhadores, nações e minorias subjugadas extrairiam de uma estranha autoconfiança ilusões e forças para continuar lutando. Para enfrentar, com pobres barricadas, tanques e metralhadoras. Com fuzis de repetição, superfortalezas voadoras. Com bolas de gude, cargas de cavalaria. Com músicas de protesto, sólidos Estados. Com grupos guerrilheiros, exércitos profissionais. Com vontade, as tradições e as estruturas. Com imaginação, o poder.

Foi uma luta desigual.

Vinte anos se passaram.

O que restou dos acontecimentos, do brilho das utopias? E das grandes mobilizações? Da vontade de lutar?

Os embates imediatos foram perdidos, derrotados. Não apenas pela desproporção da força militar. Um processo combinado de envolvimento ideológico e político — e também força — abateu-se sobre as forças sociais que lutavam em 1968. A repressão obviamente desempenhou seu papel. Mas na história da humanidade está mais do que demonstrado que ela é incapaz, por si mesma, de inviabilizar movimentos

Agência Folhas

Pedro de Moraes

que tenham raízes e fundamentos sociais e históricos profundos.

Em certos países, houve concessões significativas — elas teriam arrefecido o impulso do movimento. Em outros, negociações, promessas, conquistas parciais. Mesmo onde regimes ditatoriais permaneceram, e até se fortaleceram, como no Brasil, a ordem vigente conseguiu, de uma forma ou de outra, isolar o movimento de revolta, evitar a "contaminação", impedir que o "sangue novo corrompesse a anemia". Ainda em nosso país, seria decisivo o novo ciclo de expansão do capitalismo, iniciado antes de 1968, cuja vigência muitos se recusaram a admitir. Não se trata apenas de contabilizar benefícios materiais tangíveis, como empregos e salários. Mas, e principalmente, a proposta de crescimento, de sociedade, de relações pessoais, de progresso, que espalhou mitos e ilusões, e conseguiu seu objetivo maior: ganhar o apoio ativo ou a resignação, a adesão passiva para as realizações práticas que conduziriam o capitalismo brasileiro a um novo patamar, de que tanto se orgulham hoje nossas elites.

A vigência do capitalismo e do socialismo real, em todo o mundo, atesta com eloqüência a vitalidade dos sistemas que as lutas de 1968 pretenderam destruir ou superar.

E, no entanto, nem tudo foi perdido.

Muitos dos que participaram das lutas sobreviveram, e não apenas fisicamente, ou para constar nas estatísticas da população economicamente ativa. Conservam a experiência, meditam sobre ela, aproveitam-na para mergulhar em outras — e novas — aventuras. Não foram domados pelos anos de chumbo, nem atingidos pela mediocridade da resignação e do pessimismo.

Há também a memória de 1968. Densa e marcante. Exemplos de luta que inspiram o estudo de seus erros e acertos. Trajetórias que merecem análise por tudo o que pretenderam, embora quase tudo esteja por conquistar, ainda hoje, 20 anos depois.

Subsistem linhas de continuidade porque nem todos os fios puderam ser cortados. Estão vivos os movimentos das mulheres e a crítica da sociedade machista; os negros continuam recusando a discriminação; os homossexuais denunciam ainda a hipocrisia; permanece forte a crítica ao autoritarismo e a certa maneira de fazer política que, no fundo, pretende apenas substituir elites no poder. A defesa do meio ambiente contra a destruição da Terra e dos seres humanos cresceu em força. Ampliou-se a experimentação nas artes, a crítica ao socialismo real e a procura de novas referências para a ação política.

Há transformações que ganharam vida. Novas formas de conceber as relações afetivas entre homens e mulheres, entre pais e filhos, entre o público e o privado. Entre os partidos e a política, entre a autoridade, o poder, a revolução e o cotidiano. Seguem tomando novas formas a revolução sexual, o rock, as novas propostas de relacionamento com as drogas.

Marcos de 1968.

Muitos ainda não chegaram a se afirmar. Outros já são ameaçados por ondas de conservadorismo. Outros ainda lutam para não se deixar instrumentalizar pelos partidos ou se mercantilizar pelo capital.

Mas é por tudo isso que 1968 lateja ainda.

Porque está vivo, propondo desafios.

Fevereiro de 1988

"A cortina fechou sobre uma primavera mítica.
Não é mais o Presente.
Não é ainda a História.
É um pouco de lenda.
Mortos esquecidos? Feridas curadas?
Lágrimas secas?
Paixões apaziguadas?
Aparentemente sim,
mas sob as
cinzas cintilam brasas.
Uma interrogação
permanece:
Ouviremos novamente o grito
lançado por um anônimo soldado
da primavera:
Sejamos realistas,
peçamos o impossível.

Maio *francês*

Greenland Sea
Norwegian Sea
Barents Sea
ICELAND
NORWAY
SWEDEN
FINLAND
RUSSIA
North Atlantic Ocean
North Sea
UNITED KINGDOM
IRELAND
DENMARK
ESTONIA
LATVIA
LITHUANIA
BELARUS
POLAND
GERMANY
UKRAINE
FRANCE
CZECH REPUBLIC
SLOVAKIA
AUSTRIA
HUNGARY
ROMANIA
MOLDOVA
BULGARIA
SERBIA
CROATIA
BOSNIA AND HERZEGOVINA
SLOVENIA
ITALY
SPAIN
PORTUGAL
GREECE
TURKEY
ALGERIA
TUNISIA
MOROCCO
MALTA
Mediterranean Sea
Tyrrhenian Sea
Adriatic Sea
Ionian Sea
Aegean Sea
Black Sea
Baltic Sea
Bay of Biscay
Celtic Sea
English Channel
Reykjavik
Oslo
Stockholm
Helsinki
Tallinn
Riga
Vilnius
Minsk
Moscow
Saint Petersburg
Kyiv
Chisinau
Dublin
London
Edinburgh
Amsterdam
Brussels
Luxembourg
Paris
Bern
Berlin
Copenhagen
Warsaw
Prague
Vienna
Bratislava
Budapest
Ljubljana
Zagreb
Sarajevo
Belgrade
Bucharest
Sofia
Skopje
Podgorica
Tirana
Athens
Rome
Madrid
Lisbon
Algiers
Tunis
Rabat
Valletta
Scale 1: 19,500,000
Lambert Conformal Conic Projection, standard parallels 40°N and 56°N
Boundary representation is not necessarily authoritative

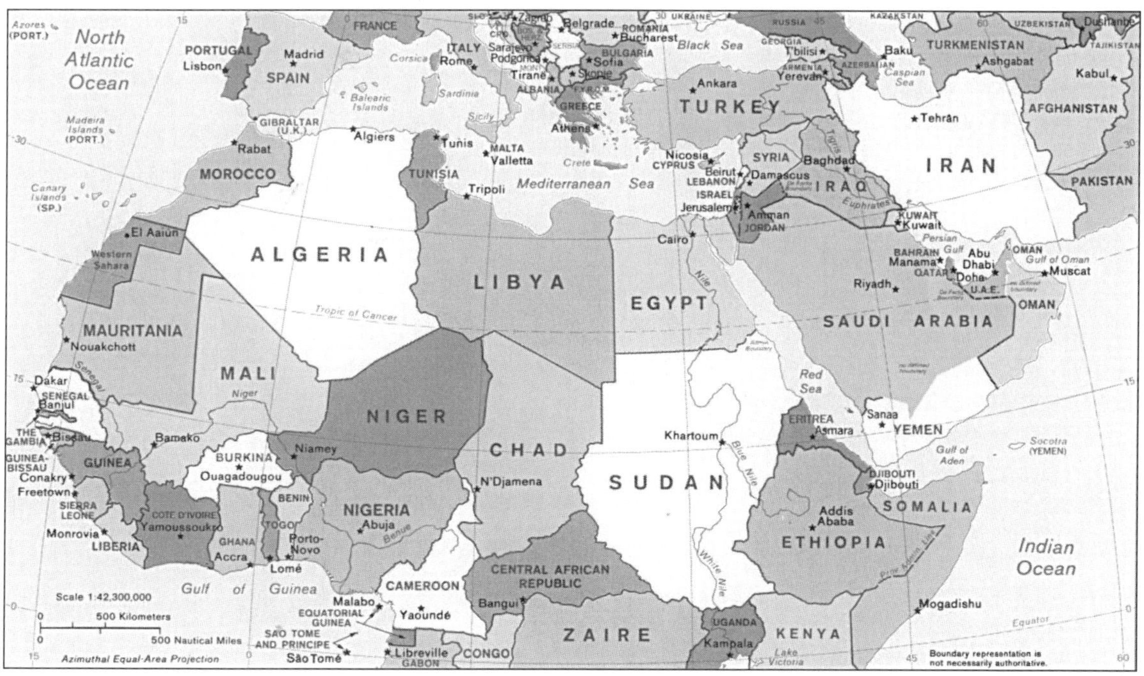
North Atlantic Ocean
PORTUGAL
SPAIN
FRANCE
ITALY
GREECE
TURKEY
Black Sea
Caspian Sea
TURKMENISTAN
AFGHANISTAN
IRAN
PAKISTAN
MOROCCO
ALGERIA
TUNISIA
LIBYA
EGYPT
Mediterranean Sea
SYRIA
IRAQ
JORDAN
KUWAIT
SAUDI ARABIA
OMAN
YEMEN
Red Sea
Western Sahara
MAURITANIA
MALI
NIGER
CHAD
SUDAN
ERITREA
DJIBOUTI
ETHIOPIA
SOMALIA
SENEGAL
GUINEA
SIERRA LEONE
LIBERIA
COTE D'IVOIRE
GHANA
BURKINA
BENIN
TOGO
NIGERIA
CAMEROON
CENTRAL AFRICAN REPUBLIC
ZAIRE
UGANDA
KENYA
CONGO
GABON
Gulf of Guinea
Indian Ocean
Gulf of Aden
Madrid
Lisbon
Rome
Algiers
Tunis
Tripoli
Cairo
Ankara
Tehrān
Baghdad
Damascus
Beirut
Jerusalem
Amman
Riyadh
Kuwait
Muscat
Sanaa
Khartoum
Asmara
Addis Ababa
Mogadishu
Rabat
Dakar
Nouakchott
Bamako
Niamey
Ouagadougou
N'Djamena
Abuja
Accra
Lomé
Yaoundé
Bangui
Kampala
Libreville
Scale 1:42,300,000
500 Kilometers
500 Nautical Miles
Azimuthal Equal-Area Projection
Boundary representation is not necessarily authoritative.

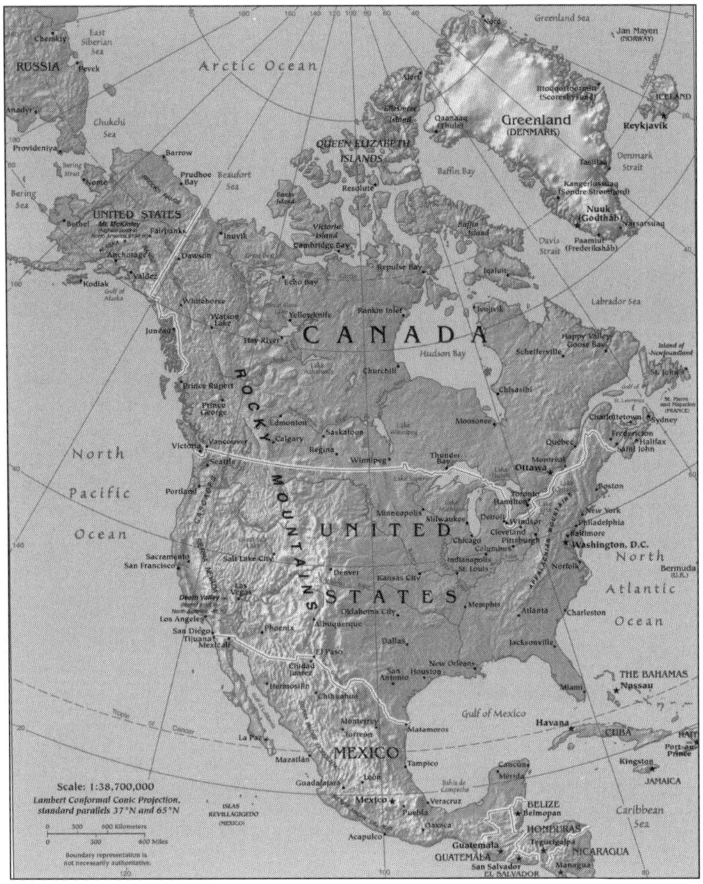
Arctic Ocean
RUSSIA
Greenland
(DENMARK)
Reykjavik
ICELAND
QUEEN ELIZABETH ISLANDS
Baffin Bay
Beaufort Sea
Chukchi Sea
Bering Sea
UNITED STATES
CANADA
Hudson Bay
Labrador Sea
ROCKY MOUNTAINS
North Pacific Ocean
UNITED STATES
North Atlantic Ocean
Ottawa
Washington, D.C.
Gulf of Mexico
MEXICO
Mexico
THE BAHAMAS
Nassau
Havana
CUBA
JAMAICA
Caribbean Sea
BELIZE
HONDURAS
NICARAGUA
GUATEMALA
EL SALVADOR
Scale: 1:38,700,000
Lambert Conformal Conic Projection, standard parallels 37°N and 65°N

Caribbean Sea
North Atlantic Ocean
VENEZUELA
Caracas
COLOMBIA
Bogota
Georgetown
Paramaribo
Cayenne
ECUADOR
Quito
AMAZON BASIN
BRAZIL
PERU
Lima
South Pacific Ocean
BOLIVIA
La Paz
Brasília
BRAZILIAN HIGHLANDS
PARAGUAY
Asunción
CHILE
Santiago
URUGUAY
Montevideo
Buenos Aires
ARGENTINA
South Atlantic Ocean
ANDES
Stanley
Falkland Islands (Islas Malvinas)
South Georgia and the South Sandwich Islands
Scale 1:35,000,000
Azimuthal Equal-Area Projection

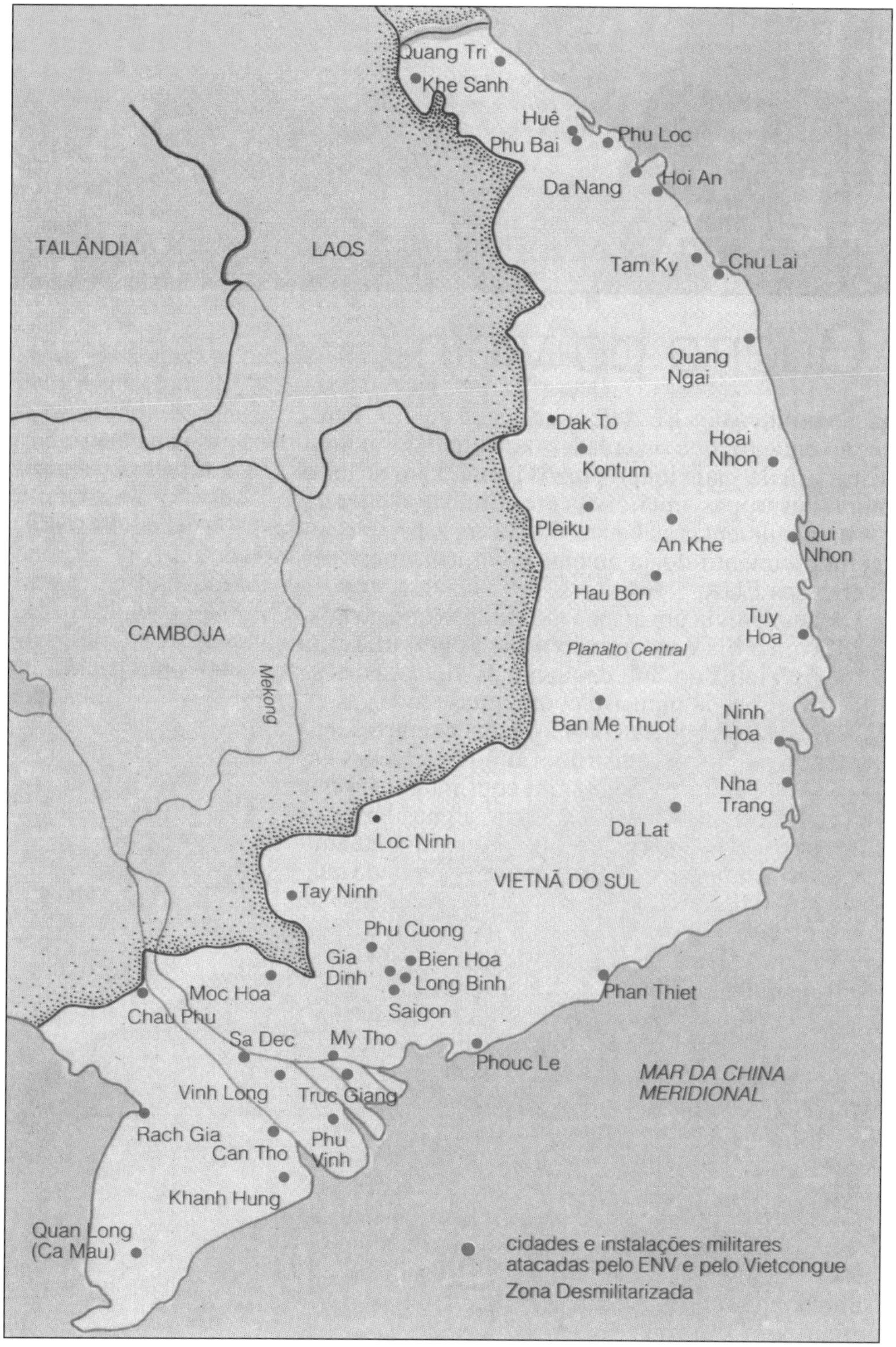

Fonte: The University of Texas at Austin Perry-Castañeda Library Map. Mapa da América do Norte: <www.lib.utexas.edu/maps/americas/north_america_ref_2007.jpg>. Mapa da América do Sul: <www.lib.utexas.edu/maps/americas/south_america_ref04.jpg>. Mapa da Europa: <www.lib.utexas.edu/maps/europe/europe_ref_2007.jpg>. Mapa do Norte da África e do Oriente Médio: <www.lib.utexas.edu/maps/middle_east_and_asia/n_africa_mid_east_pol_95.jpg>. Mapa do Vietnã: *Guerra na paz* (Rio Gráfica, 1984)

Para Hélio Pellegrino,
Cacaso e Marcos Medeiros,
sempre

Fotos para a História

Pedro de Moraes

"Preço de uma refeição:
dois mortos"

Faixa no enterro de Edson Luis

SABADOS
E
DOMINGOS
PIC-NIC
no
FRONT
ÀS 21

SABA
e
DOMINGOS
PIC-NIC
no
FRONT
ÀS 21 hs

"A verba desse país, companheiros, é roubada da gente e está no bolso dos exploradores; a verba desse país existe e está indo para alimentar o Exército, que vai oprimir o povo. As verbas desse país existem para os cavalos da PM comerem, não existem para os estudantes estudarem, não existem para o trabalhador ter um trabalho digno."

Vladimir Palmeira

"Venho falar à mocidade das escolas, porque não se pode pensar, nas atuais condições do mundo, em monólogo, a expor as próprias idéias. Tudo deve ser colocado na base do diálogo, em que o que fala há de responder, indo ao encontro do sentimento daqueles a quem se dirige e que o escutam. Sou, de coração e pensamento, dos que procuram a identificação com a juventude..."

Presidente Costa e Silva, aula inaugural da Universidade de Pelotas, RS, em 4 de abril de 1968, no momento da repressão das missas de sétimo dia pela morte de Edson Luis

VARIG
TAXI

ANCE
VARIG

"Nunca, como atualmente, se falou tanto no Brasil em segurança. Mas, paradoxalmente, nunca foi maior a insegurança. Matar ganhou foros de virtude cívica. O temor é o denominador comum de todos os brasileiros."

ABI, 29 de outubro de 1968

Armas dos estudantes: água em sacos plásticos, pedras, paus, gelo, garrafas, vasos de flores, tampas de latrina, carimbos, cinzeiros, cadeiras, tijolos, bolas de gude, cortiça e as pobres barricadas.

Armas da polícia: fuzis, revólveres, baionetas, sabres, pistolas 45, cavalos, bombas e granadas de gás lacrimogêneo.

"Não somos uma trincheira para ser conquistada! Vocês estão gastando canhão para matar passarinho."

Florestan Fernandes

"As Forças Armadas constituem uma de nossas classes produtoras. Produzem aquilo que mais vale... a segurança nacional."

Presidente Costa e Silva

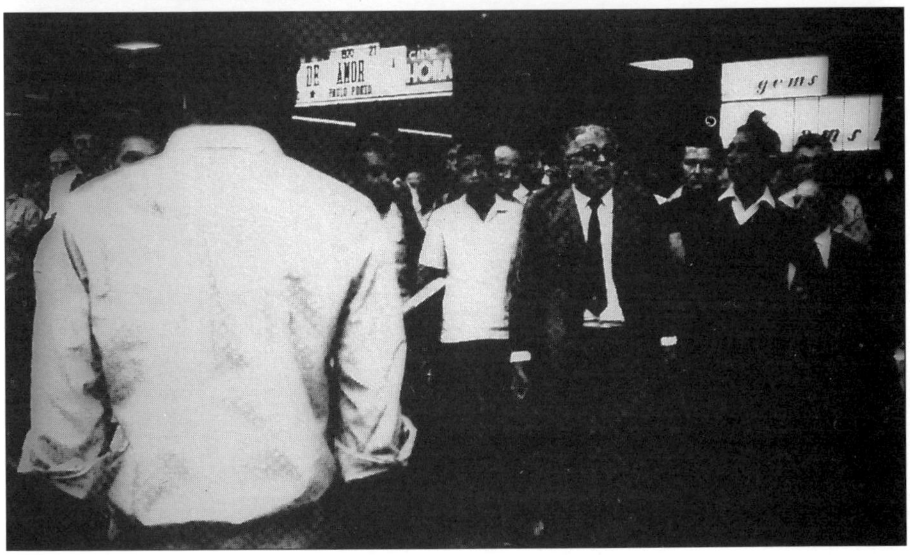

"Excelentíssimo povo brasileiro. Precisamos de homens que honrem as calças que vestem. Não queremos aqui o comunismo. Não queremos o fascismo. Queremos liberdade. Agora é hora de fazer pouco e fazer mais. Os trabalhadores também estão junto com os estudantes."

Anônimo, em junho

"Eles não precisam comer nada, não. Precisam é de um castigo."

Policial tirando sacola de pães que uma mãe entregava ao filho cercado na Reitoria da UFRJ

"— Eu vi um rapaz morrer ao meu lado, quero uma ambulância!
— Você é estudante?
— Sou estudante, sim, é preciso arranjar uma ambulância!
— Se é estudante, vai preso!"

Diálogo entre policial e estudante, em junho

"Ela tem pernas bonitas e eu quero passar a noite olhando."

Agente do Dops justificando a prisão de uma moça, em junho

"— São uns cachorros que atiraram garrafas de água na cabeça da polícia.
— Tem certeza?
— Claro, não podiam cair do céu."

Diálogo entre PM e jornalista sobre presos retirados de um edifício, acorrentados, em junho

"De agora em diante não vamos mais enviar os presos aos quartéis. Vamos usá-los à frente de nossos soldados como escudo contra as pedradas dos estudantes."

Comandante da PM, em junho

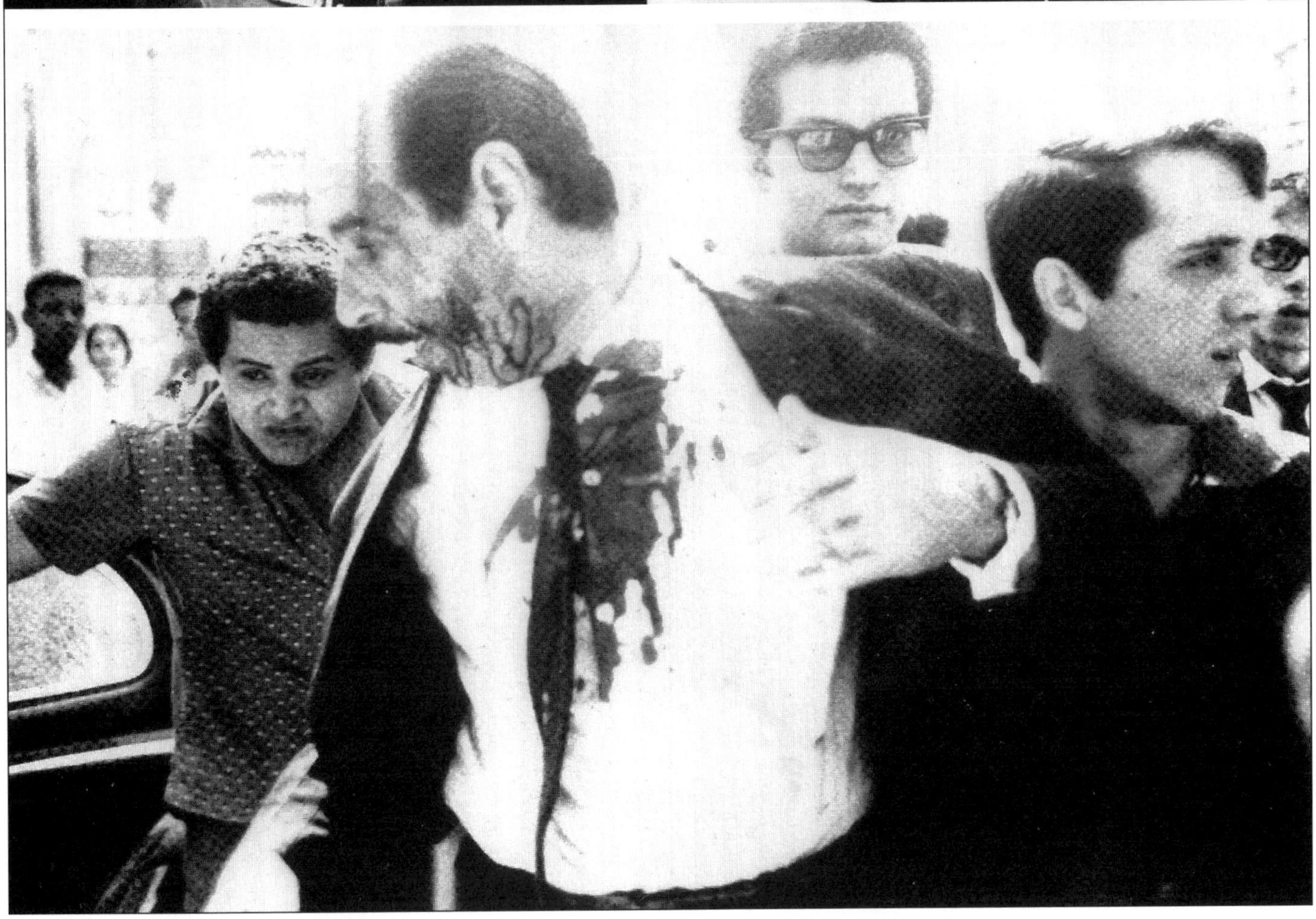

"Vamos com calma. Mas, se eles atacarem, então pau neles."

Vladimir Palmeira, em passeata do primeiro semestre

"Atenção, tudo é perigoso
Atenção, menina
Tudo é divino, maravilhoso
É preciso estar atento
e forte
Não temos tempo de
temer a morte"

Caetano Veloso e Gilberto Gil

"O povo está na praça pública, logo, está na sua casa, este é um direito de propriedade que precisa ser respeitado."

Hélio Pellegrino, na Passeata dos 100 Mil

"Tudo que não serve para ser comprado ou vendido, quer se trate de objetos, idéias, princípios ou esperanças, não tem utilidade nesta terra. Nela, o poeta é amaldiçoado, o filósofo um idiota, o artista um apátrida, o homem de visão um criminoso."

Henry Miller

DERRUBAR a
EXPULSAR o IMPERIALISMO
ESTUDANTES
LIBERDADE
PARA OS PRÊSOS

"Um, dois, três, gorila no xadrez."

Palavra de ordem nas passeatas

"Reafirmamos nossa disposição de responder violentamente à violência da ditadura."

Manifesto da União Metropolitana de Estudantes

"Os velhos no poder, os jovens no caixão"

Faixa no enterro de Edson Luis

"Não queremos um mundo
em que a certeza (garantia)
de não morrer de fome se
troque pelo risco (certeza)
de morrer de tédio."

Maio *francês*

"Isto aqui não é a marcha da família com Deus; é a do povo pela sua libertação."

Padre Luciano, na Passeata dos 50 Mil

"Onde estiver o sangue generoso dos jovens, lá estaremos nós, suas mães."

Irene Papi, na Passeata dos 100 Mil

Tiroteio diante da embaixada americana: dois PMs atacam o fotógrafo que documentou a saída de duas estudantes baleadas.

Com a chegada da polícia, os estudantes deixaram a Cinelândia e seguiram até a embaixada americana, que foi apedrejada. No conflito, as estudantes Jane Barros Lopes e Márcia Jurkiewicz sofreram ferimentos a bala. Minutos depois, dois PMs atacaram o fotógrafo Pedro de Moraes (à esq.), que documentara a cena, desarmando-o de sua máquina e seus filmes.

(créditos)
Fatos e Fotos, 4 de julho de 1968

Fotografia: Antonio Trindade, Nelson Santos, Vieira Queirós, José Martins, Gervásio Batista e Milton Carvalho.

Tribuna da Imprensa

Depoimentos

É dado o momento
de jogar os dados
nada
é dado
tudo
é conquistado

Félix de Athayde

Luis Travassos

1968: Presidente da União Nacional dos Estudantes (UNE)

— Falecido em 1982. Economista

Travassos, como quase todos nós o chamávamos, estudava direito em São Paulo. Foi presidente da UEE em 1966/1967 e presidente da UNE em 1967/1968. Como bem disse Genoíno em seu depoimento, todos choramos sua perda. Seria impossível, porém, deixá-lo fora deste livro. Em sua homenagem, reproduzimos a entrevista a seguir, oferecida juntamente com seu companheiro de diretoria da UNE, Luis Raul, à *Realidade* de julho de 1968.

— *A UNE de vocês realmente existe, como representação?*

Luis Travassos e Luis Raul Machado olham-se, um deles responde:

— A UNE é cada vez mais a união nacional dos estudantes. É a única entidade que representa politicamente os estudantes brasileiros. Houve prova disso no repúdio à Lei Suplicy, na participação cada vez maior nos congressos e nas constantes manifestações de massa.

— *A UNE é comunista?*

— A UNE não é comunista. As posições da UNE são aprovadas nos congressos e conselhos. Hoje, ela se define com todo o rigor como a entidade que coordena a luta do movimento estudantil contra a ditadura. Se ser comunista é trabalhar para um movimento estudantil cada vez mais integrado na luta da grande maioria do povo brasileiro por sua libertação, se ser comunista é identificar como causa principal da miséria do povo a dominação imperialista, se ser comunista é lutar contra a opressão sobre os operários, camponeses, profissionais, intelectuais, então nós somos comunistas. Nós dois aqui, pelo menos.

— *E de onde vem o dinheiro que vocês gastam? É verdade que recebem verbas de Moscou, Havana e Pequim?*

— Infelizmente, essas vultosas verbas de Moscou, Havana e Pequim nunca chegaram. O movimento estudantil tem cada vez mais sustentado sua entidade nacional com coletas nas escolas, vendas de texto etc. Alguns setores profissionais também contribuem para a manutenção da UNE.

— *E vocês acham que representam, de fato, a massa estudantil?*

Tribuna da Imprensa

— A resposta será dada no 30º Congresso da UNE — que será preparado nas bases, com delegados eleitos em assembléias gerais, com discussões que já começam a ser feitas e, principalmente, com a mobilização do movimento estudantil brasileiro para a sua realização.

— *Vocês não acham que deveriam preocupar-se mais com seus estudos que com política?*

— Em primeiro lugar, os estudantes devem participar da política como parcela do povo. E é ridícula a alegação de que devemos entrar para os partidos políticos oficiais, o do sim e o do sim-senhor, pois eles não representam nada. São um disfarce da ditadura. Em segundo lugar, o estudo, hoje, é dificultado por razões políticas. Não há verbas e a reforma universitária que querem fazer é em função dos interesses das grandes empresas capitalistas. Para podermos estudar verdadeiramente, não nos podemos conformar em ser moldados para ajudar a manter, em nossa vida profissional, a estrutura podre da sociedade.

— *Há algumas ligações entre as agitações que vocês promovem aqui e as que estão ocorrendo na França, Alemanha, Polônia, Tchecoslováquia etc.?*

— Não. Bem que gostaríamos. Mas, no plano internacional, a posição da UNE deve ser a de se integrar principalmente na luta antiimperialista dos movimentos estudantis da Ásia, África. Achamos justa, no entanto, a luta dos estudantes europeus.

— *A UNE coloca os estudantes na rua, na hora que quiser?*

— A turma vai às ruas quando precisa, para lutar por suas exigências no plano educacional e suas posições políticas. Nós, da liderança, podemos, diante disso, tomar três atitudes: ir à frente da luta (é o papel que devemos adotar sempre), ir a reboque da luta ou frear a luta.

— *A luta de vocês é também uma luta de gerações?*

— É preciso desmistificar essa história de conflito de gerações, poder jovem e outras bobices. O que há — quer a gente queira ou não — é uma luta de classes. Não é de moços contra velhos, mas de oprimidos contra opressores. E os estudantes querem lutar junto com o povo por sua libertação.

"Os estudantes devem enfrentar a repressão no mesmo nível em que ela se manifestar. E se o Exército intervier, lutaremos também contra o Exército."

Luis Travassos, na Reitoria da UFRJ

Pedro de Moraes

Vladimir Palmeira

1968: Presidente da União Metropolitana dos Estudantes (UME)

1998: Economista

2008: Líder político do PT, doutor em história

Por que 1968? Houve condições especiais para aquele ano especial?

Eu digo que 1968 foi a última vaga da luta em defesa da legalidade de 1964. A classe média apoiou o golpe, mas desde 1965 tem suas convicções abaladas por duas coisas: primeiro, a decadência econômica, em função da crise. A classe média tem grande dificuldade, sobretudo seus setores autônomos e liberais, de enfrentar um aumento da inflação. E tem dificuldades maiores ainda para reagir. Se você for ler as páginas dos jornais em 1964/1965 verá que era uma liquidação só, não havia como vender os produtos, a capacidade de compra da população era muito baixa. Em segundo lugar, as eleições não eram para valer. E a classe média tem nas eleições uma manifestação típica de seu *status*; o voto para ela é um elemento decisivo de participação, na medida em que seus interesses são jogados nas eleições. Ora, a transformação de eleições diretas em indiretas, a extinção dos partidos, a Lei de Inelegibilidades indicavam um sentido, os canais se fechavam e a classe média estava descontente. Além disso, a universidade estava muito ruim: havia a questão das vagas, colocada pelos excedentes; o problema da democracia interna; as condições de trabalho e de formação profissional, tudo isso num nível muito aguçado. A deterioração do ensino era um fato, o governo dando cada vez menos verbas. Por outro lado, pela primeira vez, talvez, em função da modernização dos meios de comunicação, você tinha uma coisa nova: um movimento num estado agitava o outro. Funcionava em cadeia. A grande imprensa reproduzia em escala ampliada as ações estudantis. Então, mesmo quando criticavam, não deixavam de divulgar. O fato de o cara de Sergipe ler o que estava acontecendo no Rio, ou no Acre, ou no Amazonas, ajudava o movimento a se articular. A agitação de massas em 1966 começa de fato com um ato em Minas, um desfile de calouros. A repressão, divulgada pelos jornais, estimularia passeatas de solidariedade em todo o país. Aqui mesmo, tivemos a primeira manifestação, em grande escala, por causa disso. Finalmente, a ditadura militar dificultava qualquer iniciativa, restringia tudo. As coisas mais inocentes chocavam-se contra proibições, às vezes excessivas, tolas até. De forma que os estudantes tinham, no desenvolvimento de suas atividades, constantes enfrentamentos com a repressão. Eu diria que a repressão era muito inábil. Ora, em 1968, apesar de tudo, ela tinha limites. Havia uma Constituição — um pouquinho fajuta, aprovada na marra pelo Congresso — mas existia, consagrava uma ordem constitucional. Não havia, portanto, um Estado de exceção no sentido tradicional, onde os governantes podem fazer as leis do jeito que bem entendem. Nessas condições, a repressão era insuficientemente forte para esmagar o movimento. Provocava descontentamento, acirrava os ânimos, mas não era capaz de impedir o crescimento do movimento.

Como você situaria as principais etapas do movimento em 1968?

Primeiro, foi a morte do Edson Luis, que desencadeia uma onda de caráter inclusive nacional. Depois, a manifestação do 1º de abril e a missa

Tribuna da Imprensa

de sétimo dia, dia 4, na Candelária, brutalmente reprimida e que entrou para a história: milhares e milhares de pessoas não podendo entrar na igreja, a polícia militar com seus cavalos atacando as pessoas. Depois, a mobilização por mais verbas, dentro das universidades, percorre todo o primeiro semestre. Explode aí a discussão sobre o diálogo. Um setor reacionário da Igreja tentou quebrar a UME, dividir o movimento, levar para o diálogo estudantes que não tinham representatividade, mas a iniciativa fracassou, ao menos teve a virtude de abrir toda uma discussão sobre o assunto. Em seguida, a semana "sangrenta", que levaria às grandes passeatas de fins de junho e começo de julho (100 mil, 26 de junho; 50 mil, 4 de julho). O mês de julho seria dedicado à reorganização do movimento. Aliás, a Passeata dos 50 Mil se realiza já em plenas férias. Haveria ainda nesse mês a greve operária de Osasco. Realizamos várias ações de apoio à greve, envolvendo algumas centenas de pessoas. Ocupamos o Ministério do Trabalho, fomos à Leopoldina, ao Sindicato dos Metalúrgicos, à zona oeste do Rio, a Bangu, sempre apoiando a greve de Osasco. A volta às aulas, em agosto, é marcada pela visão do refluxo. O clima não é mais o mesmo, o movimento começa novamente a travar as lutas reivindicatórias. Mesmo assim, o movimento estava longe de ser liquidado. Quando fui preso, no início de agosto, houve uma resposta pronta, passeatas no mesmo dia da prisão. Como era sábado, fizeram em Copacabana. Depois, marcaram uma nova manifestação, mas o Exército ocupou o centro da cidade, o que simbolizou um grau a mais na escalada da repressão. E um certo desestímulo à mobilização. Em seguida, o movimento seria marcado pelo processo de renovação das entidades representativas, eleições para o DCE da UFRJ e eleição da UME, em setembro. Então, esse foi um momento de reorganização. A partir daí viria a ser a preparação do Congresso da UNE, uma ampla mobilização, congressos regionais preparatórios, mas em alguns lugares, porque havia ainda reservas de energia, a mobilização atingiu novos piques: na Universidade do Estado da Guanabara (UEG), hoje Uerj, e também na PUC. Mas, no conjunto, um lento declínio. Depois da queda de Ibiúna ainda haveria uma tentativa de resistência nacional, passeatas de protesto etc.

Como foi sua participação nessa etapa de refluxo?

A partir de agosto, quando fui preso, não fiz praticamente nada. Saí em setembro da cadeia, mas passei a maior parte do tempo escondido. Daí fui para Ibiúna, onde fui preso de novo. Mas sei que, no final, há uma fase de ações de propaganda, comícios-relâmpago, até mesmo no subúrbio. É preciso ressaltar, porém, apesar da prisão em Ibiúna, que o congresso da UNE que ali se reunia tinha uma alta representatividade, gente de todos os estados, traduzindo assim um grande avanço do movimento estudantil. Mas o movimento de massas estava em pleno refluxo.

No processo de rearticulação do movimento estudantil desde 1964, como é que você avalia o ano de 1968?

Acho que 1968 representa uma inflexão em si mesmo. Do ponto de vista prático, representou um amadurecimento do movimento, tem uma marca nítida. E isso começa a se verificar desde janeiro, quando há um conselho da UNE, e duas tendências se enfrentam. Uma queria centrar a luta diretamente contra a ditadura militar, a outra, à qual eu pertencia, queria que a luta fosse contra a política educacional do governo. A divergência exprimia duas concepções do movimento estudantil que vinham evoluindo desde 1966. O segundo marco foi a realização do conselho regional da UME, aqui no Rio. Nós já tínhamos sido vitoriosos no conselho da UNE. Tratava-se agora de formular a aplicação da linha vitoriosa nas condições do Rio. Nós defendemos então uma mudança completa no centro de mobilização, que até então era a luta contra o pagamento das anuidades.

Era a luta central dos anos anteriores...

Exatamente. Em 1966 e também um pouco em 1967. Propusemos um novo centro — a luta por mais verbas. Foi uma grande e áspera batalha.

Por que vocês definiram esse novo eixo de lutas?

A luta pelas anuidades tinha sempre levado a gente à derrota. Era uma luta de caráter político mais imediato, aparentemente mais radical, o enfrentamento a uma determinação administrativa — você não pagava. Entretanto, era uma luta muito complicada. Em primeiro lugar, porque o primeiro pagamento era mais simbólico, para legitimar um plano a longo prazo de privatização das universidades. As autoridades queriam fazer daquele pagamento um ato de legitimação de uma política. Mas a imensa maioria dos estudantes, exatamente porque o preço era simbólico, podia pagar. E quando chegava o momento decisivo, frente às ameaças da reitoria e das direções das escolas, a grande massa ia lá e pagava. Isso não significava um des-

"Olha bem esse sujeito, meu filho. É por causa dele que teu pai fica sempre de prontidão e não pode passar mais tempo contigo. Minha vontade é dar um tiro nele, mas o coronel proibiu. Olha bem pra ele, meu filho. Ele é teu inimigo e do teu pai."

Tenente falando com o filho de cinco anos, mostrando Vladimir Palmeira, preso na Vila Militar

compromisso com as reivindicações do movimento. O problema é que a taxa era muito pequena. Havia uma desproporção muito grande entre a mobilização, o tamanho da ameaça e o nível de pagamento. Isso ia minando a luta contra as anuidades. Além disso, nós não escolhíamos o momento da luta, o dia do grande enfrentamento estava antecipadamente dado, perdíamos com isso a flexibilidade, trabalhávamos com prazos fixos.

A luta por mais verbas rompia com este esquema rígido?

Claro. Além disso, a luta por verbas era a outra face da luta pelo não-pagamento das anuidades.

Por quê?

Porque o governo deixava de dar verba para a universidade pública e, assim, a obrigava a procurar os próprios recursos. As direções das universidades e faculdades viviam clamando: precisamos encontrar fontes de renda! E iam obtê-las ligando-se à grande indústria, transformando-se em fundações nacionais, buscando auxílio no estrangeiro, e iniciando o processo do pagamento das anuidades. A universidade carente, sem verbas, exprimia uma necessidade que eles consideravam "objetiva". O pagamento de anuidades surgia assim, junto com outras fórmulas, como *natural.* Ora, a luta por mais verbas nos permitiu uma ampla discussão sobre a situação do ensino na universidade. Na verdade, ao dizer: não pagaremos! caíamos numa recusa passiva. A luta por mais verbas nos levou às salas de aula, a discutir turma por turma. E também nos permitia formular as seguintes perguntas: a gente quer verba para quê? Que universidade a gente quer? Isso nos permitia questionar a forma com que estavam sendo preparados tecnicamente os estudantes, questionar os currículos, os professores, enfim, a própria estrutura da universidade. Todas essas discussões facilitavam enormemente a mobilização e a própria caracterização da ditadura militar.

A UME cresceu com essa política?

Em 1968 ampliamos estupidamente o raio de ação da UME. Essa orientação permitiu que tivéssemos mais ou menos uns 2 mil estudantes organizados, em grupos de cinco, ou então por sala de aula. Esse pessoal ia a todas as manifestações, conseguia incorporar a dinâmica da luta dentro da universidade.

Então, 1968 é o ano de aplicação de uma nova política sindical. A partir de 1968 a UME se transforma numa entidade de massa. Até mesmo a direita participava de nossos conselhos, o que não era comum naquele tempo, salvo no Rio Grande do Sul, onde dominava a entidade estadual. Conseguimos trazer, por exemplo, o DCE da PUC, presidido por um cara de direita, liberal. Foi um episódio que se tornou conhecido. Ele começou querendo quebrar a UME, pensava em aderir à entidade oficial, o DEE, que nem existia aqui no Rio. Fomos lá conversar e tivemos uma ampla discussão com esses setores. Nós dizíamos que nos interessava a participação deles, mas eles nos acusavam de fazer reuniões clandestinas. E nós respondíamos: mas não temos jeito, senão a polícia vai lá e acaba com a gente. Daí eles nos pediram uma prova de boa vontade e nos desafiaram a fazer um conselho da UME aberto. Nós topamos. Em troca, exigimos que, caso o conselho fosse perseguido ou fechado, aí eles viriam participar conosco nas reuniões clandestinas. Fizemos, então, um conselho da UME na Faculdade de Engenharia da PUC, era o antro do fascismo naquela universidade. Ora, a reunião foi dissolvida a bomba pelos próprios fascistas, alguns ligados à polícia. Então, o pessoal da PUC se integrou de vez à UME, inclusive aos congressos clandestinos.

Com a definição dessa nova orientação, você acreditava, desde o início, que 1968 seria um ano muito especial?

Acreditávamos que havia condições de ter um movimento forte. Mas não sabíamos o nível que atingiria. Nem passava pela nossa cabeça juntar 100 mil pessoas na rua, num dia só. Queríamos integrar à UME a ampla massa universitária que ainda estava fora dela. Até então a UME abarcava apenas a Universidade Federal, a então UEG e algumas escolas da PUC. Confiávamos que a nossa orientação iria trazer setores que não estavam nem preocupados com o movimento estudantil. De forma que a linha de resistência da gente ia ser muito maior. Começaríamos a criticar a universidade por aspectos ainda não criticados, podíamos obter conquistas significativas, enfim, confiávamos no nosso crescimento. Do ponto de vista político, na época, havia muita gente dizendo que o movimento de massas era impossível, que só um foco guerrilheiro traria o movimento de massas. Nós, não. Tínhamos a firme convicção de que era possível fazer o movimento, independentemente do foco guerrilheiro. Agora, não tínhamos a noção de que ia ser tão amplo. Quando, uma semana antes da morte do Edson Luis, passou um dirigente da UNE por aqui e falou que tinha participado de uma manifestação de 10 mil pessoas na Bahia, nunca me esqueço de um companheiro nosso, da UME, exclamando: já imaginou, falar para 10 mil pessoas?

Do ponto de vista da relação com outros setores sociais, especialmente da classe média, o movimento do Rio apresenta experiências interessantes?

Num breve momento, sim. Por ocasião da morte de Edson Luis, formamos uma comissão popular, com a participação inclusive de lideranças sindicais operárias. Estavam lá, pelos professores, o José Américo, a Irene Papi, pelas mães, o Marcello Alencar pela classe política, como ele gosta de dizer, tinha o Jamil Haddad e uma trinca de deputados estaduais progressistas, que sempre apoiavam a gente: o Rajão, o Vilanova e o Ciro Kurtz. Participaram igualmente o Hélio Pellegrino e representantes dos padres. Depois, entraram os artistas. Os estudantes, porém, eram os únicos a ter peso de massa e eram bem mais radicais. Então, houve alguns conflitos. Por exemplo, não queriam que fizéssemos passeata em 1º de abril, mas nós fizemos. Evidentemente, conservávamos nossa autonomia. Com o tempo, a comissão foi desativada, inclusive porque ficou de preparar a manifestação do 1º de maio e foi um desastre. Havia 2.200 pessoas: 2 mil estudantes e 200 operários, em geral aposentados. Isso aí, aliás, foi uma briga da gente. Aqui no Rio fui chamado diversas vezes para assembléias sindicais operárias, mas sempre me recusei a falar, nós respeitávamos absolutamente a autonomia do movimento, ao contrário do que ocorria em São Paulo, onde me parece que as pessoas se engalfinhavam para falar para os operários. Quando nos chamaram para o 1º de maio, dissemos: não queremos. E os caras: como? Vocês se recusam a engrossar as forças populares? A gente dizia: rapaz, só vai ter estudante nessa manifestação, vai ser um fiasco. E os caras disseram: vamos botar 50 mil operários. Respondemos: olha, se vocês botarem 5 mil é um triunfo. E de fato havia apenas 200 operários, aposentados, e cerca de 2 mil estudantes.

Pedro de Moraes

A Passeata dos 100 Mil recriaria a comissão popular?

Exato, ressuscitaram a "Comissão dos Cem Mil", para tratar de encaminhar o diálogo com o Costa e Silva. Foi uma experiência interessante, do ponto de vista político. Aí a relação foi mais *descrispada*, uma relação boa, tranqüila, mas nunca participei dessa comissão...

Essa não-participação de sua parte não simboliza uma certa subestimação em relação a esse tipo de articulação?

Em absoluto. Num primeiro momento, eu estava concentrado no

movimento das universidades, havia uma distribuição de tarefas dentro da UME. Além disso, fazíamos questão de que participassem da articulação elementos da oposição, para conferir maior representatividade à delegação estudantil. Quando da "Comissão dos Cem Mil", não participei porque praticamente nem podia mais andar direito, a polícia andava atrás de mim, havia um mandado de prisão contra mim e o pessoal queria me poupar. Eu reclamava. Acho que exageraram um pouco nessa história de me guardar, mas tive de me submeter à dinâmica da entidade.

Na época dos enfrentamentos nas ruas, surgiu um ator inesperado: o chamado povo das cidades, *que bancava as batalhas de rua mais até do que os próprios estudantes. Foi possível articular alguma coisa com esses setores?*

Nunca. Na verdade, a simpatia pelo movimento dos estudantes sempre foi extremamente difusa. Esse ator de que você fala entrou em ação na quarta-feira, 19 de junho, moderadamente, mas sobretudo na sexta-feira *sangrenta*, dia 21. Depois perdeu vida própria, porque ele só se manifestou de uma forma mais concreta nos enfrentamentos. A sexta-feira *sangrenta* foi conduzida inteiramente pelos populares. Lembro-me muito bem do papel dos *boys*, foram figuras notáveis no enfrentamento com a polícia. Mas acabou aí. Esse é um setor que entra na briga, no confronto, mas não tem nenhum tipo de organização, daí ficava extremamente difícil você ter um contato.

Qual é a avaliação que você faz do movimento do Calabouço?

Ah, foi um movimento fundamental, decisivo mesmo. Tinha uma dinâmica à parte, não era secundarista nem universitário...

Há uma crítica de que teriam sido instrumentalizados pelo movimento universitário. Você concorda?

Não, em absoluto. Acho até que eles tinham uma boca bem grande para tentar engolir o movimento universitário. Tanto que a Frente Unida dos Estudantes do Calabouço (Fuec), num certo momento, participava da Associação Metropolitana dos Estudantes Secundaristas (Ames) e também da UME, que reunia os estudantes universitários. A rigor, a Fuec devia assistir às reuniões das entidades, mas não participar como um diretório ou uma escola, porque ela era um organismo autônomo, à parte. Mas eles queriam conquistar o controle da Ames, o que, a meu ver, foi um erro. Mas foi um movimento decisivo, e teve grandes momentos, a partir de 1966, quando a UME começou a dar força a esse movimento, trazê-lo para junto do movimento universitário, ajudar no estabelecimento de contatos com a imprensa. O movimento do Calabouço começou porque destruíram o restaurante, que funcionava ali, perto do Aeroporto Santos Dumont. O lugar, hoje, por ironia cruel, chama-se Trevo dos Estudantes. A luta deles era por uma questão de sobrevivência. O pessoal lutou para manter o restaurante, e perdeu. A segunda luta foi para construir outro e, depois de construído, para melhorar as instalações, porque o governador Negrão de Lima entregou um restaurante em que você comia poeira, uma sujeira danada. Caiu muito o restaurante, em relação ao que era, em 1966. Então, eles continuaram a fazer a luta, até que foi fechado em 1968. Mesmo assim, permaneceram lutando no correr de 1968, e sua participação sempre foi importante, sobretudo na rua. Eram considerados um setor radical do movimento estudantil do Rio; às vezes era preciso controlar, queriam jogar pedra em cada Volkswagen que encontravam pela rua. Em 1967, foi o Calabouço e também a Rural que seguraram o movimento estudantil no Rio. O ano de 1968 também começou com a participação do Calabouço. Então é preciso fazer justiça a esse papel de destaque, o que também é extensivo aos secundaristas, que, de forma geral, tiveram uma participação muito acima do que suas entidades permitiam. Os secundaristas sempre foram um destacamento avançado nos enfrentamentos, para a luta, para a briga. Tinham uma dedicação enorme em qualquer tarefa de organização, estavam lá em todas as manifestações de rua, prontos para o que desse e viesse.

O movimento estudantil teve toda uma relação com a música. 1968 também foi um ano de festivais, com enorme impacto na juventude. Vocês estabeleceram relações com os músicos, cantores, compositores?

Havia uma boa relação. Todos estiveram presentes na Passeata dos 100 Mil, os mais expressivos nomes da música popular. Mesmo antes disso, o próprio Tom Jobim e outros fizeram um show para nós, da UME. Não era uma relação politicamente estreita, mas havia simpatia, e os artistas sempre deram apoio e cobertura ao movimento estudantil. O Rio de Janeiro era uma cidade mais aberta do ponto de vista cultural. Havia entre os estudantes uma simpatia enorme pelo tropicalismo, pelo Gil, pelo Caetano, enfim, havia essa onda jovem no Rio, como cidade, como comportamento, como se dizia na época, uma vida *pra frentex*. Tínhamos inclusive uma imprensa à parte, só para os jovens, como o *Sol*, lançado em 1967. Os outros jornais davam ampla cobertura, organizando páginas especiais, cadernos. Falava-se no "poder jovem" e a juventude tinha, de fato, um comportamento próprio, e era uma juventude extremamente musical. De forma que o pessoal aqui tinha uma filosofia de bem viver, e daí vinha toda uma abertura às manifestações culturais.

Você tem falado no significado da nova orientação da UME, do que ela representou como ruptura no sentido de um movimento mais amplo, mais aberto. Eu queria que você se detivesse agora na análise da resistência que essa nova orientação encontrou, das contradições que ela teve de enfrentar.

Houve toda uma proposta de renovação política, tanto no que se refere ao programa de lutas (mais verbas), quanto em relação à concepção da entidade de massas. Aí tivemos de travar o enfrentamento principal que inclusive permearia as discussões no decorrer de 1968. Até 1966, predominava a tese, entre as lideranças estudantis, de que a classe média era um negócio para ser usado, um terreno para você formar quadros como os obreiristas gostavam de dizer. Diziam: se a classe média se lascar, azar o dela. Nós começamos a recuperar o seguinte: o movimento estudantil tem um papel progressista na sociedade brasileira, que vem da própria dinâmica do movimento de massas. Não se trata de usar esse setor para a linha do proletariado, mas de trabalhar as convergências que existem entre os seus interesses e os interesses do proletariado. Essa concepção sobre o papel da classe média e do movimento estudantil vai-se traduzir e se materializar na concepção nova de entidade estudantil. Se só estivéssemos interessados no enfrentamento, nossa entidade seria apenas de esquerda, como chegou a ser em alguns lugares.

Houve muita resistência para afirmar essas novas concepções?

Evidentemente, todo trânsito se faz por resistência. Mesmo entre nós. Mudar não é fácil. Ainda hoje se pode comprovar isso. Agora, o movimento é de mudança real. O fato de um movimento de mudanças enfrentar resistência não quer dizer que seja menos real e concreto. Por outro lado, a maturidade do movimento não quer dizer que você acabe com qualquer esquerdismo, com qualquer ato impensado, ou que você se prive de erros. A polêmica em torno do diálogo com as autoridades é exemplar, a meu ver. Havia três linhas aqui no Rio: a primeira, extremamente minoritária, queria o diálogo de qualquer jeito; entraram a reboque de uma inicia-

"Os estudantes não estavam vestidos a caráter, mas eram pessoas de caráter."

Hélio Pellegrino, na Passeata dos 50 Mil, sobre o encontro com o presidente Costa e Silva

tiva da Igreja, liderada pelo Castro Pinto e pelo padre Vicente Adamo, e queriam inclusive passar por cima da UME. Em segundo lugar, existia uma ala radical que não queria saber de diálogo, não dialogava de jeito nenhum. Nossa posição era a favor do diálogo, sem nenhuma ilusão de que a ditadura iria resolver os problemas de base da universidade, mas argumentávamos que era preciso demonstrá-los praticamente. Você tem que ir lá e conversar. Em qualquer movimento você tem que conversar. Lembro-me fartamente dessa discussão, porque havia mesmo companheiros nossos que tinham dúvidas a respeito.

Mas era preciso dialogar, mesmo com o inimigo, em certas circunstâncias. Na época, até mesmo os caras do Vietnã tinham aberto o diálogo com os Estados Unidos; isso marcou muito e mostrou para a gente que era preciso mesmo conversar. Você tem que conversar com o reitor, com os diretores das faculdades, e com o próprio Costa e Silva, como foi o caso da "Comissão dos Cem Mil"...

Há uma versão de que no diálogo com o Costa e Silva teria havido intransigência da parte dos líderes estudantis...

Na questão de fundo, o Costa e Silva não quis ceder, atender à nossa reivindicação de soltar os estudantes presos; essa era uma reivindicação preliminar ao desdobramento do diálogo. Agora, desconheço os detalhes da conversa, é possível que não tenha havido a habilidade necessária, mas isso não deslustra a validade da orientação que tínhamos. A nova linha, também no que se refere ao diálogo, estava consagrada.

A prática do diálogo com as autoridades intermediárias já tinha se estabelecido?

Já, mas com dificuldades. Porque essas autoridades, normalmente, não queriam saber da gente. Por exemplo, em abril, fui à Secretaria de Segurança pedir autorização para uma manifestação. Foi um negócio inédito. Nós pedimos, todos os diretórios acadêmicos pediram reuniões com os diretores, com os respectivos conselhos departamentais. Cansamos de pedir audiências ao Conselho Universitário da Universidade Federal. Só conseguimos conversar quando apelamos para uma forma mais dura. Na quinta-feira, 20 de junho, forçamos, pela primeira vez, os professores a discutirem com a gente as questões da universidade. A estrutura universitária naquela época era muito rígida, você tinha que abrir as portas com o movimento de massas. A ocupação da reitoria para forçar o diálogo não foi um movimento tirado na hora, estava programado pela UME com quase dois meses de antecedência, e fazia parte de todo um processo iniciado em cada sala de aula, em cada faculdade. Então, você observa — no auge da porrada com a polícia, tínhamos uma manifestação para tratar de nossas reivindicações, e a ocupação da reitoria foi realizada para discutir as reivindicações do dia-a-dia dos estudantes. Por outro

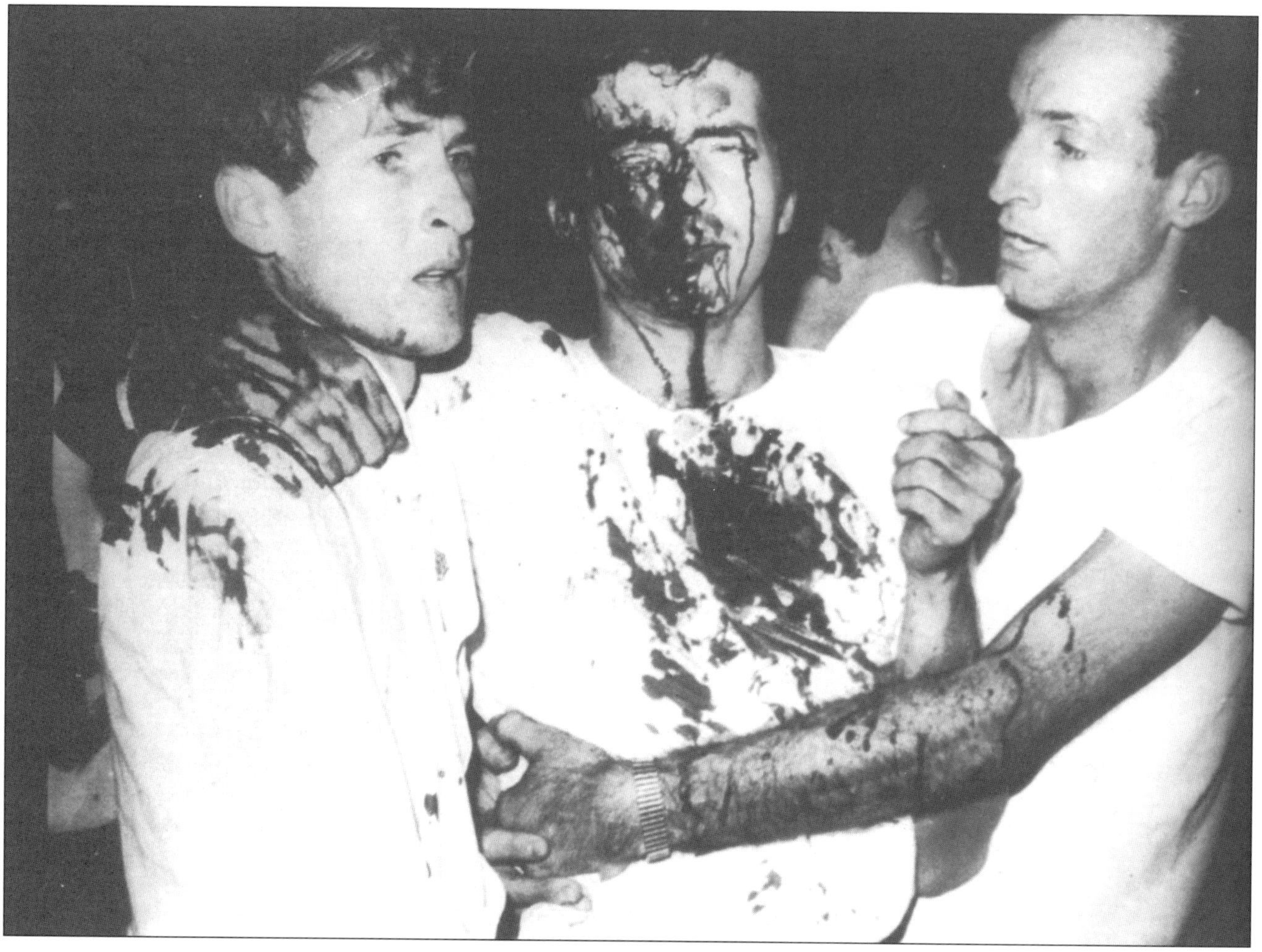

lado, a própria sexta-feira *sangrenta*, dia 21 de junho, aconteceu porque desejávamos levar nossas pautas de reivindicações ao Ministério da Educação, que não aceitava debater com a gente. Nós fizemos duas ou três manifestações no MEC, mas sempre encontrávamos o pátio ocupado pela polícia. Daí decidimos mostrar a nossa disposição de dialogar e ocupar o MEC, e quebrou o pau. Não tínhamos alternativa. Porque junho já era o mês das provas. Ou fazíamos aquilo ou teríamos de esperar agosto. Fomos e fizemos, e aí precipitou o enfrentamento que veio a dar na manifestação dos 100 mil. De forma que a grande Passeata dos 100 Mil tem, na sua origem, a luta pelas reivindicações imediatas dos estudantes e a luta para entregar essas reivindicações ao Ministério da Educação e Cultura.

A evolução da nossa posição, portanto, não pôde se fazer sem trauma, de uma forma perfeita.

É difícil dialogar com uma autoridade que se recusa a isso...

Não é como hoje, um líder sindical vai e fala com o patrão, ou então é recebido por uma autoridade. Nós pedíamos audiência e o cara mandava repressão em cima. Posso imaginar que, num clima desses, um ou outro diálogo possa ter sido mal encaminhado. Agora, a orientação geral era favorável ao diálogo. Já tínhamos inclusive, no começo

"No movimento estudantil a violência é defensiva e só será ofensiva quando os trabalhadores estiverem na frente da luta."

Vladimir Palmeira

de 1968, encontrado o Andreazza, em seu próprio apartamento. O filho dele era universitário na época, se não me engano. Fomos lá discutir com ele, levar a pauta de reivindicações para que ele encaminhasse ao governo. Quer dizer, na medida do possível, executamos essa política.

Mas não continuava uma retórica de enfrentamento?

Continuava, muitas vezes, uma retórica esquerdista. É um elemento permanente na esquerda brasileira até hoje: a verborragia. Quando você consulta os jornais da época não há vestígio do trabalho de base que a gente fazia, isso nunca foi notícia. O observador que vai estudar o movimento pelos jornais pode ter uma visão deformada se não conversa com as lideranças, ou mesmo com os professores, ou com outros participantes. Porque o trabalho de base não aparece em canto algum. Mas, sem ele, as passeatas seriam impensáveis. Apesar dessa política de base, apoiada nas reivindicações imediatas dos estudantes, tínhamos ainda uma retórica radical. No fundo, ainda se considerava que o movimento estudantil podia ser vanguarda, ainda que transitória, do movimento social. Eu já nem falo dos que entendiam ser necessário centrar a luta nas manifestações de rua e na luta contra a ditadura militar. Mesmo nós, com toda a orientação a respeito da luta sindical, fazíamos discurso todo dia pela luta armada. A toda hora repetíamos que queríamos o governo dos trabalhadores. Boa parte dos discursos não exprimia o que pensava a massa estudantil. Claro, os discursos sempre encontravam ressonância numa parte da massa, mas não traduziam exatamente a consciência da massa, que é o papel da entidade representativa. Eram discursos propagandistas. Eu digo sempre que o propagandismo, numa fase de grande ascenso, e se você tem uma condução sindical acertada, ele não atrapalha. Agora, o propagandismo no descenso é cruel. Porque você realmente chega ao isolamento total. Porque se trata de um discurso que não mobiliza, principalmente a massa estudantil.

Você falou no propagandismo. Na época não faltavam discursos sobre a luta armada. Como é que você avalia o emprego da violência na época?

Nós tínhamos uma posição pela violência. E colocávamos isso nos discursos, defendíamos a luta armada na cidade e no campo e a formação de um exército popular. Defendíamos igualmente um governo dos trabalhadores ou um governo popular. Nunca me esqueço dessa nuança porque, quando falava governo dos trabalhadores, um setor me aplaudia, e quando dizia governo popular, outros é que batiam palmas. Pra mim, tanto fazia, porque os dois termos se referiam a um governo que representaria os operários, os camponeses, os assalariados, os parceiros, os estudantes, as donas-de-casa etc. Lembro que,

Manchete

no comício dos 100 mil, uma vez eu falei em governo popular, e um diretor da UME me puxou a perna e murmurou: dos trabalhadores, Vladimir, dos trabalhadores! Mas, voltando à violência, insistíamos em que os trabalhadores é que iam puxar esse movimento. Nós éramos apenas uma força de apoio.

Agora, mesmo entre as forças que apoiavam a nossa orientação, havia gente que pensava que não era necessário esperar a massa trabalhadora.

Você defendia o emprego da violência por parte dos estudantes nas manifestações?

Em 1968 considero que exercemos a violência no movimento estudantil, pelo menos aqui no Rio, com extrema correção. Desde 1964, vínhamos fugindo do pau. A polícia invadia faculdades, jogava bomba, e nós nunca enfrentávamos. Em 1966, fomos muitas vezes espancados, mas inadvertidamente, porque não gostávamos de apanhar. Inventamos a tática de dispersar, antes de apanhar, e reconcentrar em outro ponto. Vinha a polícia e nós nos dispersávamos, antes de apanhar, ou apanhando muito pouco, só nas bordas da passeata. A proposta era de fustigar politicamente, nada de violência. Às vezes tinha aquele negócio de queimar os carros oficiais. Mas nenhum enfretamento. Ora, a partir de 1968 fomos para o enfrentamento, mas com correção, tivemos de ir para mostrar que queríamos dialogar. Estávamos amplamente cobertos na nossa violência pela necessidade de mostrar que queríamos dialogar. Então, escolhemos o momento de usar a violência. Numa hora correta, capaz de ampliar, com base num movimento de massas concreto, com base reivindicatória, com a presença e a simpatia da população. A sexta-feira *sangrenta* é um exemplo disso. Não se tratou de uma insurreição, longe disso, mas um enfrentamento urbano. A população do Rio enfrentou a polícia. E isso foi uma coisa correta. Agora, a nossa retórica pela luta armada — eu acho hoje, não achava na época — era perfeitamente dispensável. Havia um setor que gostava de levar retrato do Guevara para as manifestações. Nós da UME nunca chegamos a esse ponto. Tampouco estimulávamos as palavras de ordem sobre o Vietnã. Você não ganhava nada nem ninguém fazendo aquilo. E levava a sectarismos e a divisões do movimento dispensáveis. Por exemplo, na Passeata dos 50 Mil havia um setor que gritava: povo organizado derruba a ditadura. E um outro dizia: povo armado derruba ditadura. E a massa, na sua sabedoria, começou a gritar: povo armado e organizado derruba a ditadura.

Tribuna da Imprensa

Você não acha que essa pregação da luta armada, própria das organizações de vanguarda, entrava em contradição com a perspectiva que vocês defendiam para o movimento estudantil?

Acho que sim. Mas veja bem: quem estava no movimento estudantil tinha uma referência social capaz de corrigir os defeitos de percepção da realidade. Agora, quem estava atuando em outros setores, clandestinamente, não tinha qualquer referência. Nós aqui no Rio não chegamos a fazer nenhuma análise brilhante de conjuntura — éramos tão incapazes quanto o pessoal que acabou fazendo a luta armada. Mas aprendíamos com o movimento, com enfrentamentos concretos no movimento de massas, onde você precisa dialogar com amplos setores da população.

O isolamento social levava muita gente a ficar em propostas muito genéricas...

É isso mesmo. O pessoal da esquerda, em geral, só tinha responsabilidades estruturais. Quem não está no movimento social, apenas atuando num partido político, tem responsabilidades estruturais. A prática dele não chega a ser questionada. A não ser muito fluidamente, do ponto de vista orgânico. Mas as organizações cresciam naquele clima, havia muita rebeldia, muita gente querendo entrar nas organizações. Então, aparentemente, toda a política das organizações era um sucesso. No nosso caso, pagávamos os erros com derrotas imediatas, porque estávamos acompanhando um movimento social de grandes dimensões. E isso nos permitiu, do ponto de vista da orientação setorial, chegar a uma linha mais adequada. Em nosso campo de atuação, tínhamos um enfrentamento bem delimitado, entre dois atores e um público que se tem que ganhar. Evidentemente, é uma luta muito mais simples do que a luta revolucionária. Tomar o poder é uma coisa, fazer lutas parciais é outra. Então, tivemos um grande avanço na orientação sindical, mas isso não foi suficiente para quebrar carências que eram de ordem muito mais geral. Do jeito que éramos absorvidos pelas exigências do movimento estudantil, não tínhamos sequer condição de pensar mais globalmente a realidade nacional. A não ser pelos estereótipos. Agora, imagine o pessoal que militava na clandestinidade, sem laços com o movimento social concreto. Porque os demais movimentos sociais estavam paralisados. Em 1968, por exemplo, houve duas greves e foi um delírio. Isoladas, as pessoas podiam mais facilmente seguir uma velha linha de pensamento, e começar a preparar um plano de luta armada, um plano revolucionário, um plano de qualquer coisa, era tudo mesmo uma abstração. O AI-5 iria dar uma grande força a isso. Porque ficou impossível fazer movimento de massa. Veja bem. Não é trabalho de massa. Um certo trabalho de massa sempre era possível. Em qualquer circunstância você pode fazer, mas o movimento social tornou-se impossível.

É assim que você interpreta então o magnetismo das organizações que faziam ações armadas?

Exato. Você tinha toda uma fração altamente politizada, participando de enfrentamentos. De repente, não há mais possibilidades de luta institucional e, ao mesmo tempo, você tem um chamamento para a ação, e a realização de ações vitoriosas, porque a polícia levou algum tempo para se adequar e poder começar a golpear essas organizações. Mas a essa altura centenas de estudantes já haviam ingressado nos quadros das ações armadas.

Você faria alguma comparação entre o movimento no Brasil e a revolução estudantil que abalou o mundo? Alguma relação, por exemplo, com o Maio *francês?*

O nosso movimento foi muito mais sindical. O *Maio* francês tem outro nível. Ali há uma crítica de toda a sociedade. Começou com a crítica direta ao autoritarismo, colocando no centro a questão da política dos costumes. Entre nós, essas temáticas chegaram a ser introduzidas em alguns setores. Por exemplo, aqui no Rio, no Instituto de Filosofia e Ciências Sociais (Ifcs), havia um pessoal que tinha preocupações específicas, esse negócio de viver a vida, com uma certa ironia, e transmitia alguma coisa que podia ser uma tradução do *Maio* francês. Mas o instituto era uma faculdade muito pequena, não exprimia a ampla realidade do movimento estudantil. Não digo que seja impossível pensar internacionalmente o movimento e tirar conclusões teóricas sobre o assunto. Afinal, o movimento de 68 apareceu em várias partes do mundo, ao mesmo tempo. Precisaríamos de um estudo mais aprofundado. A nossa dinâmica foi bem autônoma, inserida em nossas condições particulares.

Você acha que houve uma derrota completa em 1968? Ou algo que não se perdeu?

De todos os pontos de vista, 1968 representa a consagração de uma ruptura com os costumes tradicionais. Eu digo sempre que os nossos filhos não foram educados como nós fomos pelos nossos pais. Até a nossa época, o pai educava o filho como tinha sido educado pelo pai. Dizia-se muito: *agora eu entendo por que meu pai me educava bem*. E os pais educavam os filhos do mesmo jeito que tinham sido educados. Havia uma certa repetição, em matéria de família, de educação. Nesse nível, 68 é uma quebra, uma ruptura de tabus, entre os quais o da virgindade, o das relações sexuais. Até então, a menina que saía com mais de um cara era chamada de menina de programa, a popular "galinha". A partir daí isso acabou. Havia toda uma abertura para o mundo. O mesmo houve no nível da universidade, um questionamento novo da universidade, por dentro. Havia estudantes que preferiam ir pra rua, enfrentar o Dops, do que enfrentar seus professores no interior das faculdades. Na escola era uma repressão terrível, ali estava em jogo a carreira das pessoas. E na tradição da época pegar uma ficha no Dops não matava ninguém. Ora, essa hierarquização da universidade começou a cair em 1968...

O que terá ficado de 1968, em resumo, como referência para o movimento estudantil atual?

Tenho procurado, nos debates de que participo, combater os disparates que se dizem sobre a experiência de 1968. A memória vai-se perdendo e é mais fácil quebrar a memória do movimento estudantil, em função da rotatividade dos estudantes. Em quatro ou cinco anos, o movimento estudantil é totalmente renovado. Então, sempre, tenho tentado ressaltar algumas experiências. Primeiro, é preciso que o movimento estudantil priorize as questões da universidade. Segundo, e em conseqüência, as entidades devem representar os estudantes e não só os setores mais avançados. Você tem que traduzir as expectativas, os anseios do conjunto da massa estudantil. Terceiro, é necessário encontrar, em cada momento, a articulação entre a luta sindical e a luta política, evitando a partidarização do movimento. Por exemplo, em nosso propagandismo, tendíamos a passar coisas que refletiam nossas concepções partidárias e, não, as que exprimiam o movimento. Isso é desrespeitar a autonomia, a representatividade das entidades. Recentemente, no Brasil, houve um congresso estudantil que discutia se devia se pronunciar a favor do PMDB ou do PT. Um absurdo. Depois decidiram não escolher nenhum dos dois, mas tiraram uma resolução contra votar no PDS. Outro absurdo. Não é assim que uma entidade de massas faz política. Nesse sentido tivemos uma outra atitude, tomada pela Famerj (Federação das Associações de Moradores do Rio de Janeiro): chamou os candidatos para saber o posicionamento deles em relação às reivindicações dos bairros. Mas não deliberou nada a respeito de apoio a este ou aquele. Já vi alguns murais estudantis em faculdades onde se fala de tudo, da Babilônia a Israel, da luta de classes à guerra atômica, mas nenhuma palavra sobre as reivindicações estudantis. O estudante tem uma luta que termina sendo política, de qualquer jeito, mas não se trata de impor a linha de nenhuma organização, de nenhum grupo ou partido político. Também em 1968 aprendemos a recuar, a ver que o enfrentamento tem sua hora, e que você pode perfeitamente usar a violência, mas que a violência não é um exercício demonstrativo, pode ser usada de acordo com exigências bem determinadas de cada conjuntura. São referências de 1968, e pode ser que valha a pena meditar sobre elas.

Manchete

Tribuna da Imprensa

Jean Marc von der Weid

1968: Presidente do Diretório Acadêmico da Escola de Química da Universidade Federal do Rio de Janeiro

1998: Diretor executivo da ONG Assessoria e Serviços a Projetos em Agricultura Alternativa (AS-PTA)

2008: Coordenador de políticas públicas da ONG Assessoria e Serviços a Projetos em Agricultura Alternativa (AS-PTA)

Muitos falam que 1968 começou em 1964, e há uma história que você, em 64, teria marchado com Deus pela Família? O que há de verdade nisso?

Marchar com a família não marchei não. Mas é fato que apoiei o golpe, que eu via como um ato de defesa da democracia. Caí, como muitos da minha classe e geração, na propaganda da direita, que se dizia democrata e acusava Jango de golpista. Na minha família, o espectro de uma ditadura do tipo getulista era muito mais forte do que o componente anticomunista. Isso se explica pela cassação do meu avô, constituinte de 1934 e deputado em 1937 e vários outros familiares perseguidos pela ditadura do Estado Novo. No dia 31 de março fui para o Palácio Guanabara disposto — romanticamente — a "morrer pela liberdade".

Quanto tempo durou teu entusiasmo pelo golpe?

Menos de 24 horas. O desencanto começou no próprio palácio, ao constatar a mistura de arrogância e covardia reinantes. Os voluntários civis eram poucos, uns garotões como eu, fora a milicada da reserva, eles eram a barra pesada do esquema lacerdista. Com a vitória já assegurada, na manhã do dia 1º, é que afluíram os corajosos filhos da burguesia da zona sul. A gota d'água foi a proposta de organizar comandos para atacar objetivos civis — falava-se em explodir a Rádio Mayrink Veiga. Vários de nós pulamos fora nesse momento — a coisa cheirava mais a assassinato. A ironia da história é que nesse mesmo dia nos vimos "do outro lado da barricada", do lado popular.

Como se passou essa súbita inversão?

Fomos caminhando ou de carona para o centro da cidade ver o que se passava. E acabamos assistindo/participando das correrias em que o povo desarmado fugia das descargas dos golpistas, em particular em frente ao Clube Naval, se bem me lembro.

Como é que você reagiu?

A brutalidade, selvageria e covardia daquilo tudo me assustaram e revoltaram. Afinal de contas, eu esperava do "meu" lado atitudes de nobreza, desprendimento, coragem. Na porta da UNE, assisti estarrecido à tentativa de queima do prédio por gente que até há pouco eu considerava meus "companheiros de ideal", "combatentes da liberdade" etc. Pareciam uns loucos homicidas e histéricos — a fina flor do fascismo. Evidentemente, apesar de perplexo, não tive qualquer premonição de que, muitos anos depois, estaria ali defendendo aquele mesmo prédio-símbolo contra a sua destruição.

A decepção foi grande...

Nem fui à Marcha da Família, apesar da adesão de todos os meus familiares e da maioria dos amigos. Isso não significava uma adesão a uma nova consciência ou ideário político, mas um questionamento de tudo que até então admitia como verdade. A consciência veio depois, e lentamente.

E a partir daí, quando você começaria a tomar contato com o movimento estudantil?

Iniciei meu curso de engenheiro químico em maio de 1964, na UFRJ, então ainda chamada de Universidade do Brasil. Por dois anos, apenas

Tribuna da Imprensa

observei o que se passava, na verdade muito pouco devido ao esmagamento que sofreu o movimento estudantil.

E como você se situou em relação ao movimento?

O ano de 1966 foi o início da minha atividade. Foi a virada de um processo de maturação que passou pela desilusão com a Universidade e com o quadro político nacional. No primeiro caso, descobri a sujeição do ensino a interesses, para mim, estranhos. No segundo, a campanha eleitoral de 1965 e o subseqüente AI-2 fecharam ainda mais o espaço político institucional e escancararam a identidade ditatorial do governo Castelo Branco.

Daí você mergulharia nas passeatas de 1966?

Não no primeiro semestre. Eu ia nas assembléias, olhava, acompanhava, mas não cheguei a ir. A esquerda na faculdade também não ajudava. Tinha um discurso muito panfletário, sem consistência, não batia. O salto viria no segundo semestre, na "setembrada". Penso que as decepções se potencializaram em revolta quando a violência policial radicalizou o enfrentamento e fez do movimento estudantil um canal de expressão libertário. "Abaixo a ditadura" foi o que mais me atraiu a participar. Fui sozinho à primeira passeata, dei e levei porrada, ganhei o reconhecimento dos companheiros da Escola de Química.

Você esteve no "massacre" da Praia Vermelha?

Na Praia Vermelha, no cerco à Faculdade de Medicina, éramos uns 130 estudantes de química a participar. Nos deram a "defesa" do 3º andar contra a invasão da polícia, que acabou ocorrendo de madrugada. Um amigo meu, já militante conhecido, foi eleito "comandante" e chamou-me para auxiliá-lo — não por predicados políticos, mas militares, dada minha experiência (aliás inútil, no caso) no serviço militar. Na prática, assumi o "comando" e aprontamos um simulacro de resistência à invasão que virou o famoso "massacre".

O compromisso com o movimento estudantil ficou então selado?

Sim e não. Por um lado, fiquei conhecido na escola como companheiro combativo, mas, por outro, tinha inúmeras contradições com o discurso da esquerda. Uma delas foi a questão das anuidades, que a esquerda denunciava como "privatização da universidade", "entrega ao imperialismo" etc. Discurso panfletário e sem conteúdo, cheio de afirmações sem provas. Não me convenceu e, em 1966, acabei pagando. Houve quem dissesse que eu era infiltrado...

Outra contradição era aquela mania de ver em tudo o dedo do imperialismo. Eu tinha claro para mim o papel da ditadura, mas a noção das relações internacionais de dominação veio depois. Ser contra o regime militar não me colocava automaticamente definido nos conflitos Leste-Oeste, sobretudo porque a imagem da União Soviética estava longe de ser um ideal...

Mas eu queria voltar à questão das anuidades. Aquilo me deixou intrigado. A argumentação da esquerda não me convencia, mas como explicar o acordo MEC-Usaid? Por que estavam instituindo as anuidades? Resolvi estudar aquilo tudo, fazer uma pesquisa por conta própria. Fui ao MEC, à Usaid, soube que havia uma comissão de inquérito, procurei então o Márcio Moreira Alves, peguei todo o material que ele tinha, entrevistei professores que faziam declarações sobre a reforma universitária. Encontrei nas minhas andanças um Plano de Reforma da Universidade Nacional de Brasília, outro da UFRJ, o famoso Plano Atcon. Consegui até um relatório do Conselho de Reitores, a peça mais interessante da coisa.

Isso é interessante, porque, na época, muitos faziam discursos inflamados contra o acordo MEC-Usaid, mas pouquíssimos o conheciam de fato.

O fato é que estudei todos aqueles dossiês e acabei escrevendo um texto de umas 40 páginas. Foi só aí que saquei que, efetivamente, aquela taxa de 24 mil era o início de um processo, o da privatização do ensino superior. Os líderes de esquerda da faculdade, quando viram aquilo, ficaram maravilhados e publicaram nos *Cadernos do Centro de Estudos da Escola Nacional de Química*. A partir daí começamos a fazer uma série de debates, chamando gente, foi lá o Márcio Moreira Alves, foi um representante da Usaid, até o vice-reitor da universidade participou, um debate inflamadíssimo... Toda a esquerda me apoiaria, logo depois, para a presidência do Centro de Estudos.

Como eram as atividades do Centro de Estudos?

Tínhamos uma série delas. Debates sobre cultura popular, sobre música. A mais importante foi uma enquete sobre a indústria química no Brasil. Queríamos saber também como estava o mercado de trabalho para o engenheiro químico. Entrevistamos muita gente formada e fomos descobrir que, depois de cinco ou seis anos de formados, a maioria estava numa pior, alguns nem trabalhando na profissão, muitos subempregados. As conclusões traumatizaram o pessoal da faculdade: seria aquele o nosso destino? A explicação que o governo dava era de que havia engenheiros químicos demais, ou seja, era preciso elitizar ainda mais a universidade. Mas havia outra explicação — referia-se à estrutura da indústria química do Brasil. Fomos estudá-la e descobrimos o nível de dependência, a força das empresas imperialistas. Fizemos então seminários, chamamos gente de renome, o professor Leite Lopes foi muitas vezes lá, aquilo foi uma abertura de horizontes, uma descoberta...

Você desempenhou então alguma atividade fora da escola?

Fui escolhido como delegado da Química ao Congresso da UNE em 1967, realizado em São Paulo, em Valinhos, na clandestinidade. Mas não consegui chegar porque "furaram meu ponto".

Voltou para a escola de mãos abanando...

Mas tinha adquirido um grande prestígio na faculdade. Depois dos estudos que tinha feito, das publicações sobre anuidades, MEC-Usaid, indústria química, dos debates e seminários, a minha candidatura à presidência do Diretório Acadêmico era uma coisa natural. Resultado: ganhamos numa proporção de três para um, arrasamos a direita, que tinha indicado um candidato fraquíssimo. O processo vivido no Centro de Estudos e na minha candidatura foi importante, pois conseguimos provocar uma tomada coletiva de consciência (a minha junto com o resto), superando o clássico distanciamento entre o discurso da "vanguarda" e a realidade das bases. Não só o diretório saía fortalecido com a minha eleição, mas toda a escola entrou em 1968 com alto nível de consciência e combatividade.

E então entramos no mágico ano de 1968...

O ano abriu-se com a campanha dos "excedentes". Na Química, a mobilização foi um sucesso, e daí partimos para organizar bases de excedentes na Arquitetura, na Engenharia, na Filosofia. Tivemos ótima receptividade e lançamos uma conclamação à luta junto com a entidade dos secundaristas, a Ames. Na verdade, na minha inexperiência e impaciência, eu estava atropelando as entidades que naturalmente deveriam fazer esse papel — os DCEs e a UME. Alguns militantes do PCBR, que eram minoria no DCE-UFRJ, deram força à iniciativa, mas evitaram espertamente comprometer o nome da entidade. A UME, corretamente, esbravejava contra essa invasão de atribuições. Eu quebrei o pau criticando a falta de iniciativa deles e não dei o braço a torcer. Mas, no fundo, aprendi que tinham razão e que se quisesse assumir lideranças mais amplas tinha que ganhar a parada nos conselhos das entidades, nas assembléias gerais e nas eleições de diretório. Não bastava ter razão, tinha que ter representatividade. Descobri nesse conflito as regras e limites do processo democrático nas estruturas representativas do movimento estudantil. Boa lição.

O Diretório da Química brigou muito com a UME em 1968?

Nem tanto. Tivemos vários momentos de acordo e outros de desacordo. A nossa política no Rio de Janeiro tendia a puxar mobilizações e enfrentamentos com o regime. Já a UME tinha uma visão, por um lado, mais pessimista quanto ao potencial do movimento e, por outro, a "Dissidência" (DI), que hegemonizava a entidade, secundarizava o papel do movimento estudantil na luta contra a ditadura. Assim, freqüentemente, a DI e a UME puxavam o movimento "de volta à faculdade", enquanto nós puxávamos para as ruas.

A tendência da conjuntura favoreceu a nossa proposta, e a UME teve a flexibilidade e a inteligência de não se colocar contra a maré, assumindo a frente das mobilizações. Mas, em dois momentos, a "Dissidência" se colocou contra as mobilizações, ganhando no primeiro (boicote das anuidades em março de 1968, proposto por nós e apoiado pelo PCBR — perdemos no conselho da UME por um voto) e perdendo no segundo (greve geral por mais verbas, mais uma vez AP e PCBR contra DI e Partidão — ganhamos por dois votos).

Em termos de conteúdo, no entanto, tivemos acordos básicos na definição da luta principal, em 1968, em torno do aumento das verbas para a universidade, proposta defendida por mim e apoiada pelo Vladimir. E, na hora do pau, respeitaram-se as decisões democráticas das estruturas do movimento estudantil e todos lutamos juntos. Na verdade, a UME vinha de um segundo semestre difícil em 1967, com várias derrotas na luta contra as anuidades. Daí a sua avaliação pessimista para 1968. Eu não tinha visão de conjunto do movimento, apenas intuía que havia um novo impulso, embora a minha base fosse apenas a enorme combatividade com que a Escola de Química entrou em 1968. Na verdade, acertamos por acaso e não por "ciência" — ninguém podia realmente prever o estouro que começou com a luta do Calabouço.

Como você participou do protesto contra o assassinato do Edson Luis?

Logo que soube, não tive dúvidas, fui correndo para a Cinelândia. De lá, saí com um grupo, fomos agitar teatros, lembro que foi aí que comecei a falar para grandes assembléias, foi um sucesso; paramos, com a ajuda dos artistas, uns sete teatros. Aquela noite foi muito impressionante, todo mundo ali, o corpo do menino, e a massa crescendo cada vez mais, um clima de indignação geral. Mas houve um incidente interessante, um detalhe que vale a pena contar: foi o nosso erro unânime em relação à avaliação do que fazer com o corpo do Edson. A gente tinha constituído uma espécie de comando informal e deliberamos aceitar a determinação de levar o corpo para o Instituto Médico Legal, para que fosse autopsiado. Ora, quando fomos anunciar a decisão, aquela massa ali, ululante, babando sangue:

"entregar o corpo?", "o corpo do nosso companheiro?". Eles morreriam ali defendo aquele corpo. Tivemos de recuar correndo, e acabou-se ali mesmo a decisão. Erramos todos com aquela jogada, de comando passamos a comandados...

Depois dos acontecimentos em torno da morte do Edson, missa de sétimo dia etc., o movimento refluiu para as escolas. Como as coisas se passaram na Química?

O movimento estudantil foi nacionalmente dividido em duas correntes, que passaram uns dois meses debatendo uma proposta — surgida sabe Deus como — de buscar dialogar com o governo. Travassos, presidente da UNE, liderava a corrente da AP que era contra o diálogo, enquanto Vladimir e Dirceu lideravam a tendência que queria colocar condições para dialogar. O Partidão era pura e simplesmente pelo diálogo. O curioso é que o governo não mostrou nenhuma vontade ou disposição para dialogar, a não ser depois das mobilizações de maio/junho, e da Passeata dos 100 Mil etc. E ainda assim, não deu em nada.

Como se situava o Diretório da Faculdade de Química?

Na Química achávamos aquelas discussões um saco. Estávamos há meses preparando uma greve por mais verbas e, finalmente, decidimos atropelar aquela coisa de dialoguistas e não-dialoguistas. A UME havia marcado um conselho da entidade em meados de maio para deliberar sobre o diálogo. Entramos em greve 10 dias antes por "mais verbas, mais vagas, contra a privatização da universidade, pela melhoria do nível de ensino". E levantamos a proposta de greve geral na universidade.

Como é que foi a greve da Química?

Foi algo maravilhoso. Lançamos uma greve por tempo indeterminado num momento em que o movimento estudantil em geral estava no maior marasmo, numa aparente apatia das massas. Apelamos sozinhos para uma greve geral na qual nem os nossos principais aliados do PCdoB ou do PCBR acreditavam. Parecia suicídio. Mas a massa daquela pequena escola (700 estudantes) não duvidou um momento. Pela primeira vez a greve mudava de forma no movimento estudantil — em vez da escola vazia, o importante era mantê-la cheia. Mantivemos cerca de 400 estudantes mobilizados permanentemente, de manhã à noite, e muitos inclusive dormindo na Química. Montamos quatro comissões. A primeira animava discussões para a elaboração de alterações no currículo do ensino de engenharia química e acabou constituindo uma comissão paritária com os professores. A segunda era a comissão de mobilização. Formamos uns 30 a 40 grupos de três a cinco colegas, que visitaram cada sala de aula, de cada faculdade, de cada universidade do Rio e Niterói, e até os cursinhos de vestibular. Debatíamos a crise da Universidade, defendíamos a proposta de greve geral, distribuíamos nossos *Cadernos* do Centro de Estudos, panfletos etc. O interessante é que poucos desses propagandistas tinham experiência de liderança do tipo "saber falar". Eram alunos comuns e correntes. Mas a confiança, o entusiasmo e a clareza da proposta eram tais que muitos deles, totalmente verdes, enfrentaram de igual para igual líderes calejados da DI ou do PCB em assembléias e debates em outras faculdades. Lembro que o Vladimir uma vez se queixou comigo do "sectarismo da AP" — numa assembléia da Psicologia, foi chamado de reacionário por um estudante de química porque falou contra a greve geral. Quase morri de rir, porque o suposto "quadro" da AP era um estudante totalmente despolitizado, que nunca tinha participado antes e nem sabia quem era o famoso Vladimir. E mais, a argumentação ingênua e simples daquele calouro quase ganha uma assembléia contra as intervenções das principais lideranças da Psicologia, do DCE e da UME.

Criamos com isso um tremendo agito nas universidades, liquidamos o debate sobre o "diálogo", arrastamos o PCBR e o PCdoB e, mesmo em muitas faculdades lideradas por quadros da DI ou do Partidão, ganhamos a proposta de greve geral em assembléias gerais, em votação direta. No conselho da UME, que começou na PUC e acabou (por ameaças da direita) indo se refugiar na Química, ganhamos a votação da greve por dois votos num total de quase 100. Chegamos a pensar que a DI não cumpriria a decisão e esvaziaria a greve, mas a atitude do Vladimir foi impecável: levou a decisão democrática da entidade até o fim.

Pedro de Moraes

Além dessas comissões, havia duas outras: a de propaganda e a de imprensa. Na primeira, mobilizamos dezenas de "grupos de três", que colaram milhares de cartazes e distribuíram toneladas de panfletos informando a população sobre a nossa luta, denunciando a ditadura etc. Fazíamos isso à luz do dia, juntava gente para discutir, criou-se um fortíssimo clima de simpatia com a nossa causa. A última comissão mantinha a imprensa em permanente mobilização. Por mais de um mês a Química esteve diariamente nos noticiários dos jornais, em rádios e algumas vezes na TV.

"Considero qualquer reconciliação com a ditadura uma traição às lutas desenvolvidas pelo movimento estudantil."

Luis Travassos, presidente da União Nacional dos Estudantes

E a greve na universidade? Teve o mesmo sucesso?

A greve geral foi um grande sucesso e, dela, se desdobrou uma manifestação convocada para o pátio do MEC. Através da imprensa, eu chamei o ministro Tarso Dutra a dialogar com os estudantes quando da concentração e, para nossa surpresa, ele disse estar pronto para o diálogo. Mas a verdade foi outra, e fomos recebidos por violenta pancadaria da PM e saímos em várias passeatas pelo centro da cidade sem conseguirmos nos juntar.

Nessa manifestação pintou outra contradição entre nós e a DI. A DI defendia, nessa altura, a "violência revolucionária", entendida como ações exemplares de grupos de vanguarda contra "alvos" do inimigo. Esses alvos podiam ser simbólicos, como um banco americano, uma repartição do Estado ou um jornal reacionário, ou bem concretos, como um choque da PM, uma viatura do Dops, do Exército etc. Nós defendíamos a "violência das massas", que tinha caráter mais defensivo e visava garantir a liberdade de manifestação contra a violência da PM. Eram ações que visavam o engajamento do conjunto dos manifestantes nos enfrentamentos com a PM — se tal fosse necessário para garantir a manifestação. Na passeata em questão (mais conhecida como "correata" pelo ritmo que o Vladimir impôs), saiu a maior discussão sobre a quebra de uma viatura do Dops — típico ato exemplar de vanguarda contra o qual nos opusemos e que foi feito de tal maneira que assustou mais os manifestantes que a polícia.

Houve outras manifestações?

Estávamos já em junho e o PCBR considerou que já era tarde para novas mobilizações. Segundo um dirigente do DCE, "o movimento estudantil já havia cumprido o seu papel no primeiro semestre". Ficamos exasperados. A Química estava lá há 20 dias de greve e não havíamos ganhado nada ainda. Felizmente, a DI mudou de lado e apoiou nossa proposta de nova manifestação. Ganhamos por pouco, mas o PCBR e o Partidão fizeram corpo mole na convocação. Saímos de assembléias regionais — Praia, Centro e Fundão — para o pátio do MEC ao meio-dia, uma inovação que eu propus para aproveitar a massa disponível no centro da cidade sem os atropelos e esvaziamentos das manifestações de fim de tarde. A exasperação com a violência, burrice e intransigência do ministro e da ditadura levou aquela massa ao ponto máximo de combatividade. Três vezes pusemos a PM para correr. A cidade parou para nos apoiar. Cada vez mais PMs iam ocupando o centro sem conter aquela massa agressiva. A ordem de dispersão veio de Vladimir e Travassos na esquina da Buenos Aires com Uruguaiana, mas muitos se recusavam a partir. Eu tinha me atrasado na manifestação porque fi-

Agência Folhas

quei discursando na esquina da Sete de Setembro para uma multidão que se havia reunido. Quando cheguei na Buenos Aires, um carro do Exército ardia em chamas e um pequeno, mas excitado, grupo de manifestantes se recusava a dispersar. Assumi a liderança daquele grupo e os convenci a se retirarem, saindo eu mesmo na direção da antiga Faculdade de Filosofia, junto com três amigos. Cruzamos o centro em pé de guerra e tomado pela PM, e tomamos um ônibus em frente à embaixada americana. Para azar nosso, o motorista do carro do Exército, acreditando ser eu o responsável pelo incêndio, nos seguiu até o Flamengo, onde conseguiu que um choque da PM cercasse o ônibus, e nos prendeu.

Fizeram o que com você?

A PM nos entregou ao Exército e, aí, fui parar no II Batalhão de Infantaria Blindada. Barra mansa perto do que vim a passar depois — só ameaças e a "tortura do sono" (me mantiveram acordado por 24 horas). Foi uma experiência interessante para conhecer o modo de pensar dos oficiais, sargentos e praças. Fiz amigos entre estes últimos. Na PE, para onde me transferiram depois, a pressão era maior, mas também não houve porrada. O carcereiro era o então tenente Gomes Carneiro, que veio a se notabilizar como torturador em 1969. Durante a manifestação dos 100 mil ele entrou em histeria fascista e me informou que a massa vinha me libertar, mas que ele me mataria antes.

Você ficou quanto tempo?

Foram 30 dias de solitária numa cela de 4×2 metros. Nos últimos 10 dias recebi livros e atravessei as obras de Eça de Queirós de ponta a ponta.

Então você ficou fora das grandes manifestações de junho?

Fiquei. Foi um tremendo golpe na minha crescente liderança, embora o fato de estar preso e ser um dos principais objetos das manifestações do Rio e no Brasil (a AP não perdeu tempo em me promover) tenha servido para me projetar, abrindo caminho para minha futura presidência da UNE. Mas acho que o prejuízo foi maior. Saí de circulação exatamente no auge do movimento que havia ajudado — e muito — a criar.

E na saída, como você encontrou a situação?

Já havia um descenso, era férias, mas algumas assembléias ainda se reuniam com até 2 mil pessoas. Além disso, o movimento estudantil vivia uma crise que quase levaria à sua divisão, pelas divergências entre as vanguardas.

Que divergências eram essas?

Elas vinham de longe, do Congresso da UNE em Valinhos. A AP fez uma composição infeliz e a nova diretoria se distribuiu assim: quatro da AP, três das DIs, três da Polop. A presidência foi disputada sem acordo e Travassos, da AP, ganhou, por seis votos, do Daniel, da DI-GB. A composição era absurda, pois não só as divergências eram grandes, como a Polop não tinha peso algum para merecer lugares na diretoria. Mas a partir daí começou o pau entre os quatro da AP e os seis das outras correntes, que acabou explodindo na preparação do novo congresso de 1968 — durante o Conselho de Salvador. O pomo da discórdia, no Conselho de Salvador, era o controle da preparação do congresso. A desconfiança entre as organizações era tanta e o sectarismo havia subido a tal grau que cada uma achava que seria golpeada se a outra controlasse a organização do congresso. Isso se compreende, pois, num congresso clandestino, se uma facção detém o controle do acesso e resolve impedir a presença dos delegados das outras, basta "furar o ponto" — como aconteceu comigo em 1967.

Travassos, liderando a AP, propôs que o 30º Congresso da UNE fosse em Minas, reduto da organização, enquanto as "Dissidências" lutavam para realizá-lo em São Paulo, sob o controle do Dirceu, ele mesmo candidato a presidente. Perdemos por um voto. A direção da AP perdeu a cabeça, recusou-se a aceitar o resultado e forçou a fração da AP na UNE (os quatro) a convocar outro conselho. O resto da diretoria, que era maioria, recusou-se a apoiar a convocação. Seguiu-se o lançamento de um panfleto, assinado por Travassos e os outros três da AP, denunciando o "revisionismo" da maioria e mantendo a convocação. Era o racha.

O panfleto, junto com a ordem da direção da AP de distribuí-lo, chegou a nós, no Rio de Janeiro, em plena mobilização para a greve de maio. Recusei-me a imprimir e panfletar aquela coisa. Travassos, constrangido, lembrou-me o centralismo democrático, mas ficou satisfeito com a minha recusa. Foi quando da minha prisão que o pessoal do PCdoB da Química aproveitou — pra botar lenha na fogueira, eu acho — e imprimiu e distribuiu o panfleto. Vladimir recebeu um em plena Passeata dos 100 Mil e o atacou publicamente. Travassos foi obrigado a responder — era a explicitação do racha.

Quando eu saí da prisão, o Conselho de Campinas estava em andamento e, segundo soube, apesar da exclusiva participação do pessoal da AP, teve forte participação dos estados, com seu maior ponto fraco no Rio de Janeiro. O clima de divisão e sectarismo acentuou-se.

Eu mesmo fui obrigado, sob ameaça de expulsão, a defender de público a proposta da AP. Um tremendo desgaste. Mas, internamente, sentei o cacete na divisão e ameacei rachar se não houvesse recuo. A AP, que crescera muito com a política de enfrentamento, desgastou-se imensamente com esse episódio, perdendo posições-chave em Minas, Brasília, São Paulo e Pernambuco. O sectarismo e a divisão custaram caro. Mas acabamos ganhando a luta interna e a direção recuou, aceitando o fato consumado do congresso sob a orientação da DI de São Paulo.

A AP lançou você candidato à presidência?

Nada disso. Depois do pau que quebrei com a direção eu era *persona non grata*, indisciplinado, anarquista, tinha "resistência ao pensamento do camarada Mao Tsé-Tung" (ideologia em franco avanço dentro da AP) etc. Eu era o quinto da lista preparada pela direção, lista essa que tinha o Valdo Silva, da UEE-MG, em primeiro, seguido pelo Honestino, da Feub (Federação dos Estudantes Universitários de Brasília), pelo Maia, da Filosofia-UFPe, e um outro de quem não lembro mais.

Quem impôs a minha candidatura foi o Travassos, atropelando a direção estudantil da AP e a mim mesmo, que não me sentia à altura da tarefa. Travassos simplesmente chamou a imprensa e anunciou que eu lideraria a chapa da nossa corrente. Criou o fato consumado, pois as bases da AP no nível nacional se lançaram em campanha pelo meu nome sem dar tempo à direção de reagir. Travassos foi para o ostracismo dentro da organização e eu acabei presidente da UNE.

Fala um pouco do congresso.

A montagem do congresso já revelava a concepção militarista que ia tomando conta das DIs, a de São Paulo em particular. O congresso de mil delegados ser enfiado no mato, com segurança armada etc., era um delírio. Protestamos contra isso e eu escrevi, às vésperas do congresso, um panfleto que assinamos, eu e Travassos, criticando a concepção da UEE-SP, propondo um congresso aberto no Crusp com ampla participação da massa para nos dar

"É romaria, é excursão, é revolução?"

Pergunta de um caboclo, observando os ônibus que levavam os estudantes presos em Ibiúna para São Paulo

cobertura política. Disse-me o Travassos que mesmo na DI-SP havia divergências e que Arantes — que era seu representante na diretoria da UNE — havia defendido o congresso aberto. Mas perdemos todas para a tendência militarista. A direção da AP meio que perdeu o controle da nossa preparação. As teses "ME (movimento estudantil) e a luta popular" e "A luta dos estudantes nas universidades" foram escritas por mim e publicadas sem qualquer revisão ou censura. Escapavam um tanto das posições tradicionais da AP por articularem melhor a luta política e a luta reivindicatória, aliviando a atenção quase exclusiva da direção da AP com a "luta contra a ditadura". Consegui reunir todas as bancadas de delegados próximos à AP, estado por estado, e aprofundar com eles as posições e a tática a encaminhar no congresso. Insistia muito na autocrítica do sectarismo e na necessidade de impedir um racha. Como esperávamos, muitos dos nossos delegados tiveram pontos furados, enquanto a "máquina" da DI ia pegar os deles até em casa, quando não apareciam. Mas a coisa ficou tão escancarada que as outras correntes (PCdoB, PCBR, POC, PCB) também puseram a boca no mundo e estancaram as manobras em Ibiúna. Aliás, nada nos foi tão favorável como aquela loucura de Ibiúna. Só os mais ferrenhos militantes das DIs ousavam defender a preparação daquela arapuca, onde, no fim, a polícia veio nos colher como coelhos.

Nossa tática no congresso era conseguir uma chapa com o PCdoB e o PCBR, neutralizar o PCB e dividir e isolar as DIs. Não conseguimos ganhar o PCBR, fortemente dividido entre duas vertentes: a primeira, mais sensível ao movimento de massa, queria a unidade conosco; a segunda, mais militarista, queria a unidade com as DIs. Acabaram neutralizadas.

O congresso foi extremamente tenso, tensão essa ampliada pelo desconforto e pela sensação de iminente "queda" que todos sentíamos. Eu acabara de ser condenado a dois anos de prisão no processo do carro do Exército e via as coisas pretas. O resto, se caísse, ficava uns dias e tchau. Minha barra era mais pesada.

Nesse caso, tivemos algumas vitórias nos embates preliminares, e o Travassos adquiriu uma impressionante autoridade sobre a excitada massa de delegados. Estávamos crescendo, e estou seguro de que teríamos ganhado em Ibiúna mais folgado do que nos congressinhos regionais que fizemos mais tarde para tapar o buraco da queda do congresso.

Você foi preso em Ibiúna?

Depois de várias peripécias complicadas e perigosas nos quatro dias em que passei preso, acabei saindo junto com a delegação do Paraná, à qual me havia agregado.

Depois de Ibiúna, acentuou-se o declínio do movimento estudantil? Como você avalia esse declínio? Um movimento tão forte, caiu tão rapidamente. Por quê?

Houve razões de curto prazo e outras mais de fundo. Antes e logo após a queda do congresso, o movimento estudantil atingiu um dos seus maiores auges em termos de manifestações nacionais, mas, apesar da grande agitação, era uma manobra defensiva, pela soltura dos presos. Isso foi conseguido em parte, mas o desgaste da queda do congresso foi enorme, com a desorganização do movimento e o afastamento dos presidentes da UNE, da UME e da UEE-SP, que ficaram presos.

Por outro lado, a ausência de objetivos sensíveis no plano político (ficávamos na linha maximalista do "abaixo a ditadura") fez com que nos isolássemos, e nossas próprias bases desanimassem por não verem como alcançar os objetivos colocados.

O fato de outros setores sociais não terem avançado no mesmo ritmo que o movimento estudantil dificultou a formação de uma frente popular. A ditadura acabou nos desarticulando, setor por setor.

A repressão intensificou-se no final do segundo semestre, com um evidente efeito intimidativo. As lideranças do movimento estudantil não souberam recuar a tempo e descobrir novas formas de luta, mais adaptadas ao nível da massa, e acabaram se isolando em enfrentamentos impotentes com a repressão.

Tribuna da Imprensa

Soma-se ao erro tático a opção generalizada das organizações de esquerda de "secundarizar" o movimento estudantil. No caso das organizações militaristas, como as DIs e o PCBR, a prioridade era a luta armada e centenas de quadros de lideranças dessas correntes foram deixando o movimento estudantil para integrar os "grupos de fogo", na clandestinidade. No caso da AP, a prioridade era a ampliação das bases nos setores operário e camponês, o que a levou a esvaziar o movimento estudantil para integrar seus quadros em fábricas e fazendas. O PCdoB fez um pouco das duas coisas, levando estudantes para o Araguaia e outros para as fábricas. Tudo isso foi mais ou menos simultâneo e muito rápido, entre dezembro de 1968 e setembro de 1969. Com a escalada da violência, as torturas, assassinatos, prisões e desaparecimentos, a censura total, o fechamento dos diretórios acadêmicos, a clandestinidade total das UEEs e da UNE, encerrou-se tragicamente aquele brilhante ciclo de resistência que se iniciou em 1966 para ser massacrado em 1969, após o auge de 1968.

Uma última pergunta: qual a tua avaliação geral de 1968? O significado daquele ano?

Bom, a pergunta em si já vale um livro como resposta. Olhando com 20 anos de distância, com quase o dobro da idade que tinha, não deixo de me espantar com a dificuldade que ainda temos de avaliar e analisar o que se passou.

De uma maneira muito impressionista, diria que 1968 exprime claramente a dicotomia entre as análises e intenções das vanguardas e a espontaneidade das massas. Não creio que as avaliações otimistas da AP tenham se provado corretas. Elas eram as mesmas desde 1966 e ainda continuaram iguais até 1969. Apenas calhou que a conjuntura coincidiu com o discurso. Quanto à intenção e a manobras dos vários partidos, elas foram, *grosso modo*, atropeladas pela realidade de um movimento que foi inesperadamente explosivo. Creio que a extrema felicidade das lideranças do movimento estudantil no período foi que não tentaram se opor ao movimento em função de suas análises e discursos prévios, mas cavalgaram na maré e tomaram a frente. Quando o movimento avança, muita coisa é superada na prática ou torna-se secundária — foi no descenso que houve a maior demonstração de como estávamos mal aparelhados para trabalhar a realidade. Todos — em todas as tendências — tomamos nossos sonhos pela realidade e pecamos coletivamente por vanguardismo. Uns foram vanguardistas armados, outros vanguardistas "de massa".

Mas assim como 1968 não foi uma "construção" da esquerda, mas uma combinação de fatores e impulsos onde ela era apenas uma parte, a significação daquela epopéia ultrapassa as organizações e as lideranças que se colocaram à sua frente. A explosão libertária de 1968, na política como na cultura e nos costumes, marcou o país, ficou como um lampejo de esperança no longo inverno da mediocridade e da violência que tivemos que suportar. Os generais duraram 23 anos, mas pouco a pouco vão sendo esquecidos, apesar do mal que fizeram. Entretanto, 1968 foi apenas um ano, mas nada conseguirá apagá-lo.

Agência Folhas

José Dirceu de Oliveira

1968: Presidente da União Estadual dos Estudantes de São Paulo

1998: Presidente nacional do Partido dos Trabalhadores

2008: Líder político do PT, consultor

A que fatores você atribui a força do movimento estudantil de 1968 em São Paulo?

Nós contamos, em primeiro lugar, com uma dimensão objetiva, o peso específico da comunidade estudantil de São Paulo e a forma pela qual se encontrava agrupada em grandes unidades: temos a Cidade Universitária, o Conjunto Residencial da Universidade de São Paulo — o Crusp, a Faculdade de Filosofia, ali na Maria Antônia, bem no centro da cidade, a Visconde de Cairu e a Mackenzie, um complexo de duas universidades, a Sociologia Política, ao lado, e mais a Faculdade de Engenharia Elétrica da PUC, sem contar as unidades do interior: Ribeirão Preto, Campinas, Sorocaba, Botucatu, São Carlos, Santos, quer dizer, era um conjunto muito amplo.

Por outro lado, o movimento teve um passado de articulações antes de 1968. Em 1966, houve a luta contra a Lei Suplicy. Depois, um processo lento de retomada da atividade estudantil. Em 1966, tivemos a "setembrada", um movimento de repercussão nacional. Em 1967, grandes lutas contra a política educacional do governo, o MEC-Usaid; quer dizer, em grande medida, 1968 é resultado de um processo de acúmulo que veio crescendo nos anos anteriores, de experiências...

Como é que se verificou, mais precisamente, a reorganização do movimento estudantil depois de 1964?

A minha geração, que chegou na universidade por volta de 1965, encontrou uma situação muito complexa. De um lado, havia uma ditadura militar, que extinguia os partidos, fechava o Congresso, aplicava uma política econômica recessiva que produzia o arrocho salarial, o desemprego, a concentração de renda no país. Além disso, censurava o teatro, a imprensa, o cinema, fechava os centros acadêmicos e proibia atividades culturais e políticas nas faculdades. Ora, tudo isso criava uma profunda insatisfação na classe média e na pequena burguesia urbana. Entretanto, por outro lado, se havia um pequeno setor de estudantes que compreendia e lutava contra a ditadura militar, na verdade, a grande maioria tinha uma posição de expectativa e, muitas vezes, de incompreensão ou desinformação. Optamos, portanto, desde 1965/1966, pela reorganização dos centros acadêmicos como premissa para todo o resto.

Esse era um entendimento comum?

Não, aí surgiu uma primeira polêmica. Porque a Ação Popular (AP) tinha uma política de boicotar as eleições dos diretórios acadêmicos oficiais, enquadrados pela Lei Suplicy. Por outro lado, o PCB tinha uma tática de aceitar a Lei Suplicy, não explicitamente, porque a combateu no plebiscito, em 1965, mas no dia-a-dia das faculdades; a tática deles era ocupar o espaço oficial, institucional, preservar a legalidade a qualquer custo.

Qual era a proposta que você adotava?

Bem, a nossa tática era flexível. Onde o movimento era muito forte, com raízes históricas, considerávamos que era possível desafiar a lei e organizar CAs *livres*, não enquadrados. No entanto, esses casos eram excepcionais. No geral, considerávamos necessário disputar as eleições oficiais, tomar conta dos recursos e da sede oficiais e só então promover eleições para uma representação *livre*. Ainda havia a possibilidade, no caso de faculdades de menor tradição, de simplesmente tomar o diretório, através das eleições, e caminhar, num processo lento, em direção à compreensão de um centro acadêmico não enquadrado nas determinações legais, o que acabou acontecendo em todas as pequenas faculdades e também onde o movimento estudantil era mais débil.

Haveria outros confrontos com a Ação Popular?

Esse primeiro confronto iria se desdobrar na grande polêmica sobre a relação entre a luta reivindicatória e a luta política, que dominou boa parte do ano de 1968. A Ação Popular tinha uma tática de criar um movimento contra a ditadura, de solidariedade internacional ao povo do Vietnã e de denúncia do imperialismo. Na verdade, tratava-se de um programa de partido político para todo o povo brasileiro, uma estratégia de derrubada da ditadura e tomada do poder. Então, como a AP não tinha base social fora do movimento estudantil, ela tentava aparelhar, instrumentalizar o movimento, e acabou introduzindo na UNE e na UEE de São Paulo essa política. Evidentemente, não discordávamos de travar a luta contra a ditadura, nem de prestar solidariedade ao povo do Vietnã, mas tínhamos um outro entendimento de como isso deveria ser feito...

O que vocês propunham quanto ao Vietnã?

Por exemplo, fizemos em São Paulo inúmeros seminários sobre o Vietnã, exposição de fotos, conferências, ciclos de estudos. E, depois, um ato público contra a guerra. Agora, a AP ia numa manifestação contra o aumento do preço dos *tickets* dos restaurantes universitários e puxava palavras de ordem contra a guerra ou contra a ditadura. Isso refletia uma concepção equivocada, que não acumulava forças, não politizava os estudantes.

Qual era a concepção que você defendia?

Entendíamos que era preciso fazer a luta reivindicatória. Primeiro, o centro acadêmico tinha que ser um espaço social, cultural e de apoio aos estudantes. Fazer cursos paralelos, ter apostilas, sala de estar. O centro acadêmico devia ser compreendido como espaço social, um instrumento de politização da luta contra a política educacional do governo. Porque a luta contra a política educacional era uma luta contra a aplicação de uma política econômica geral, uma política de investimento que um país capitalista — no caso, o Brasil — tinha para a educação. Ora, a educação, no modelo que se queria impor ao país, deveria ser privatizada. Além disso, esse mesmo modelo não melhorava, muito ao contrário, piorava, em toda a linha, as condições do mercado de trabalho para os estudantes que iam se formar. Então, toda vez que discutíamos a política educacional do governo, discutíamos o orçamento federal, o próprio sistema capitalista estava em questão. Em função da discussão sobre a política educacional, podíamos abordar o que se estava passando com o Estado brasileiro, que instituições estavam sendo criadas, o que era a ditadura militar. Portanto, a luta reivindicatória estava articulada com a luta política, inclusive porque se chocava com a política educacional do governo e com a ditadura militar. Mas, antes de tudo, era preciso fazer as lutas reivindicatórias, levá-las a sério: luta pelo não-pagamento das anuidades, pela troca de professores negligentes ou incompetentes, pela mudança de currículos, pela mudança da estrutura da universidade, enfim. Por isso nos opusemos à UEE dirigida pela AP, e iniciamos um processo de constituir uma alternativa para a direção da UEE.

Havia outras divergências importantes?

Na verdade, a crítica que fazíamos ao *politicismo*, ou seja, ao desprezo pela luta reivindicatória, exprimia uma concepção geral a respeito das entidades estudantis, diretórios e centros acadêmicos, UEEs e UNE. Criticávamos o *aparelhamento* das entidades pelos partidos políticos. Freqüentemente, na impossibilidade de criar um movimento político geral, e de formar base social politicamente sólida, os partidos políticos têm a tentação de fazê-lo através das entidades de tipo sindical. Na época, a UNE era a única entidade nacional que subsistia. O CGT e as Ligas Camponesas haviam sido destruídos, os sindicatos operários estavam sob intervenção, os partidos políticos fechados, a imprensa amordaçada pela censura. Então, nesse quadro, era muito grande a tentação de transformar o movimento estudantil num partido, e a UNE numa correia de transmissão da agitação, da propaganda e do programa de um partido. Foi o que a Ação Popular fez. E nós tínhamos clareza de que era preciso acabar com isso.

Essa polêmica seria retomada nos anos 1980...

Exatamente. Chegando-se até a promover fraudes eleitorais para manter a entidade a qualquer preço, mesmo ao preço da desmoralização. Veja a instrumentalização da UNE pelo PCdoB nos anos 1980. O PCdoB usou a UNE para apoiar o colégio eleitoral, apoiou a proposta do governo Tancredo-Sarney, caiu de novo no oficialismo, como antes de 1964. Ou seja, confundiu a UNE com partido político. Ora, a UNE não tem que apoiar partido nenhum. Tem que definir um programa de reivindicações que exprima a maioria dos estudantes reunidos num congresso. Insisto em que a luta política não pode ser esquecida, sempre resgatamos a luta popular e a luta antiimperialista, mas recusamos a transformação das entidades estudantis em correias de transmissão dos partidos...

Essas polêmicas contribuíram para enfraquecer ou fortalecer o movimento?

Ao *aparelhar* a UNE e as UEEs, a AP afastou grande parte dos estudantes dessas entidades. Eles não se identificavam com o programa da AP, com suas palavras de ordem, ou com suas táticas de luta. Não compreendiam, e nem tinham experiência para compreender. Mas a polêmica, abrindo alternativas, contribuiu, a meu ver, para amadurecer o movimento e, nesse sentido, contribuiu para o seu fortalecimento.

A imagem da AP não está ficando muito negativa em seu depoimento?

Apesar de identificarmos esses erros de concepção, a AP era, evidentemente, um agrupamento de muitas qualidades. Em 1964/1965, quando a ditadura abateu-se sobre a Universidade, foi basicamente a AP que manteve a UNE. Foi ela que dirigiu as lutas de 1966, nas ruas; também foi a AP que puxou o plebiscito contra a Lei Suplicy e, inclusive, contribuiu para a educação política de toda uma geração de estudantes. Trata-se, portanto, de uma organização política cuja contribuição foi fundamental para o movimento de 1968. Sem ela, seria impossível pensar 1968...

Como é que você avalia o papel dos partidos políticos, das chamadas organizações de vanguarda no movimento estudantil?

Bem, essa é uma questão muito contraditória e polêmica. Antes de 1964, havia duas grandes forças: o PCB e a AP. Depois, surgiram as "Dissidências", que são os comitês universitários do PCB, de vários estados do Brasil, que rompem com o PCB por causa da avaliação do golpe de 1964, da estratégia de lutas contra a ditadura, da questão da luta armada. As "Dissidências" e a AP seriam as grandes forças políticas do movimento estudantil em 1968. Havia também o PCdoB, a Polop, o PCBR, a IV Internacional, mas tinham um peso menor. Todas essas organizações passaram por diferentes fases, mas há aí uma questão geral que eu queria destacar: é que muitas vezes os militantes dessas organizações se isolam do movimento por não compreenderem a correta relação que deve existir entre os interesses imediatos dos estudantes e a luta política geral, a questão-chave da relação entre luta política e luta reivindicatória de que já falamos. Os partidos que compreenderam essa questão chegaram a dirigir o movimento, os que não o fizeram se marginalizaram.

Existia uma correlação entre lideranças do movimento e militantes das organizações?

Veja bem, quem exprime o movimento são suas lideranças, eleitas em processos democráticos, abertos. Ora, os grandes líderes do movimento estudantil, apesar de seus compromissos políticos, de sua filiação partidária, não eram exatamente

"Vocês não são heróis, fazem parte de uma luta dura. É um compromisso que assumimos. Não interessa o que eles façam a nós."

Vladimir Palmeira na passeata da sexta-feira "sangrenta"

do aparelho desses partidos. Eram muito mais líderes estudantis. Agora, é possível o movimento estudantil crescer, se organizar e mudar de qualidade sem a presença dessas vanguardas, ou de partidos políticos em geral? Hipótese difícil. Estamos vendo agora, nos anos 1980, que, apesar de condições objetivas favoráveis, muitos movimentos não ganham organização mais consistente, ou programa, pela falta de atuação de partidos políticos.

Não se pode conceber, então, a autonomia dos movimentos em relação às organizações políticas?

Temos de compreender a complexidade e a diversidade do movimento estudantil, haverá sempre movimentos autônomos, alternativos, expressões culturais diferenciadas. Não é possível ver o movimento estudantil como algo centralizado, com programa único; com a complexidade existente no Brasil, isso seria simplesmente impensável. Agora, eu acredito que um partido político, desde que saiba interagir com os interesses e as reivindicações dos estudantes, assumindo as atitudes próprias dos estudantes, pode se tornar um elemento propulsor, um elemento que fará evoluir o movimento estudantil.

Voltando ao movimento estudantil de 1968, em São Paulo, como vocês se organizavam?

Na base de tudo, criamos os grupos de 10, uma necessidade para enfrentar a repressão. Esses grupos também se transformaram em instrumento de comunicação da UEE com as faculdades. Na UEE, tínhamos um conselho, chamado de Coordenação da UEE. Escaldados com a prática *aparelhista* e com a experiência — enganosa — das lideranças carismáticas, constituímos uma coordenação formada por representantes das plenárias e das assembléias. Então, não bastava o cara ser presidente do diretório, ele tinha de estar representando a assembléia da faculdade para ter assento na coordenação...

Então, podiam ser revogados a cada assembléia?

Exatamente, daí a força e a representatividade dessa coordenação. Quando você se reunia com os presidentes dos CAs, você estava com os representantes políticos legítimos de uma faculdade, mas não necessariamente com representantes da força mobilizada naquele instante.

Havia muita participação nas assembléias?

Recorríamos muito a assembléias gerais, que equivaliam, em termos de massa, a assembléias de 20, 30 faculdades. Na verdade, o Crusp, a Maria Antônia e a PUC correspondiam a cerca de 50% dos estudantes.

Quantas pessoas?

Era comum haver assembléias de 3, 4, 5 mil estudantes. É como se tivéssemos hoje assembléias de 50 mil estudantes. Por outro lado, quando falamos de passeatas de 5, 10 mil pessoas, é preciso lembrar que tínhamos na época um pouco mais de 200 mil estudantes universitários, e a população do país equivalia à metade da que temos hoje, a população estudantil representava 10% dos números de hoje. E não havia a presença de um ator, hoje determinante, que são os trabalhadores na luta política, organizados e presentes, com sindicatos e partidos.

O movimento estudantil em São Paulo também se tornou conhecido pelas ocupações de faculdades. O que significava isso exatamente?

A ocupação é um estágio superior à greve, de certo modo é a superação do instrumento greve, porque o estudante permanece nas faculdades. Às vezes, o movimento tende a fazer greve e os estudantes ficam em casa ou vão ao lazer. Isso pode levar ao esvaziamento da greve e, se não houver possibilidade de negociação, há uma derrota da luta reivindicatória. Já percebíamos o fenômeno um pouco intuitivamente pelas referências que nos chegavam das lutas travadas antes de 1964. Além disso, é preciso ver duas coisas: as universidades quando param, a produção continua, ou seja, não há impacto nenhum na vida econômica, produtiva, do país. Segundo, não tínhamos na época as organizações sindicais de professores e funcionários como existem hoje, quer dizer, era mais fácil um processo de isolamento dos estudantes.

Como funcionava uma ocupação?

Realizávamos atividades culturais, cursos paralelos, discussões sobre currículos, colocávamos em questão a reforma universitária, a organização de comissões paritárias, juntamente com os professores. Tomávamos toda a universidade, geríamos os seus serviços. Criávamos também muitas comissões: de segurança, de limpeza...

Somente participavam os estudantes?

Não, havia professores também. Artistas, intelectuais, escritores, muitos iam ao Crusp, à Maria Antônia, fazer conferências, participar de debates.

Os funcionários participavam?

Os funcionários continuavam indo à universidade. Mas não havia, da nossa parte, uma visão da contribuição possível dos funcionários, e do papel novo que poderiam desempenhar numa universidade reformada. Nem eles também tinham, na época, consciência de seu papel; a organização dos funcionários foi um processo que veio mais tarde.

Como é que a ordem era mantida? Havia toda uma campanha difamatória da direita a respeito de festas, depredações...

Claro, uma grande campanha moralista contra o movimento estudantil; falavam em uso de preservativos, de bebidas, em virgindade. Na verdade, as drogas não tinham a expressão que assumiram depois...

A droga na época era o álcool...

"Depois das cenas bacanas que vi, acho os bangue-bangues da TV muito chatos. Não quero mais ser mocinho. Quero ser estudante."

José Mauro, cinco anos, de São Paulo, com sua espingarda de rolha, em outubro de 1968

O problema maior para eles era a moral da virgindade, os anticoncepcionais, insistiam muito na separação entre moças e rapazes na residência universitária, no lazer, na convivência e no estudo. Quando entrei na faculdade, imagine que os rapazes sentavam separados das moças nas salas de aula! Isso acontecia na PUC de São Paulo. Eu achava aquilo tudo um absurdo, nos obrigavam a usar terno, gravata. As ocupações questionavam tudo isso, acabavam com tudo isso na prática...

A maior vitória das ocupações, porém, foi a instalação das comissões paritárias; ali houve um esboço, na prática, de uma nova universidade, não só em termos de propostas novas de organização de cursos, currículos, mas também, e talvez principalmente, de uma nova relação que se estabelecia entre estudantes e professores, entre os estudantes e a universidade, uma relação de participação, de criatividade, inteiramente nova e estranha em relação aos padrões habituais, às normas e às tradições da Universidade brasileira.

E a experiência das passeatas em São Paulo?

Era a maneira que encontramos de entrar em contato com o povo, de expressar nosso descontentamento, o nosso protesto, de levar para o público o que se passava dentro das universidades. Por outro lado, através delas, pretendíamos mostrar ao povo um caminho de luta contra a ditadura, e também desmascará-la, desmoralizar aquele discurso democrático com o qual, às vezes, se compraziam os generais.

Como eram organizadas as passeatas?

Os grupos de 10, já referidos, desempenhavam aqui um papel-chave. Com eles conseguimos reunir 3 mil pessoas, sem marcar publicamente o local. Os estudantes iam para o centro da cidade, esparramados, não dava para reprimir. Começávamos na praça da Sé. Quando a polícia chegava, já estávamos na praça Clóvis. Daí, íamos para a praça da República; uma grande mobilidade, que nos dava a possibilidade de driblar a repressão, sem enfrentá-la. Não tínhamos interesse em choques frontais porque eles possuíam, evidentemente, superioridade de forças. As passeatas organizadas com base nos grupos de 10 se transformaram na marca registrada do movimento estudantil.

Mas quando o enfrentamento se tornava inevitável, como é que vocês se viravam?

Em 1968 começamos a usar, num primeiro momento, meios de autodefesa: fogos de artifício, bolas de gude, estilingues, "miguelitos", que são esses triângulos de pregos para furar pneus, pedaços de pau, essas eram as *armas* de defesa do movimento estudantil. Em meados do ano, quando a direita começou a usar armas de fogo, a atirar nas facul-

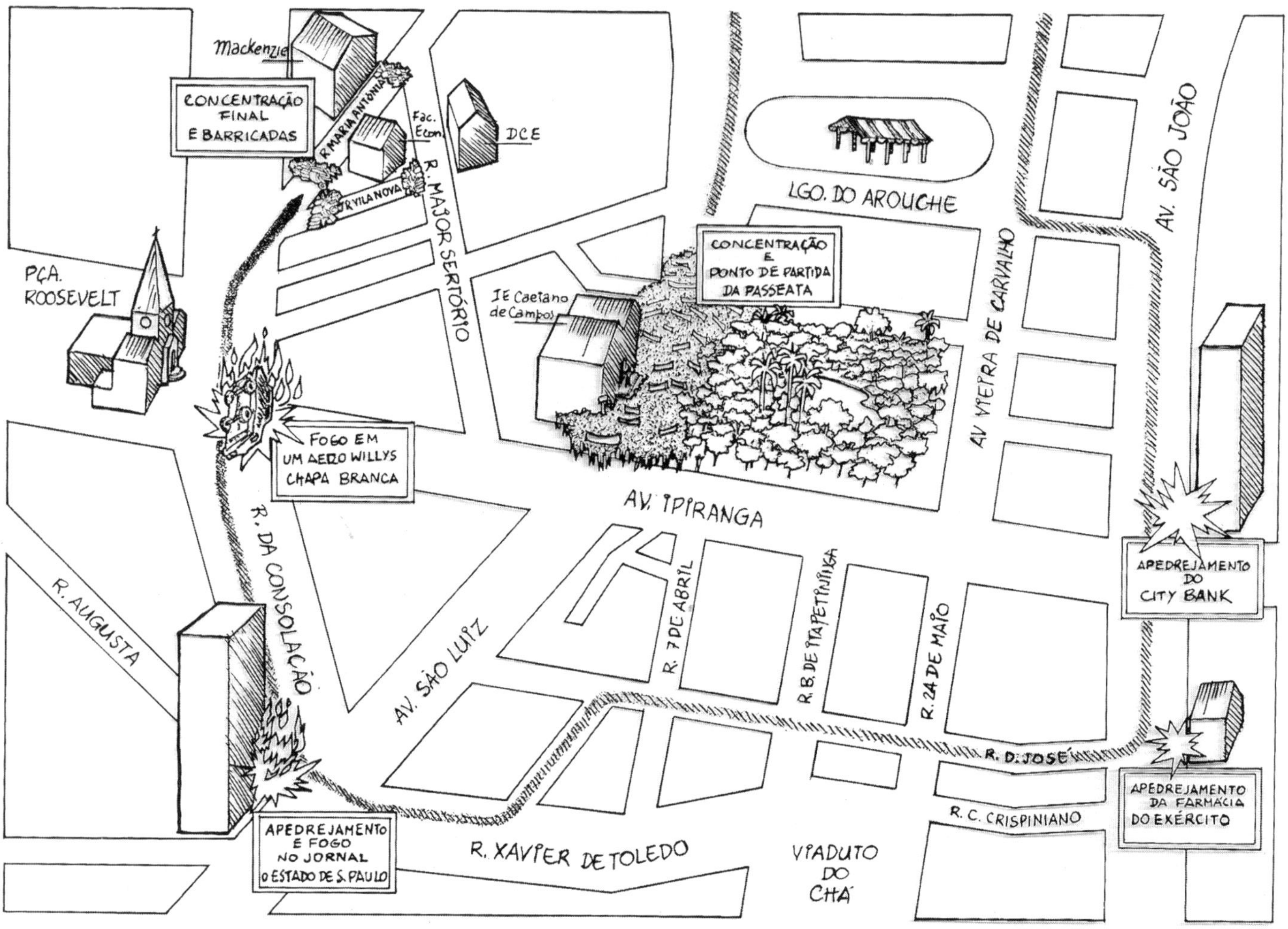

dades ocupadas, aí usamos também armas de fogo. Na Maria Antônia, onde funcionava a Faculdade de Filosofia, foi o primeiro caso. Por várias vezes, o Comando de Caça aos Comunistas, juntamente com o Dops, passava e metralhava a frente da escola. Na segunda vez, respondemos. Mais tarde, o CCC suspendeu esse tipo de operação, porque, inclusive, não esperavam reação nossa. Nas ruas nunca chegamos a usar arma de fogo. Alguns comandos de organizações políticas empregaram, porém, armas de fogo contra a repressão, mas não me consta que tenha havido vítimas por causa disso. Pelo contrário, as vítimas foram sempre do nosso lado.

Como foi aquele conflito entre os estudantes da Mackenzie e da Filosofia da USP?

Ali, por exemplo, morreu o José Guimarães. Falou-se na época na "guerra" entre Mackenzie e USP. Na verdade, foi uma provocação, para dar início à escalada da repressão ao movimento estudantil. Durante dois dias conseguimos evitar o conflito, fizemos tudo para evitar o confronto. Sabíamos que aquilo não estava sendo feito pelos estudantes da Mackenzie, em geral, mas por uns 100 estudantes, organizados pelo Dops e pelo serviço secreto das Forças Armadas. Grande parte dos estudantes da Mackenzie ficou do lado da gente, lutando contra o CCC e o Dops.

Manchete

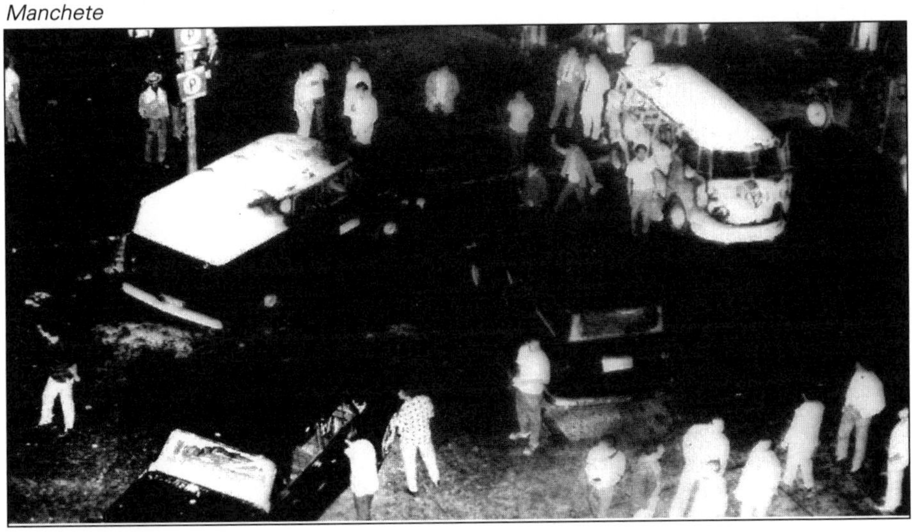

Em relação aos carros da polícia, vocês tinham a orientação de virá-los?

Bem, desde o começo de 1967, adotamos essa forma de protesto. Os carros oficiais que iam reprimir ou vigiar as manifestações, fotografar pessoas, gravar discursos, ou então que eram jogados contra as passeatas para intimidar, contra eles utilizamos o método de virá-los ou incendiá-los...

Vocês usavam coquetéis molotov?

Chegamos a usar. Mas como arma defensiva. Nunca tomamos a iniciativa de agredir, nem mesmo a Polícia Militar; era uma arma de defesa. Somente no caso d'*O Estado de S. Paulo*, por ter iniciado uma campanha violenta contra o movimento estudantil, pedindo repressão, aí fomos lá e queimamos os andaimes do jornal. Não passou disso.

As entidades estudantis estabeleciam contatos, algum tipo de articulação com outros setores sociais?

O movimento estudantil acabou por se transformar numa expressão de amplos setores sociais, na representação política da insatisfação desses setores contra a política econômica e de repressão cultural da ditadura. A primeira pichação que fiz na minha vida foi de divulgação do filme *Desafio*, de Paulo César Sarraceni. Ainda em 1965, participei da formação de um cineclube. A ampla maioria dos estudantes que entraram para a universidade em 1965 não encontrou nenhuma atividade política, cultural. Predominava a mediocridade, uma moral conservadora, aquilo que se costuma chamar de *moral de classe média*. Daí por que, em muitos casos, a resistência assumiria a forma de atividades culturais. Quando os estudantes começam a lutar nas ruas contra os gastos militares da ditadura, contra a censura e a repressão política, contra a intervenção norte-americana no Brasil, a desnacionalização da economia, muitos setores sociais passaram a ver o movimento estudantil como um aliado ou mesmo uma expressão de seu inconformismo. Aqui em São Paulo criamos, ainda em 1966, por ocasião da "setembrada", uma articulação, da qual participavam intelectuais, professores, artistas, lideranças sindicais, que, às vezes, se reuniam no largo de São Francisco.

Havia representantes de sindicatos operários nessa articulação?

Ainda não. Só em 1968, com o ato do 1º de maio na praça da Sé, quando expulsamos o governador do palanque das autoridades, e, depois, com a greve de Osasco, em julho, é que começou a haver maior interação entre lideranças sindicais e movimento estudantil. Na verdade, os estudantes expressavam as aspirações das camadas médias, da pequena burguesia urbana ou da população que trabalhava nos serviços urbanos. Em 1968, lideranças operárias iam a assembléias estudantis e estudantes distribuíam panfletos nas portas das fábricas, vendiam bônus para apoiar as greves. Mas aí entramos em choque com a Polop e a AP, que desejavam introduzir o movimento nas fábricas, nos bairros operários. Tínhamos uma visão contrária a isso. Para nós, isso era um problema de partidos políticos, não competia ao movimento estudantil tratar disso.

Havia articulação com os parlamentares?

Era uma dificuldade. Havia uma grande resistência à participação na luta institucional, uma negação muito forte à luta eleitoral. Inclusive, era público e notório que senadores e deputados governistas foram emprestados ao MDB para que houvesse quórum mínimo para a constituição da *oposição*. O MDB não estava ainda caracterizado como partido de oposição, o que só iria acontecer nos anos 1970; daí por que pregávamos o voto nulo ou em branco, enfim, o abstencionismo institucional. Essa posição tinha uma ampla aceitação popular, basta ver os índices de votos nulos nas eleições de 1966 e 1970. Não éramos contrários às negociações em geral — negociamos várias vezes com as autoridades universitárias e mesmo com o governo federal, como através da Comissão dos Cem Mil. Agora, aqui em São Paulo, alguns parlamentares estabeleceram relação com o movimento estudantil. Como o Perrone, ou o Covas. Dialogávamos com esses

"Já temos seis fábricas ocupadas e em 24 horas esperamos ter toda Osasco paralisada. Mas precisamos do apoio de vocês. Não temos jornal ou rádio do nosso lado. E porque não contamos com isso é que contamos com vocês."

Liderança operária falando em assembléia estudantil de solidariedade à greve de Osasco, na Universidade de São Paulo, em julho

parlamentares, debatíamos com eles a situação do Brasil, as perspectivas do movimento estudantil, a via eleitoral, a via armada.

Os parlamentares apresentavam-se em assembléias?

Não tinham condições para isso. Havia uma repulsa muito grande aos partidos legais, a Arena e o MDB. Mas, quando a repressão aumentou, um setor do MDB começou a se manifestar abertamente contra a ditadura militar, aí as relações melhoraram. Uma das razões, aliás, para a cassação de alguns parlamentares, como o Covas, foi o fato de que ajudavam os estudantes, doavam passagens aéreas para a UEE e para a UNE etc. Também fizemos contato com o Pedroso Horta, que depois veio a falecer, e que tinha um papel de destaque no MDB da época. Conversávamos igualmente com alguns parlamentares que eram do PCB, ou simpatizantes.

Quanto à Igreja?

Havia uma grande participação da Igreja. Em São Paulo, em 1965/1966, e mesmo em 1967, a Igreja contribuiu amplamente para a reorganização do movimento estudantil, cedendo locais. Não se pode falar que a alta hierarquia sabia, mas setores da Igreja apoiavam, como os dominicanos, ou algumas escolas de teologia de São Paulo. Até 1964 sabemos que a hierarquia da Igreja, talvez mesmo sua maioria, apoiou a luta contra a *comunização* do Brasil, a *república sindicalista* de Goulart, e participou alegremente da Marcha da Família com Deus pela Liberdade. Mas depois houve uma evolução, uma renovação, sobretudo depois da Conferência de Medellín, já em 1968. Depois, inclusive, alguns padres participaram até do processo de luta armada.

E os professores?

Grande parte dos professores foi aliada da luta do movimento estudantil. Florestan Fernandes, Otavio Ianni, poderia citar muitos; mesmo entre os reitores, às vezes havia diálogo, como, por exemplo, com o Bandeira de Mello, que foi reitor da PUC, com quem conseguíamos conversar. Ele era obrigado, naturalmente, a aplicar uma determinada política, mas nunca teve um papel repressivo e conivente com a ditadura militar. Outros, no entanto — felizmente foram poucos —, foram cúmplices, como Manuel Ferreira Filho, que depois foi vice-governador, e Miguel Reale, diretor da FAU. Alguns, inclusive, nos forçaram a praticamente expulsá-los da faculdade quando havia ocupações, era uma forma, aliás, de quebrar a autoridade deles.

E em relação aos jornalistas? Lembro-me de ter visto uma foto onde estava escrito no quadro-negro: "a imprensa burguesa pode entrar, mas fica quietinha". Como é que você interpreta isso?

Isso foi na Maria Antônia. Tínhamos uma sala de imprensa onde dávamos entrevistas coletivas. Porque 1968 foi um ano muito marcante e aconteciam coisas de impacto. Por exemplo, a captura da chamada *Maçã Dourada*, nome de guerra de uma tal Heloísa, que era agente do Dops infiltrada no movimento estudantil. Descobrimos isso e a "prendemos". Levantamos, através dela, toda a estrutura do Dops e depois a devolvemos à família dela e não ao Dops, foi uma forma de desmoralizar os policiais. Havia, então, a toda a hora, notícias de impacto: passeatas, denúncias. E nós víamos a imprensa como um instrumento de divulgação, inclusive porque muitos jornais tinham contradições com a ditadura. Claro, nós sabíamos que a imprensa defendia, e defende, os interesses dominantes da sociedade brasileira. E é por isso que vem essa frase que você leu. Aí se expressa um pouco a nossa auto-suficiência, que, por outro lado, revela nossa debilidade, uma certa pretensão de encarnar um movimento que, eventualmente, poderia alterar a correlação de forças existente. Mas a frase exprime também a nossa independência, a nossa rebeldia e a irreverência do movimento estudantil. Agora, tínhamos relações ótimas com o conjunto dos jornalistas e com os repórteres. Faziam tudo para nos ajudar e, inclusive, apanhavam da polícia conosco. Apanhavam e batiam, porque não só apanhávamos, às vezes batíamos também.

Há uma polêmica muito acesa sobre o Congresso de Ibiúna. Foi um acidente? Um delírio que não podia dar certo? Como você se situa nessa polêmica?

Aí foi um caso de sobreposição do aparelho político em relação às lideranças políticas. Nós mesmos tínhamos realizado o congresso estadual no Crusp, com toda a repressão, enfrentando as ameaças, e levamos 5, 7 mil estudantes, e fizemos lá o congresso. Mesmo as lideranças que tinham prisão preventiva decretada foram lá. Naquela época o Abreu Sodré manobrava, havia um certo equilíbrio de forças, daí que o nosso congresso não foi reprimido.

Então, de quem é a responsabilidade por Ibiúna?

A responsabilidade é nossa, é minha, pessoal, da UEE e das direções da AP e da Dissidência. Porque, na verdade, a discordância da AP era quanto ao local. Queriam fazer em Minas Gerais, mas também clandestino. Quando perderam no Conselho da UNE a disputa pela indicação do local, então não apoiaram mais a organização do congresso, inclusive tentaram inviabilizar o congresso, e mesmo dividir a UNE. Nós assumimos o compromisso de fazer em São Paulo, porque tínhamos organização para isso, tínhamos quadros, centros acadêmicos, recursos. Na discussão, optou-se por entregar para uma equipe a responsabilidade pela realização do congresso. Eu, pessoalmente, não acompanhei a montagem técnica, nunca fui ao local antes, estava completamente en-

"Agora é preciso fazer uma autocrítica. Era impossível fazer um encontro clandestino de 800 delegados."

União Estadual dos Estudantes de São Paulo, sobre Ibiúna

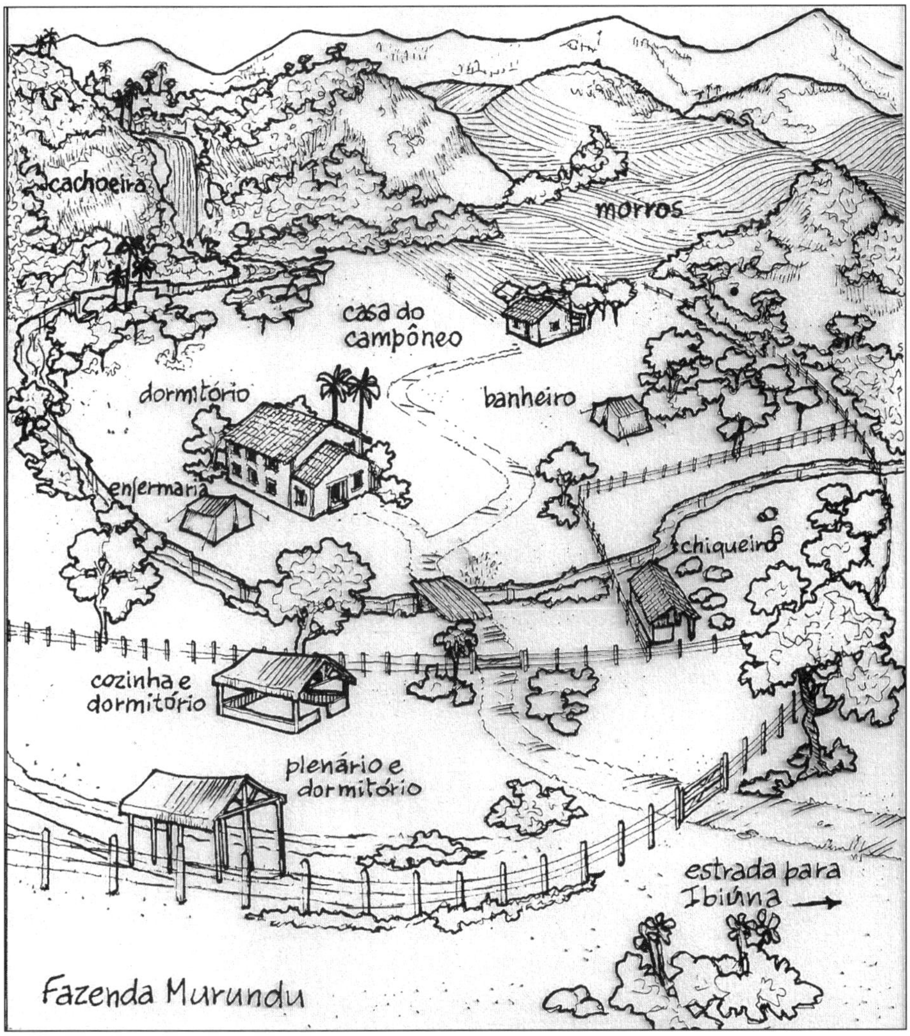

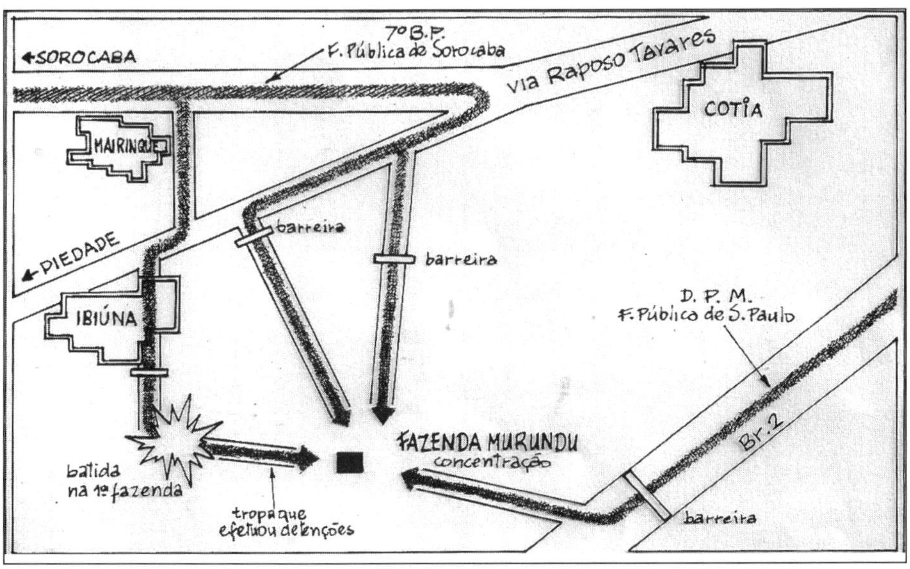

volvido nas discussões políticas que precederam o congresso.

Como se justificava a opção pela clandestinidade?

Havia uma avaliação de que a repressão estava mudando de qualidade. Nessa ordem de argumentação, os congressos estaduais haviam sido tolerados, mas a repressão não toleraria um novo congresso nacional. Predominava a idéia de que seria muito difícil impor um congresso nacional aberto. Mas a opção pela clandestinidade, exatamente porque estávamos numa conjuntura desse tipo, também era muito difícil. Além disso, houve a má organização, o local não tinha condições. E, evidentemente, fazer um congresso de 800 pessoas sem a repressão saber... Como se não bastasse, as pessoas não respeitavam as regras dos dias de chegar, houve uma sucessão de erros graves. O curioso, porém, foi saber, anos mais tarde, que a repressão estava muito mal informada, eles não tinham certeza; na verdade, o aparelho de informações ainda estava muito mal estruturado. Nós ficamos até hoje com a responsabilidade política de ter organizado esse congresso em Ibiúna, a responsabilidade por esse insucesso. Mas estou convencido de que, mesmo se fosse no Crusp, ou na Maria Antônia, teria havido repressão. O problema é que, aí, prenderam todas as lideranças nacionais. Depois soltaram a grande maioria. Mas ficharam. E isso teria conseqüências depois, na repressão do DOI-Codi, no assassinato, na tortura e na prisão de muitos companheiros.

Mudando um pouco de horizontes. Como é que você vê a relação entre o movimento estudantil e a transformação dos costumes? Houve também uma crítica aos costumes vigentes? E uma prática nova nessa área?

Acho que esse foi, talvez, um dos aspectos mais importantes do movimento estudantil e que ficou relegado a segundo plano. O movimento estudantil de 1968 foi, antes de mais nada, um amplo movimento cultural, que expressa as transformações ocorridas na sociedade brasileira. Uma onda de conservadorismo subermegia o país, reprimindo cada jovem e cada estudante. Um país no caminho da industrialização, urbano, entrando na sociedade de consumo, onde havia desejos latentes de mudança em todos os níveis, tudo isso estava reprimido. Pois o movimento estudantil se revoltaria contra esse conservadorismo, explodiria essa onda reacionária.

Que aspecto você destacaria?

A primeira coisa é o próprio comportamento. O cabelo, a roupa. O agrarismo, o aristocratismo dentro das universidades foi quebrado. Os estudantes introduziram o jeans, uma roupa prática, barata, adaptada ao nosso clima. O cabelo comprido, e aí houve uma reação muito forte. Quebramos o padrão de relação entre o homem e a mulher, o papel secundário da mulher. A mulher no movimento estudantil teve um papel destacado, basta ver as fotos das assembléias e das passeatas. Tivemos aqui em São Paulo várias lideranças de primeira grandeza, como a Catarina Melloni, que foi presidente da UEE de São Paulo, a Iara Iavelberg, que foi presidente do CA da Psicologia, a Iva, que morreu no Araguaia, também foi presidente do CA. Quebramos a separação entre homem e mulher na sala de aula, no lazer. Também houve uma revolução na noção de relação sexual. Havia uma repressão muito grande às relações antes do casamento, o que é uma hipocrisia, porque há a prostituição, a *zona*, o homem sempre teve relação sexual antes do casamento no Brasil.

Há uma outra dimensão que eu acho muito importante também: a participação dos estudantes nas atividades culturais — o cinema, a música, o teatro. Na área teatral apareceram muitos grupos: o Teatro da Universidade Católica, o Tuca; o Teatro da Universidade de São Paulo, o Tusp; o Teatro de Arena. Na música, foi um tempo de auge do tropicalismo. E também da Jovem Guarda. Aliás, sobre esta última, há muito preconceito, de tipo elitista, como se a Jovem Guarda fosse uma coisa popularesca, ou mesmo conservadora e reacionária. Mas os estudantes, em sua ampla maioria,

"O local estava preparado há mais de um mês... Não é verdade que a compra de alimentos nos denunciou. Tínhamos provisões para 15 dias... A chegada dos delegados deveria ter sido progressiva, mas todos chegaram no mesmo dia, chamando a atenção... Não acreditamos no rapaz que, com um dia de antecedência, nos advertiu que a repressão viria. Apesar da ordem de evacuação, ninguém obedeceu."

Paulo de Tarso, da União Estadual dos Estudantes de São Paulo, defendendo a Comissão de Segurança, em Ibiúna

gostavam da Jovem Guarda, tinham um contato muito íntimo com esse gênero musical.

Os estudantes "caminhavam" com Geraldo Vandré, mas andavam de "calhambeque"...

Eu acho que eles andaram de *calhambeque* e depois *caminharam*. A juventude de São Paulo era encantada com a Jovem Guarda, era uma música romântica. Quem nega isso o faz por aristocratismo, ou por ter uma formação ligada à geração da bossa nova. Mas o que eu quero dizer é que os estudantes estavam mergulhados nessa renovação da produção cultural do Brasil. Constituíam o público desses grupos teatrais, dos festivais de música, de tudo o que era novo, do cinema às artes plásticas. O movimento estudantil é o agente social que cria as condições dessa irrupção do novo na cultura brasileira da época. Uma irrupção revolucionária, a meu ver. Há um *assumimento* de um Brasil novo, mas, ao mesmo tempo, a crítica desse Brasil. A questão cultural e a questão dos costumes estão intimamente relacionadas à rebeldia dos estudantes contra a ditadura. Evidentemente, tudo isso estava demarcado pelo setor social que se movimentava, as camadas médias e a pequena burguesia urbana empobrecida...

Por que um movimento tão expressivo declinou de forma tão drástica?

A dimensão do movimento é inquestionável. Mas acho que faltou uma avaliação da situação brasileira em 1968/1969. Porque o movimento estava isolado, não havia outras forças políticas se movendo contra o governo. Não havia movimento sindical, nem na cidade, nem no campo. Os partidos políticos legais eram simulacros de partidos, a Frente Ampla foi fechada, os liberais estavam silenciados. Mas o que determinou realmente o declínio e a derrota do movimento estudantil foi a introdução de um elemento novo — a luta armada. Esse fator desequilibrou a conjuntura e recolocou as peças, certos peões, os bispos, num outro tipo de alinhamento. Não se trata mais de um movimento político, como a Frente Ampla, que desejava fazer um acordo e promover eleições no país. Não era mais um movimento de rebeldia, ou de tipo sindical com reivindicações setoriais, como acabar com o arrocho salarial. Tratava-se de uma luta armada não só contra a ditadura militar, mas contra o regime social e econômico que existia no Brasil. E que irrompe no cenário político com atentados, ações militares, expropriações, justiçamentos, feitos por grupos organizados, numa primeira fase, principalmente a Ação Libertadora Nacional (ALN) e a Vanguarda Popular Revolucionária (VPR). A partir daí mudaria o comportamento do inimigo — que passa a usar todo o seu aparelho de tortura e de informação. Ora, nessa situação, a luta social, a luta política

Arquivo pessoal

pacífica passa a ter limites bem precisos. Só a luta armada pode se opor à luta armada. Ou temos que recuar ou seremos destruídos.

Como o movimento estudantil se ligava com essas organizações armadas?

Estava, de certo modo, interligado com essas organizações. Vários de seus dirigentes e quadros já estavam na luta armada. As organizações transferem todos os seus principais quadros para a guerrilha, pela própria visão de que chegara a hora de saltar das lutas sociais pacíficas para as ações armadas ofensivas. Em certo sentido, o movimento estudantil decreta aí o seu fim e, em certo sentido, o seu fim é decretado, ele faz um haraquiri, perde seu lugar na sociedade. Centenas de lideranças passam para a clandestinidade, ou para fazer ação, ou para ir para o campo, ou para treinar. Os que sobram enfrentam uma repressão decuplicada: é o tempo das expulsões, exílio, torturas, mortes, invasão de casas, censura total. É o anestesiamento da sociedade brasileira através das campanhas ideológicas, da doutrina da segurança nacional, do *Brasil Grande*, da ilusão de que o crescimento econômico iria resolver os problemas do país.

E então, 1968 está presente, ainda é uma referência válida?

O Brasil hoje está muito diferente. O Brasil de hoje é o Brasil do PT, do PCdoB, do PDT, do PSB, do Congresso Constituinte e das centrais sindicais, das greves, das greves gerais, inclusive. É o Brasil das associações profissionais, da ABI, da OAB, da participação política da CNBB, do Brasil urbanizado, industrializado. Há um novo agente social em cena — os trabalhadores. O que muda completamente o quadro onde se colocaram as entidades estudantis e o papel do movimento estudantil.

Mas a UNE tem uma história, e o movimento pode retirar lições importantes das lutas de 1968: na verdade, a questão educacional se agravou, o mercado de trabalho para os estudantes formados está em crise, a reforma universitária continua na ordem do dia, ou seja, há todas as condições para a retomada do movimento estudantil, desde que haja abertura para estudar as experiências do passado e aprender com elas.

Agência Folhas

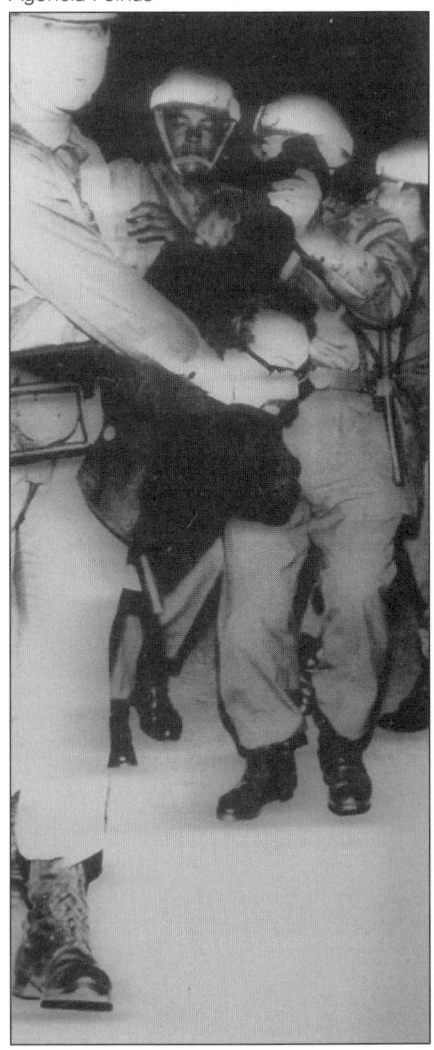

Olga D'Arc Pimentel

1968: Presidente do Grêmio do Instituto de Educação de Goiânia

1998: Socióloga e pesquisadora da Fundação Oswaldo Cruz

2008: Socióloga e pesquisadora da Fundação Oswaldo Cruz

Como foi o movimento estudantil em Goiânia?

Bem, Goiânia, em 1968, ainda não tinha 35 anos, uma cidade novíssima, com uma população pequena, em torno de 150 mil habitantes, uma cidade de interior mesmo. Além disso, puramente administrativa, e num estado — Goiás — eminentemente agrário. Então, para entender o movimento estudantil, é importante ver o contexto em que se situa... Já em 1964 o movimento estudantil de Goiás tinha demonstrado sua força através de lideranças, como a de Tarzan de Castro, entre outras.

Você já era universitária na época?

Não, era secundarista. Comecei a participar em grupos de teatro, concursos de oratória (lá isso era muito comum) e, em 1967, era vice-presidente do Grêmio do Instituto de Educação de Goiás, onde estudava. No final daquele mesmo ano, fui eleita presidente do grêmio. Nas férias de 1967/1968, tomamos conhecimento de um ato do então governador do estado, Otávio Lage, da UDN, homenageando um patriarca lá da família Caiado que mudava o nome da nossa escola para Instituto de Educação Antônio José Caiado, com o correspondente aval da Assembléia Legislativa de Goiás. Imediatamente começamos a nos mobilizar e, assim que se iniciaram as aulas, transformamos o ato de posse da nova diretoria do grêmio em uma grande assembléia (com a participação da quase totalidade das alunas — 3 mil), em ato de repúdio àquela estúpida decisão. Por unanimidade, saiu a decisão de greve por tempo indeterminado, até a revogação do decreto; numa escola que nunca tinha feito greve antes. Aí foi o começo. Todo dia fazíamos piquete e lotávamos as sessões da Assembléia Legislativa; a população toda nos apoiou. Após dois meses e pouco de luta, ganhamos a batalha: o IEG voltou a ser IEG.

Conta a experiência do grêmio.

Depois dessa luta toda, conseguimos coisas inéditas do ponto de vista da organização das alunas. Abrimos a estrutura do grêmio à participação e chegou a um ponto tal de solicitação que a gente não conseguia mais imaginar nomes para departamentos e comissões: organização, imprensa, cultura, educação, esportes, artístico, pesquisa, vigilância, segurança, mobilização, relações, assistência etc., etc. Nunca deu para absorver a incrível procura. O Departamento de Segurança, por exemplo, era o mais atuante: sua função principal era fabricar estilingues para as manifestações; fabricaram tantos que passamos a ter um estoque enorme e, daí, passamos a abastecer os demais colégios. Qualquer manifestação que havia, o Departamento de Segurança era o primeiro a tomar conhecimento e a ser requisitado. As meninas passaram a ser respeitadíssimas na praça.

O que mais você destacaria no trabalho do grêmio?

A melhor coisa que fizemos foi uma escola que criamos dentro do próprio grêmio. Essa escola atendia a dois objetivos nossos: o primeiro, o de oferecer um maior número de estágios às normalistas e, o segundo, o de alfabetizar e ensinar as crianças do bairro que não conseguiam vagas nas escolas e, por isso, cresciam sem estudo. Construímos três salas de aula nas férias, escondido da direção da escola. Foi uma experiência incrível, pois as crianças passavam o dia conosco; tudo era custeado pelas alunas: merenda, uniforme, material escolar, além, claro, do trabalho de conscientização que se fazia com os pais delas. Essa escolinha não durou dois meses, o secretário de Segurança (na época, eu estava presa) fechou o grêmio, aliás lacrou; as mães das crianças reagiram e acabou o governo tendo que absorver, na rede oficial, essas crianças. De certa forma, essa também foi uma grande vitória.

Deixa eu falar também do aspecto político. Logo no início, o grêmio começou a participar do movimento mais geral: da União Goiana dos Estudantes Secundaristas (Uges), a ajudar na reorganização da União Metropolitana dos Estudantes Secundaristas (Umes), e a União Brasileira dos Estudantes Secundaristas (Ubes) não ia a Goiânia sem passar primeiro no Instituto de Educação, que havia virado uma espécie de QG do movimento secundarista de Goiânia.

Quais eram as reivindicações do movimento?

Guardadas as proporções, praticamente as mesmas do movimento secundarista nacional, ou seja, con-

"Morreu um estudante. Se fosse um filho seu?"

Palavra de ordem nas passeatas

tra o acordo MEC-Usaid, contra o imperialismo ianque, contra o autoritarismo no ensino, contra a ditadura, repressão etc., etc.

A sociedade apoiava a luta?

Lá nem existia a chamada sociedade civil, pois nada era organizado, com exceção, claro, do movimento estudantil e da repressão. Tudo era muito precário. Contudo, tivemos apoios importantes de setores ligados à Igreja, de alguns intelectuais e artistas.

E esse negócio de meninas fazendo política não provocava resistência, críticas, os preconceitos não "pintavam"?

Não, porque já havíamos demonstrado nossa capacidade de luta e conquistado vitórias. Acho que com isso os preconceitos foram quebrados, pelo menos naquele momento de efervescência política. Todos faziam questão de ouvir as mulheres, pela coragem, pela capacidade de organização, pela garra. Os meninos sentiam-se na obrigação de fazer o mesmo para não se sentirem envergonhados. Sabíamos fazer comícios-relâmpago, sabíamos como enfrentar a repressão policial, tínhamos um imenso jornal, chamado *Ação Estudantil*, e ainda conseguíamos tirar boas notas nos estudos. Então, quando se dizia "as meninas vão", vinha todo mundo atrás, todos os colégios e todos os meninos. Foi um negócio muito importante e, ao mesmo tempo, forte, o surgimento de mulheres como lideranças. Tanto é que, algum tempo depois do AI-5, eles descaracterizaram totalmente a escola, transformaram-na em escola comum, mista. Deixou de ser de normalistas, de cuidar somente da formação de professoras.

E a repressão?

Enfrentamos a repressão pela primeira vez, pra valer, por ocasião da morte do Edson Luis. Fizemos em Goiânia uma passeata de protesto e em solidariedade aos companheiros do Rio. A polícia veio firme contra nós, chegando até a assassinar um estudante que era engraxate, secundarista de 16 anos, muito parecido com uma grande liderança da época, Ornalino da Silva. O enterro desse menino foi surrealista. Levaram um caixão vazio para a casa da família, na tentativa de evitar manifestação, e levaram o corpo direto do Instituto Médico Legal para o cemitério. Percebemos a grande sacanagem e fomos, assim mesmo, em passeata até o cemitério. No cemitério, algumas lideranças nem puderam entrar tamanho era o cerco policial, e os que entraram nem puderam assistir ao enterro-relâmpago porque a Polícia Federal, de arma em punho, saiu correndo e atirando atrás da gente. Uma grande loucura, uma estupidez completa. Pulamos o muro e sumimos.

A outra vez foi numa reunião do DCE, onde estava reunida toda a liderança do movimento universitário e secundarista de Goiás, no final do primeiro semestre de 1968, quando a polícia nos cercou. Éramos aproximadamente umas 300 pessoas a discutir a preparação de uma grande manifestação contra o acordo MEC-Usaid. Tivemos que sair debaixo de porrada, correndo muito até chegar à Catedral Metropolitana de Goiânia, que ficava próxima ao DCE. Muitos não conseguiram chegar, pois tinham sido pegos pela polícia. Assim que ocupamos a igreja, uns *tiras* da Polícia Federal, da porta principal, atiraram para dentro da catedral, atingindo a perna de uma amiga minha que estava ao meu lado, Lúcia Jaime, também da liderança do movimento, e um outro estudante de direito, Telmo de Faria, com um tiro no ombro. Imediatamente fechamos a igreja, todos completamente em pânico, colocamos os bancos nas portas para reforçar a segurança, rasgamos os panos que ornamentavam o altar para estancar o sangue das vítimas. Do lado de fora o Exército e a PM cercavam a catedral. O arcebispo telefona para o governador e o chama de "demônio assassino". Veio uma ambulância apanhar as vítimas e o secretário de Segurança disse que podíamos sair em paz que tudo havia terminado. Quando saímos, a repressão, que estava escondida, veio sem pena para cima da gente. Mais porradas e prisões. Eu escapei porque consegui correr e, só nesse dia, pulei 19 muros, eu e um cara da Ubes.

Como é que vocês se defendiam da repressão?

A gente corria um bocado, mas também enfrentava. Nas passeatas levávamos muita cacetada, mas também jogávamos muita pedra. Eram pedações de pau e pedras. E os estilingues que a gente fazia. Então era assim: sangue dos dois lados. Os soldados tinham medo de ir às manifestações porque sabiam que a gente ia responder de alguma forma. Muitos carros e viaturas da polícia foram virados e incendiados...

Você chegou a ser presa?

Duas vezes. A primeira, havia recebido uma intimação do Exército e, quando me apresentei, me prenderam. A cidade quase veio abaixo. O que eu recebi de visita, parecia fila do INPS, centenas de pessoas. Eu mesma ficava sem entender. Houve uma hostilidade muito grande contra o Exército porque eu fiquei no Batalhão de Guardas. Cada vez que passava um carro do Exército em frente ao Instituto de Educação não tinha apelo, chovia pedra. O comandante do 10º Batalhão chegou a ir à televisão, falar que o Exército sempre esteve ao lado do povo, que não admitia hostilidade etc. Depois disso, acabou me entregando a um quartel da PM. Fiquei 21 dias presa, saí com um *habeas corpus*.

Mas na prisão, recebendo visitas, você continuou agitando...

Claro, inclusive, quando estava presa houve uma grande manifes-

"Esta mão de mãe que espalha as lágrimas também pega em fuzil."

Irene Papi, representante das mães na Comissão dos 100 mil, na passeata dos 50 mil

tação lá em Goiânia, no dia 7 de setembro, participei na articulação, mesmo na cadeia, mas não tive o prazer de ir...

Como é que foi a manifestação do 7 de setembro?

Lá em Goiânia, o 7 de setembro é uma festa muito popular, toda a cidade participa. As tropas passam cedinho. Depois vêm todas as escolas, tem carro alegórico, os pais vão ver seus filhos; um troço muito enraizado. Bom, daí decidimos não participar. Dizíamos: o país não é livre, não é independente, então não vamos lá, acabou! Mas aí, todas as diretorias dos colégios falaram que era obrigatório, ameaçaram dar zero em determinadas matérias, perder ponto etc., etc.

Vocês enfrentaram as ameaças?

Decidimos mudar de tática. Vão nos obrigar? Então vamos, agora vai todo mundo preparado. E foi todo mundo. As meninas com os bolsos por dentro das saias do uniforme cheios de pedras. Então, quando o Exército começou a desfilar, veio aquela chuva de pedra. Foi uma loucura. O pau que veio depois. Mais de 150 presos, muita gente machucada. Mas foi um troço, uma grande campanha, inclusive porque as pessoas compreendiam que o país era terrivelmente dependente, não era livre coisa nenhuma, comemorar o quê?

Você teve outros problemas com a repressão?

Foi na segunda vez. Numa manifestação contra as prisões do Congresso de Ibiúna (13 estudantes de Goiás estavam presos em São Paulo). Saí correndo da polícia, mas eles me pegaram. Fiquei 10 dias incomunicável e, depois, fui levada para Juiz de Fora (4ª RM, da qual Goiás fazia parte naquela época). Lá me condenaram ao confinamento, uma espécie de prisão domiciliar. Dizem que fui a primeira mulher a ser confinada. Não podia sair depois das 10 da noite, toda semana tinha de ir depor no Exército (chegaram a passar filmes para mim, sozinha, sobre o perigo do avanço do comunismo no mundo), os caras ficavam o dia inteiro em cima de mim, uns até dormiam no quintal da minha casa para me provocar, um inferno...

Por que você acha que o movimento declinou, depois de ter alcançado tanta força?

Acho que o movimento estudantil estava ali ocupando um espaço que não era bem o seu. Ele ficou sozinho, heroicamente, enfrentando tudo aquilo, briga com a repressão, com a ditadura, imperialismo. Brigando com os valores dominantes, muito arraigados, um autoritarismo muito forte. A gente era muito jovem, e estava no centro de um movimento de uma dimensão que ia muito além do que nós podíamos fazer. Veio o AI-5, no final de 1968, e nos vimos totalmente perdidos. Os grêmios viraram centros cívicos, sem eleições diretas... Prisões e mais prisões, censura completa: estava implantado o Estado de terror. A única saída era a resistência armada. Todas as lideranças de 1968 entraram para organizações que empunhavam a bandeira da libertação nacional através da guerra de guerrilhas. Lá fomos nós. Mas aí já é um outro capítulo da história...

Qual é a avaliação que você tem de 1968?

O pessoal dizia que a gente não pensava, só agia. Era mais ou menos isso, um grande grupo de ação. E a gente passou a achar que tudo ia acontecer a partir da gente, a revolução ia passar pela gente. Havia uma coisa muito bonita: a gente queria romper com aquilo tudo, com o atraso, com o regime, com os valores da falsa moral, queria a liberdade e o socialismo.

Mas guardo uma visão muito positiva de 1968. A gente conseguiu dar um grande salto. Em todos os sentidos. Não só politicamente. Nasceu uma nova consciência cultural e artística, rompemos com o autoritarismo familiar. Saímos pelas ruas sem lenço e sem documento. Acho que ainda precisamos refletir muito sobre o que fizemos. Depois de tanta batalha me sinto meio perdida.

Contudo, acho que hoje estamos numa fase boa, mais abertos, maduros. Estou tranqüila, mas, ao mesmo tempo, frustrada. Será que ainda posso fazer alguma coisa? Não sei. Às vezes fico pensando: se essa juventude que está aí agora pudesse acertar mais do que a gente! Mas nossa luta foi importante, a gente cresceu com ela. O movimento e a organização também. Acho que nossa luta foi um aprendizado necessário. Para nós e para o país. Se não tivesse acontecido, acho que o país não seria o mesmo.

Manchete

Tribuna da Imprensa

Elinor Brito

1968: Presidente da Frente Unida dos Estudantes do Calabouço (Fuec)

1998: Sociólogo

2008: Sociólogo

Qual é a origem do restaurante Calabouço?

A construção do restaurante do Calabouço, no Rio de Janeiro, está ligada à política de massas do segundo governo Vargas. Seu antecessor foi o restaurante Central dos Estudantes, que funcionava no prédio da UNE, na praia do Flamengo. Depois, seria transferido para a ponta do Calabouço.

Por que esse nome?

Porque ali, antigamente, havia uma prisão, a prisão do Calabouço. Não deixa de ser uma ironia, porque, novamente, no mesmo lugar, tantos anos mais tarde, seriam presos tantos estudantes.

Como é que funcionava o restaurante?

Quando passou para a ponta do Calabouço, e incorporou imediatamente esse nome, o restaurante foi desvinculado da UNE e passou a ser gerido pela União Metropolitana dos Estudantes (UME). Junto a ele havia uma Policlínica Central dos Estudantes, que dava assistência médico-dentária gratuita aos estudantes, um pequeno e variado comércio — sapataria, relojoaria, lavanderia, barbeiro etc. — e mais salas para a administração e outros serviços. A UME também se instalaria ali, promovendo reuniões, atividades culturais. Seu jornal, o *Metropolitano*, era editado numa daquelas salas...

Quem eram os comensais do Calabouço?

No início, quando o restaurante ainda estava na UNE, só comiam estudantes universitários. Mais tarde, à medida que as faculdades passaram a ter seus próprios restaurantes, e melhores, a clientela do Calabouço passou a ser, em grande parte, constituída por secundaristas e vestibulandos. Aos domingos e feriados, porém, como os restaurantes das universidades fechavam, muitos universitários vinham comer no Calabouço, sobretudo os mais pobres, ou que não tinham família no Rio.

Você saberia caracterizar a composição social dos estudantes do Calabouço?

Posso dizer que cerca de 90% eram estudantes que trabalhavam: bancários, *boys*, comerciários, escriturários. Trabalhavam de dia e estudavam de noite. De modo geral, eram também originários do interior ou de outros estados do Brasil; procuravam o Rio para tentar mudar de vida, atraídos pela cidade grande, com mais oportunidades de estudo e trabalho. Havia também operários, ou filhos de operários, mas com expressão pouco significativa. E um pequeno percentual, aí em torno de 5% de estudantes, morando em favelas: Jacarezinho, Praia do Pinto, Ladeira dos Tabajaras etc.

No período anterior a 1964, o Calabouço já se impunha como centro de fermentação política?

Já era muito forte então o movimento político. Basta dizer que a UME tinha a sua sala no local. Por outro lado, e não poucas vezes, o pessoal do Calabouço era utilizado como instrumento de pressão.

Como assim?

Os estudantes precisavam mostrar as carteirinhas para comer. Ora, os dirigentes da UME, quando havia manifestações, pegavam nossas carteirinhas na hora do almoço e diziam: apanhem as carteirinhas lá no pátio do MEC, às 18h. Ou seja, para jantar tínhamos que ir à manifestação programada pela UME no MEC. Assim é que éramos "convidados" a participar. Quem não ia, não jantava. Quantas vezes fiquei revoltado com esse procedimento... O fato é que esse tipo de mobiliza-

"Os estudantes universitários, em meio a dor, luta e sofrimento, formarão o exército que libertará o Brasil."

Estudante da Faculdade de Medicina do Rio de Janeiro

ção e a proximidade com a Filosofia, a menos de 300 metros e que era também um centro altamente politizado, faziam do Calabouço um dos bastiões do movimento estudantil do Rio antes de 1964.

Como o regime militar agiria em relação ao Calabouço?

Imediatamente depois do golpe, juntamente com o incêndio da UNE, o Calabouço sofreu intervenção, foi fechado, ocupado militarmente por tropas da Aeronáutica. É bom lembrar que ali esteve um dos núcleos da resistência do movimento estudantil às forças golpistas.

Quanto tempo o restaurante ficou fechado?

Uns dois ou três meses. Nesse período houve um primeiro movimento, ainda bastante desarticulado, de pressão para que o restaurante fosse reaberto. A suspensão do fechamento pode ser interpretada como uma primeira vitória.

Você começa a participar nesse período?

As lideranças anteriores ao golpe, perseguidas, haviam sumido do mapa. Então, através desse movimento pela reabertura, surgiria toda uma nova liderança: Gaspar, Wilson, Dirceu, Newton, José Ribeiro, eu. Era um pessoal totalmente verde, mas decidido, sem ligações com a época anterior, salvo o Ribeiro, que era mais velho e tinha vindo do Norte para escapar da repressão por sua participação no período pré-1964.

Como foi a reabertura? As coisas voltaram ao que eram?

Em absoluto. Havia uma vigilância severa, exercida pelo Dops, que, inclusive, mantinha um pequeno escritório lá dentro. Por outro lado, a Policlínica, por exemplo, deixou definitivamente de funcionar. Além disso, o novo regime logo mostrou ao que vinha: a comida piorou, os preços aumentavam constantemente, havia falta de liberdade de expressão. Estavam terminados os anos de política assistencialista, que era uma marca registrada do getulismo, que a importara da Itália fascista.

Como é que vocês reagiram?

O que mais nos preocupava eram os planos de demolição do restaurante, cada vez mais anunciados. Haveria uma reunião do Fundo Monetário Internacional, programada para o Museu de Arte Moderna, bem pertinho, portanto, do Calabouço. Os homens pareciam querer *limpar a área* da nossa presença. Daí procuramos vertebrar melhor o movimento e criamos a Comissão dos Estudantes do Calabouço para coordenar a luta pelos nossos interesses.

Que razão eles davam para derrubar o restaurante?

Invocavam a necessidade de criar um trevo para desafogar o trânsito de entrada e saída do aterro. Nós respondíamos que podíamos sair daquele local, desde que um outro restaurante, em novo local, fosse construído *antes da demolição* do que tínhamos.

Vocês encontravam ressonância para o movimento de vocês?

A comissão ganhou logo enorme popularidade. Formulamos uma plataforma de seis pontos. Queríamos um novo restaurante no centro da cidade, com capacidade para comportar de 6 a 10 mil estudantes, e que tivesse espaços para funcionamento de uma nova policlínica, para cursos supletivos e pré-vestibulares, para uma cooperativa dos estudantes e o pequeno comércio que tradicionalmente nos servia e, finalmente, para abrigar a administração e uma livraria. Reivindicávamos, além disso, liberdade de expressão e reunião.

Vocês não agitavam nenhum programa político?

Combinávamos a luta por reivindicações específicas com a agitação antiimperialista. Os estudantes do Calabouço tinham acumulado toda uma tradição nacionalista e não nos faltavam temas para desenvolver essa consciência: a própria reunião do FMI que ameaçava nossa existência; a reunião da OEA, em 1965; a constituição e envio da Força Interamericana de Paz (FIP) para intervir na República Dominicana; os acordos MEC-Usaid, que começariam a se transformar em centro de luta para o movimento universitário.

Vocês procuravam apoio na sociedade?

A União Metropolitana dos Estudantes (UME) — gestão 1966/1967 — nos deu grande apoio naquele início. Permitiu, com sua constante presença, uma melhor articulação de nossa luta com as dos demais estudantes. Além disso, contamos com a ajuda de intelectuais progressistas, entre os quais posso mencionar Otto Maria Carpeaux, Thiago de Mello e muitos outros... Foi importante, igualmente, a simpatia de repórteres e jornalistas que iam cobrir o Calabouço e divulgavam a luta que a gente travava.

O Calabouço recobrava sua condição de um dos centros do movimento estudantil?

Exatamente. Uma das primeiras manifestações ocorreu ainda em 1965: queríamos a melhoria da comida servida. Passamos na época o filme *O encouraçado Potemkin* e aquela revolta dos marinheiros contra a comida podre nos impressionou muito. Um dia, quando nos serviram peixe podre, não agüentamos e começamos, em sinal de protesto, a empilhar as bandejas, rejeitando a comida. Chamaram a polícia para conter o protesto e a recebemos com projéteis improvisados: pedaços de peixe podre. A polícia teve que recuar horrorizada. Foi um sucesso.

Nesse processo de lutas foi se estruturando a Frente Unida dos Estudantes do Calabouço — a Fuec.

Por que vocês sentiram necessidade de criar a Fuec?

Nessa época já tínhamos criado duas entidades legais, registradas em cartório, inclusive, a Associação dos Estudantes do Calabouço (AEC) e o Instituto Cooperativo de Ensino. Cuidavam da parte administrativa do restaurante e dos cursos que funcionavam paralelamente. Pensamos então ser necessário um organismo político, representativo, mas oficioso, e que pudesse, por isso mesmo, ser mais ágil na condução da luta pelos nossos interesses. Nasceu então a Fuec, eleita pela ampla maioria dos comensais. Nossa chapa esmagou uma articulação da direita, inspirada pelo Movimento Anticomunista (MAC), e que não teria nenhum sucesso.

Vocês tinham outros tipos de organização?

Procurávamos organizar os estudantes em grupos de cinco, para participar das manifestações, e também organizamos um Grupo de Vigilância, que se revezava de noite no restaurante para prevenir qualquer manobra do governo visando a sua demolição de surpresa.

Quando é que, afinal, a demolição apareceu como algo imediato?

Em 15 de maio de 1967, precisamente, as máquinas surgiram nas cercanias do restaurante. Tratores, guindastes, o diabo. O clima se tornou, evidentemente, muito tenso. Lembro-me que o Dirceu Régis, nosso companheiro e líder também do Calabouço, ia registrando com poesias os momentos mais marcantes dessa luta. Mais tarde, inclusive, seriam publicadas em livro. Por essa época, ele escreveria os seguintes versos, bastante expressivos do tempo e do clima que se vivia: *É preciso, companheiro, abrir os olhos para a noite terrível que já chega / é preciso amar para ser amado / é preciso lutar para viver / o pão sacia a nossa fome / é preciso lutar para comer.*

O que vocês fizeram diante daquele batalhão de máquinas?

Mais uma vez, o Dirceu nos inspirou. Ele diria: *é preciso cortar a tromba do elefante / ferir o dragão / e pisar na cabeça da cobra.* Os versos eram bonitos e soubemos dar-lhes um conteúdo prático: fomos lá e quebramos todas as máquinas, de surpresa, de noite. No dia seguinte, elas estavam com areia nos motores, inservíveis, pelo menos temporariamente.

Vocês conversaram com as autoridades?

Sempre buscamos o diálogo. Desde o início, íamos em comissão à Cobal, ao MEC, procurávamos inclusive trabalhar as contradições que apareciam entre os responsáveis por essas instituições. Mais tarde, quando apareceu a ameaça da demolição, dialogávamos com a Sursan, órgão executivo encarregado de levá-la à prática. Era um jogo de empurra e, freqüentemente, saíamos sem resultados concretos, sem caracterizar responsabilidades definidas. Na verdade, a política geral do regime encaminhava-se para uma reversão radical em relação à política assistencialista do getulismo. Esse era o nó da questão. Mas nem por isso deixávamos de conversar, pressionar, ver as brechas possíveis. Agora, sempre procuramos dar um conteúdo público a essas conversações. Chamávamos as autoridades para apresentar seus pontos de vista à massa dos estudantes, discutíamos em público nossas divergências. Para nós, o diálogo só daria frutos se fosse público, na medida em que suscitasse a pressão da massa sobre as autoridades. Nunca acreditamos no diálogo de cúpula, fechado à fiscalização da massa e entregue à *habilidade* de negociadores que se diziam experimentados.

Saiu algum resultado desse diálogo?

Os homens tinham urgências, porque a reunião do FMI se aproximava. Sabíamos das contradições entre o governo estadual, chefiado por Negrão de Lima, e o governo federal; procurávamos explorá-las. O resultado foi um acordo. Nós aceitaríamos a demolição contra a construção de um novo restaurante. Estava na nossa plataforma, não era novidade para ninguém. Não gostamos do local definido, mas consideramos que não era de todo mal, sobretudo porque continuaríamos no centro da cidade, o que para nós era fundamental, porque a maioria dos comensais estudava ou trabalhava no centro ou perto do centro.

E as autoridades cumpriram o acordo?

Em absoluto. Rasgaram o acordo feito em público. Aproveitando que a nossa guarda estava baixa, exatamente por causa do acordo, foram lá com forte proteção policial e arrasaram tudo da noite para o dia. Quando chegamos para comer no dia seguinte, o Calabouço estava reduzido a escombros.

Os estudantes devem ter ficado indignados...

Não era para menos. Uma grande onda de revolta.

Como é que vocês reagiram?

Ocupamos o restaurante da Filosofia e comemos lá naquele dia. Mais tarde, com o apoio do movimento universitário, conseguimos para os mais necessitados acesso aos restaurantes universitários. O problema é que as vagas eram limitadas, não davam para todos. Além disso, os restaurantes, muitas vezes, eram longe e os preços mais salgados do que os cobrados no Calabouço. Aquilo não satisfazia, nem nos interessava. Restava o recurso de intensificar a pressão pela construção de um novo restaurante, e rápido, para que o nosso movimento não se desestruturasse por falta de um ponto de concentração.

Vocês recorreram a que meios?

Criamos a Operação Pendura. Íamos em grupos — os grupos de cinco — para os restaurantes da cidade, às vezes os mais finos, comíamos e, no final, na hora de pagar a conta, fazíamos um comício e pedíamos ao dono do restaurante para mandar a conta para o Ministério da Educação e Cultura.

O ministro que pagasse.

Vocês fizeram muitas dessas operações?

Incontáveis. Inclusive essas ações passaram a ser um fator de organização. Às vezes fazíamos grandes *penduras*. Uma vez, na Domingos Ferreira, em Copacabana, fomos em 12 restaurantes. Éramos 380, contados a dedo, 76 grupos, comemos do bom e do melhor, e mandamos a conta para o MEC. Foi um tremendo sucesso, inclusive porque depois ainda fizemos uma passeata em frente ao cinema Roxy, na rua Bolívar.

Nunca havia conflitos?

De modo geral, não. A gente contava com a simpatia do pessoal que estava no restaurante e inclusive dos próprios gerentes. O engraçado é que notávamos — isso aconteceu mais de uma vez — que muitas pessoas, na hora do anúncio do *pendura*, fingiam pertencer ao grupo do Calabouço e *penduravam* também. Agora, isso não quer dizer que nunca houvesse conflitos.

Você poderia contar algum?

Uma vez, no largo do Machado, resolvemos fazer um grande *pendura*. Ocupamos vários restaurantes. Ora, o gerente e os garçons da Spaghettilândia resolveram reagir: prenderam nosso pessoal lá e chamaram a polícia. Começou então o corre-corre. O pessoal que estava nos outros restaurantes, percebendo o negócio, foi para lá ajudar. Nessa altura tinham chegado duas patrulhinhas da PM, estavam lá na porta. Mas o que iriam fazer contra dezenas de estudantes decididos a tudo? Foi o maior quebra-quebra na Spaghettilândia. No final escapamos, mas dois colegas ficaram presos. Depois viemos a saber que os dois tinham sido soltos no mesmo dia. O próprio delegado havia aconselhado ao dono do restaurante que não desse queixa porque ele não o poderia garantir frente ao pessoal do Calabouço.

Essa situação durou quanto tempo?

A pressão foi muito forte. Os próprios donos dos restaurantes não estavam gostando nada daquilo. Também pressionavam o MEC e o governo. Acho que o *pendura* foi decisivo para apressar a decisão do governo de reconstruir o restaurante no prazo mais breve.

Quando seria reaberto o restaurante?

Em fins de setembro de 1967. Estava em péssimas condições. Não tinha piso, era uma poeirada horrível. Não havia espaço para uma policlínica... Mas, apesar dos pesares, nosso restaurante estava ali, tinha sido uma vitória bonita. Agora, tratava-se de continuar a luta para a sua ampliação e a melhoria das instalações.

Quem é que administrava o restaurante?

O fornecimento da comida era problema do governo. Mas a Fuec

Manchete

é que controlava o acesso ao restaurante, expedia as carteirinhas para os comensais, recebia o aluguel do pequeno comércio local, mantinha os cursinhos e uma pequena livraria, tudo isso através da AEC e do Instituto Cooperativo de Ensino, nossas entidades legais, como já foi dito.

Essa experiência de autogestão nos fortalecia naturalmente, ampliava nossas bases de apoio e nos permitia representar uma diversidade muito grande de pessoas, todas, porém, agrupadas em torno de um interesse comum e vital: o funcionamento e a melhoria do restaurante.

Foi então que veio a morte do Edson Luis?

Exatamente. Em meio às manifestações pela melhoria das condições do restaurante. No dia 28 de março, decidíramos ir em passeata à Assembléia Legislativa. Sabíamos que lá iria se realizar um ato solene, estava toda a imprensa reunida, não haveria melhor momento nem local para fazer uma manifestação de protesto e pressão. Não sei se algo transpirou, mas a polícia baixou lá para impedir de qualquer jeito a manifestação.

Já chegaram atirando?

Está tudo contado nos jornais. Tentaram intimidar e realizaram um verdadeiro massacre. Não contavam, porém, com nossa reação e com a iniciativa que tivemos de marchar assim mesmo para a Assembléia. Só que levávamos, agora, conosco o corpo ensangüentado do companheiro assassinado.

Como é que foi a ocupação da Assembléia?

Tivemos que enfrentar uns guardinhas lá, mas éramos centenas e vínhamos com muita decisão. Num instante dominamos o prédio, deixamos a porta semicerrada e vigiamos todos os acessos. Imediatamente constituímos dezenas de pequenas comissões, que saíram pela cidade denunciando o crime: nos cinemas, nos bares, nos teatros, foi uma loucura. As rádios também começaram a dar a notícia e as pessoas começaram a afluir para a Assembléia.

A morte do Edson foi um impacto...

Era o primeiro assassinato político claro. A classe média ficou cho-

"— Padre, morreu
um estudante aqui no
Calabouço.
— Chame a polícia.
— Impossível. Foi ela que o
matou."

Diálogo entre um servente do Calabouço e o padre Vicente Adamo, do Colégio Zaccarias, em 28 de março

"— A guarda está inferiorizada em potência de fogo.
— Mas os estudantes não estavam armados...
— Potência de fogo é tudo aquilo que nos agride. Eram pedras."

Diálogo entre jornalista e o general Osvaldo Niemeyer, superintendente da Polícia Executiva do Rio de Janeiro

cada. Não é à toa que em todas as grandes cidades do Brasil iriam se desencadear dezenas de manifestações...

Como é que o estado se comportou?

Negrão de Lima mandou retirar a polícia da rua. E no dia seguinte ofereceu um carro do Corpo de Bombeiros para conduzir o corpo ao cemitério. A proposta foi levada para a massa e recusada com indignação.

Vocês mantiveram o corpo na Assembléia até a hora do enterro?

Claro, até às 16 horas do dia seguinte, quando saiu o enterro, acompanhado por uma massa incalculável. Falava-se na época que não se vira nada igual, em termos de manifestação política, desde o suicídio de Getúlio Vargas. Houve, porém, um incidente interessante a respeito da manutenção do corpo na Assembléia. Logo depois que ocupamos a Assembléia, constituiu-se uma espécie de comando informal — parlamentares, intelectuais e as entidades representativas dos estudantes. Estavam lá também representadas as organizações políticas. Pois bem, imagine que se defendeu lá a idéia, inclusive apoiada pela UME, de que deveríamos entregar o corpo às autoridades para que fizessem a autópsia...

Quais os argumentos?

Levantavam duas coisas: primeiro, a autópsia era fundamental para se comprovar o assassinato tecnicamente. Segundo, sem autópsia, e as autoridades diziam que ela só poderia ser feita no Instituto Médico Legal, não seria possível assinar um atestado de óbito e, então, não seria possível enterrar o Edson. Respondíamos que a caracterização da responsabilidade da polícia era evidente em si mesma. Quanto à autópsia, dizíamos que ela deveria ser feita ali mesmo, na Assembléia, era só chamar os médicos. Não nos escutaram. Por grande maioria, aprovaram essa posição conciliadora e inconseqüente. Mas não se deram bem: quando a apresentaram à massa, foram tão mal recebidos que tiveram de recuar rapidinho. Se entregássemos o corpo às autoridades, era óbvio que eles sumiriam com ele. A massa viu isso muito claramente, mas as chamadas vanguardas não viram.

Houve outras divergências entre vocês e as entidades estudantis universitárias?

Muitas. Quando foram marcar a missa de sétimo dia, defendíamos a realização da mesma num lugar aberto, uma espécie de missa campal. Propúnhamos que fosse ali perto da Glória, no largo do Russel. Não nos ouviram. Fizeram na Candelária, onde houve toda aquela repressão, as pessoas acuadas naquele recinto, muitas inclusive nem puderam entrar...

Também não concordávamos com as posições existentes no movimento universitário quanto à questão do diálogo. De um lado,

Manchete

"A dignidade da Presidência não admite ameaças! Está encerrada a reunião."

Presidente Costa e Silva, fechando a reunião com a Comissão dos Cem Mil, em julho

o pessoal do Travassos rejeitava o diálogo em qualquer hipótese, um absurdo. De outro, a UME, liderada pelo Vladimir, inclinava-se por uma política de conversações que nos pareciam cupulistas. O diálogo para nós sempre foi necessário, mas conduzido publicamente, com a participação efetiva da massa.

Pouco depois da morte do Edson Luis o governo voltaria a fechar o Calabouço. Vocês organizaram nova resistência?

Tentamos, mas as condições eram cada vez menos favoráveis.

Por quê?

Em primeiro lugar, o fechamento veio no contexto de uma nova política do governo para o Calabouço. O Relatório Meira Mattos, produto de um estudo feito por gente do governo, recomendava claramente o fechamento do nosso restaurante, chamado de *ninho de cobras*, que era imperativo deixar de alimentar. Em segundo lugar, a partir de julho, o movimento estudantil entraria em declínio, que se acentuaria no decorrer do segundo semestre. Também mencionaria o fato de que boa parte das lideranças do Calabouço foi recrutada pelas organizações políticas de vanguarda — Ação Libertadora Nacional (ALN), Dissidência do PCB, Partido Comunista Brasileiro Revolucionário (PCBR), Ação Popular (AP), entre outras. Ora, todos esses grupos ou partidos políticos subestimavam a luta dos estudantes, consideravam-na em plano secundário. Algumas, como a ALN, não atribuíam a essa luta nenhum valor, ao contrário, imaginavam que a luta de massas era *reformista*, o que, na época, para nós pelo menos, era o

Tribuna da Imprensa

maior insulto. O discurso genérico das organizações perdia de vista a articulação com os interesses imediatos dos estudantes, facilitava e empurrava para o isolamento.

Como é que você avaliaria a participação dos estudantes do Calabouço nos acontecimentos de 1968?

Acho que o Calabouço desempenhou um papel decisivo. E trouxe muitas contribuições. Em torno de suas lutas — me refiro particularmente ao episódio da morte do Edson Luis — houve um primeiro esboço de constituição de uma comissão ou frente popular, com a participação dos mais diferentes setores. Por outro lado, foi um movimento que se destacou pela combatividade. Inclusive muitas vezes levaríamos a acusação — infundada — de provocadores. Ora, apenas éramos rigorosos na questão da autodefesa, estávamos bem organizados para isso e, por isso, desempenhamos, sempre, o papel principal nos enfrentamentos com a polícia. Finalmente, eu colocaria em primeiro plano a experiência de organização que tivemos, combinando formas legais com formas semilegais, luta e negociação, defesa de reivindicações específicas e agitação política. Enquanto houve condições, lutamos. Acho que foi um bom combate.

José Genoíno

1968: Presidente do Diretório Central dos Estudantes da Universidade Federal do Ceará

1998: Deputado federal (São Paulo) pelo Partido dos Trabalhadores

2008: Deputado federal pelo PT

O movimento estudantil em Fortaleza foi dos mais fortes do Brasil em 1968. A que você atribui o segredo dessa força?

Precisamos considerar vários fatores. Houve, em primeiro lugar, todo um período de rearticulação. Desde 1965, foi possível remontar os centros acadêmicos e o DCE da Universidade Federal, que lá no Ceará funciona assim como a UEE dos outros estados. Foi um trabalho desenvolvido por lideranças novas, que vinham do movimento secundarista e que começam a entrar na universidade um ano depois do golpe de 1964.

Em que se baseou o movimento nesse processo de rearticulação?

Houve, por um lado, as atividades culturais. O departamento cultural do DCE foi um verdadeiro centro aglutinador: teatro, cinema, debates culturais etc. Tivemos também, na época, a visita, em Fortaleza, de vários representantes da cultura brasileira: bossa nova, teatro. A gente fazia seminários, ciclos de cinema. Esse processo durou até 1966 e, mesmo depois, mesmo em 1968, as entidades do movimento estudantil no Ceará jamais descuraram desse tipo de atividade, o que foi sempre muito importante do ponto de vista do apoio que tinham.

Um outro aspecto decisivo foi a maneira como encaramos os problemas da universidade: o restaurante, a moradia, os currículos, a qualidade do ensino, a relação com os professores. O movimento sempre teve um cuidado muito grande com a problemática da universidade. Aliás, até 1968, estivemos quase que exclusivamente preocupados com esse ângulo: tínhamos conselhos de classe, participávamos dos conselhos departamentais, do conselho universitário. Essas preocupações com as atividades culturais e com as reivindicações imediatas dos estudantes deram uma grande consistência, uma base muito sólida, ao movimento estudantil em Fortaleza. Inclusive, por causa disso, não houve nem espaço para a direita organizar uma alternativa.

E fez com que as entidades fossem muito fortes...

Exato. E aí, aliás, vem um ponto que acho importante destacar: a consciência unitária em torno das entidades representativas que soubemos desenvolver no período 1965-1968. Entre 1965 e 1967, inclusive, tivemos chapas unitárias, que reuniam representantes das três grandes tendências políticas que existiam em Fortaleza: a Ação Popular (AP), o Partido Comunista do Brasil (PCdoB), ao qual eu me encontrava ligado, e a tendência trotskista, no caso o Partido Operário Revolucionário (POR). Conseguimos sempre chegar a acordos. Desenvolvemos nesse período um grande respeito pelas instâncias das entidades. O DCE ou o Centro Acadêmico eram extremamente respeitados.

As tendências faziam acordos?

Tudo era publicamente acertado, a gente fazia acordos e divulgava para os estudantes. Havia um nível de legitimidade e de respeitabilidade enorme, sem dúvida. Não só junto aos estudantes, mas como referencial político para o conjunto da sociedade e para o movimento democrático em particular. Assim, as decisões do conselho do DCE, ou as decisões das assembléias, eram implementadas por todos, mesmo pelos que delas divergissem. Por outro lado, o DCE jamais procurava desenvolver atividades nas faculdades que pudessem representar enfraquecimento para o centro acadêmico.

Esses acordos duraram até 1968?

Não, em 1968 as correntes políticas resolveram apresentar chapas próprias, houve um racha. Mas, mesmo assim, um centro acadêmico nunca deixou de cumprir uma decisão do conselho. E também o DCE nunca encaminhava qualquer coisa numa faculdade que não fosse através do Centro Acadêmico. Isso era muito bem estabelecido, até as últimas conseqüências. Mesmo quando as divergências cresceram no movimento estudantil, em 1968, por exemplo, no caso da UNE, dentro da diretoria da UNE, quando a gente levava um diretor nacional lá em Fortaleza, não era para falar em nome da corrente do Travassos, ou do Vladimir, mas para falar em nome da entidade. Os estudantes sabiam que a gente respeitava as entidades, nunca tivemos entidades paralelas, ameaças de racha em diretorias eleitas ou coisas assim.

Vocês fizeram muitas passeatas em Fortaleza?

Com maior freqüência a partir de 1968. Começou com a luta dos excedentes. Houve alguns acampamentos, ocupação de faculdades, um certo clima de enfrentamento.

Depois, teve um fato concreto, que foi a aula inaugural da Universidade do Ceará. Imagine que foi proferida pelo comandante da 10ª Região Militar. A gente criou uma situação de confronto, denunciamos, fizemos um pronunciamento e nos retiramos. Causou o maior impacto. Isso foi em março.

Aí houve a morte do Edson Luis...

Exatamente. Foi uma virada nacional, as passeatas em protesto contra a morte do companheiro Edson Luis. Nessa passeata nós destruímos a sede do Usis (United States Information Service). Após essa passeata, a Polícia Federal desencadeou um inquérito para prender as principais lideranças: o presidente do DCE, que era eu, o João Paulo, o Pedro Albuquerque, o Arlindo, entre outros...

Você chegou a ser preso?

Num primeiro momento, a gente sumiu. Mas depois achamos que devíamos nos apresentar. Colocamos publicamente, pelos jornais, essa decisão e nos apresentamos. A gente procurava evitar uma situação de desligamento dos estudantes, que seria fatalmente imposta pela clandestinidade. Daí que fomos depor, mas não ficamos presos.

Como é que vocês se organizavam para as passeatas?

Combinávamos basicamente três níveis de preparação para as manifestações. Desde que soubéssemos que ia ter pauleira com a polícia, a gente procurava planejar a passeata com todas as entidades. Então, veja bem, havia o conselho do DCE, uma instância profundamente respeitada, ele decidia e todo mundo encaminhava. Então, essa era a instância política mais geral. Num outro nível havia a organização por faculdade, grupos em cada turma, ligados diretamente aos presidentes de centros acadêmicos. Esses comandos por faculdade é que garantiam a mobilização e, principalmente, o êxito das manifestações, como entrar e sair na praça, como avançar ou se defender da polícia; esse pessoal, digamos assim, era um setor mais consciente. E tinha um terceiro nível, mais fechado, que se organizava em grupos de autodefesa, um esquema meio clandestino, era um pessoal mais preparado para o caso de enfrentamentos. Mas esses três níveis não tinham comandos paralelos, tudo estava vinculado às entidades, ao DCE e aos centros acadêmicos de cada faculdade.

Chegou a haver enfrentamentos com a polícia?

Chegou, sim. Tivemos em uma das manifestações; foram várias, não me lembro quantas, mas numa delas tínhamos decidido começar a passeata na praça José de Alencar. A polícia anunciou que não haveria passeata. Cercou a praça. Quer dizer, nós não podíamos entrar na praça em massa. Aí tivemos de diluir, dispersar o pessoal em grupos e entrar lá dentro, sem ser em passeata, para montar a passeata dentro da praça

"Os estudantes participam hoje de um processo que levará, a longo prazo, o povo a destruir seus atuais opressores."

Vladimir Palmeira, na Passeata dos 50 Mil

Agência Folhas

"Agora a gente apanha, mas também dá."

Anônimo

e, aí, romper o cerco. E funcionou perfeitamente. O pessoal entrou normalmente, de ônibus, andando. O grupo de autodefesa tinha preparado coquetéis molotov e entrou na praça com eles dentro de carrocinhas de sorvete. Daí, quando sentimos que já havia bastante gente lá, alguém subiu na estátua do José de Alencar, deu um grito, que era o que a gente combinava para o pessoal se juntar, aí o pessoal dos coquetéis molotov entrou em ação, abriram duas ruas para a gente sair e lá fomos nós por elas. Ou seja, a polícia cercou a praça, mas nós entramos lá. Entramos — e saímos — com o nosso esquema de organização...

Surpreenderam a polícia.

Inteiramente. A polícia garantiu que a gente não entrava na praça. A gente entrou. Ela achou então que a gente não ia sair, portanto, que iam prender todo mundo, e a gente conseguiu sair porque ninguém esperava que o pessoal tivesse coquetéis molotov dentro de carrinhos de sorvete. E também não contavam com nossa audácia, com nossa determinação e com a nossa organização.

Vocês chegaram a fazer manifestações pacíficas?

Em fins de junho, quando no Rio houve aquela manifestação de 100 mil pessoas, fizemos uma em Fortaleza reunindo 20 mil, o que era muito significativo, inclusive porque, na época, não tínhamos mais do que 7 mil estudantes universitários, ou seja, foi realmente uma manifestação popular. A polícia chegou a querer impedir, ocuparam as ruas, mas nós dissemos que iríamos fazer a passeata de qualquer modo. Aí, com essa quantidade de gente, eles se retiraram e a manifestação se realizou sem incidentes.

Você destacaria outras formas de luta adotadas pelo movimento?

Tivemos lutas importantes, que consistiram na ocupação de faculdades, quando tivemos a oportunidade, no caso dos institutos básicos, e também na Faculdade de Filosofia, de reorganizar todo o sistema curricular em acordo, e com a participação, dos professores. Também ocupamos uma vez a reitoria, passamos dois dias lá, exigindo o atendimento de nossas reivindicações.

O movimento manteve o pique no segundo semestre?

Não na mesma intensidade. Mas tivemos duas experiências muito importantes. Uma, na preparação do Congresso da UNE. A gente tentou fazer uma preparação maciça, com assembléias em todas as faculdades, comícios etc. Fizemos também um congresso preparatório, regional, aberto. Foi no DCE, que era um centro político importante, até porque estava no centro da cidade, num prédio grande, onde

funcionava o restaurante, tinha uma estrutura razoável e muito espaço. Foi uma atividade relativamente conhecida, inclusive com espaços nos jornais etc. O movimento tinha vínculos muito fortes com a sociedade, com advogados, religiosos, contatos com o sindicato dos bancários, com alguns professores.

A segunda foram as manifestações de protesto contra a queda do Congresso em Ibiúna. Havia muita revolta contra a repressão, mas aí já não teve a mesma representatividade da passeata dos 20 mil, inclusive a repressão nesse período não tinha mais contemplações, chegava atirando. A rigor, era um enfrentamento entre a parcela mais organizada e consciente do movimento estudantil e o aparelho policial.

E aí veio o AI-5...

Exatamente. O AI-5 foi baixado à noite; na manhã seguinte, ainda a gente conseguiu fazer alguns comícios-relâmpago. Mas já não tínhamos força, as lideranças sumiram, e começou o processo de retaliação. Mais tarde viria o Decreto nº 477, que permitia as expulsões, mas aí 1968 tinha ido embora...

Em Fortaleza chegavam os ecos das lutas que se desencadeavam no mundo?

Houve muito impacto. Acho que nosso movimento foi muito influenciado pela época. Acho que vivemos um período muito importante na história da humanidade.

Um momento de desabrochamento de valores, de busca de perspectivas. Mesmo o movimento cultural, anterior a 1968, influenciou a gente. Era um tempo em que predominavam o pensamento e os valores progressistas. Diferentemente de hoje, em que vivemos uma hegemonia dos valores conservadores, tradicionais. Nossa geração parece que buscava uma nova perspectiva, não só em termos de idéias e valores, mas também em termos de fatos concretos. Por exemplo, acho que a Guerra do Vietnã teve um peso importante. Aqui no Ceará tivemos, como no resto do Brasil, uma semana de solidariedade ao Vietnã. Foi um negócio de massa: mobilização nas escolas, discussões, um júri na Faculdade de Direito, um tribunal para condenar a guerra! O pessoal todo acompanhava. Também o movimento na França foi vivido por nós. A gente fazia grande divulgação das manifestações em Paris, dos enfrentamentos na Europa.

A morte do Che influenciou vocês?

Foi uma coisa muito forte. A partir de fins de 1967, em todas as passeatas, ao lado das faixas "Abaixo a ditadura", levava-se sempre a fotografia do Che e também havia palavras de ordem que lhe prestavam homenagem e caracterizavam toda a simbologia do Che. O Che não era apenas o guerrilheiro que morreu na Bolívia — um gesto grandioso — pela revolução; era também uma espécie de perfil de uma revolução humana e humanitária, libertadora. Acho que ele transmitia uma idéia de revolução libertária. Muitos de nós nem tínhamos essa dimensão claramente, presos que estávamos a certos dogmas, mas hoje para mim está claro que ele transmitia esse sentido, daí sua popularidade. Nele também havia um despojamento, uma dedicação, ele era uma figura extremamente humana, simpática, um revolucionário que conseguia ao mesmo tempo ser um cara duro, que deu a vida pela Revolução, mas não era um negócio pesado, aquele sacrifício feio. Era uma coisa bonita. Foi um fenômeno raro na história, marcou muito a juventude. Hoje é comum encontrar um jovem com camiseta do Che, é um negócio muito profundo.

Como é que você viu o declínio de um movimento tão forte, tão rapidamente?

Há muitas coisas a considerar. Acho que nos faltou uma adequada solução para a relação entre a luta política geral contra a ditadura, pela liberdade, em defesa de mudanças em geral, com a problemática que envolvia a crise da Universidade nos anos 1960. Faltou uma avaliação mais completa, mais precisa, da potencialidade do movimento para os enfrentamentos que estavam vindo. No caso das ocupações das universidades, por exemplo. O movimento ocupava, mas chegava um momento em que a ocupação se esgotava. A gente se perguntava: o que vamos continuar fazendo aqui? Quer dizer: o poder da universidade passava para a nossa mão. Muito bem. A gente estava controlando o poder, e agora? Passavam dois, três dias, uma semana... E agora, o que vamos fazer? O movimento precisava dar um salto, mas não tinha condições para efetuá-lo. Aí, tanto no Ceará, quanto no resto do Brasil, a tendência foi a vanguarda do movimento ensaiar esse salto, mas já estava distanciada da grande massa estudantil e mesmo do conjunto da sociedade...

As divergências entre as lideranças também influenciaram?

Certamente, inclusive porque, muitas vezes, o pessoal não entendia as divergências. Por exemplo, quando, em Fortaleza, as três tendências já referidas (PCdoB, AP e POR) entraram em choque, primeiro pela disputa dos centros acadêmicos, em 1967, depois, pelo DCE, em 1968, houve muita incompreensão entre os estudantes. Por que aquele racha? Na verdade, as divisões não vinham de divergências nascidas do e no movimento estudantil, mas originavam-se em desacordos políticos gerais; de repente a gente estava discutindo o problema das alianças estratégicas da revolução, como ia ser a luta armada. Ora, na hora de votar, os estudantes votavam nos caras em quem confiavam mais, nos mais representativos. Pouca gente entendia o fundamento das divergências. Isso, naturalmente, contribuiu para afastar os estudantes do movimento. Foi um processo muito desgastante.

Manchete

Como é que você vê o jovem Genoíno de 1968? Mudou o Brasil, ou mudou você?

Eu acho que, de certa forma, a gente já está falando do jovem de 1968. Foi uma geração muito ousada, a nossa. Podemos ser criticados por muitos erros, menos o da omissão. Foi uma geração que aceitou o desafio: desbravar um caminho. Ousou muito a juventude de 1968, e foi um fenômeno maciço. Era uma

Agência Folhas

geração muito politizada. Mesmo que as organizações colocassem às vezes coisas muito elevadas, muita gente acompanhava. A gente via as coisas, conhecia. Claro, não elaboramos uma teoria adequada para a revolução. Mas tínhamos uma postura política, uma cabeça muito aberta. Inclusive em valores éticos, morais, não só em valores políticos. Foi uma fase rica para a juventude brasileira. Infelizmente, o movimento estudantil ficou isolado do movimento político geral da sociedade. Acho que ele chegou ao limite onde podia ir. Não tinha como ir além. Fez de tudo no sentido de ir para a luta.

Como é que você sente o problema da relação com aquele jovem de 1968? Rupturas ou continuidade?

Eu sinto continuidade. A luta pela liberdade, pelo socialismo, a vontade de não se acomodar, buscar caminhos, aquela inquietação. Agora, há toda uma autocrítica, a revisão de muitos tabus. Naquela época, a visão que a gente tinha da revolução era muito simplificada. Tinha uma simbologia muito ampla, mas as formulações mais concretas eram muito simplificadas. Claro, tínhamos vontade de lutar, mas você precisa relacionar a vontade com a clareza política. Não pode ser vontade pura e simples. Entretanto, eu sinto uma grande continuidade, que passa agora por um processo de reflexão, uma continuidade autocrítica. Agora, eu queria dizer que foi uma experiência muito forte. Quando a gente se encontra com o pessoal de 1968, a gente tem um laço, existe um laço muito forte. Por exemplo, quando o Travassos morreu, todo mundo que estava lá chorou. Quando eu encontro o Vladimir, a gente sente que tem algo em comum, não é o fato de estar no PT, de ser deputado, de ter hoje idéias semelhantes. É um negócio a mais: são os laços de companheirismo e de luta que ficaram dentro da gente, tecidos por aquele ano.

Honestino Guimarães

1968: Presidente da Federação dos Estudantes Universitários de Brasília

— Assassinado pela polícia política do regime militar em 1973

Correio Braziliense/Edivaldo Alves

Honestino Guimarães fez o curso secundário em Brasília, destacando-se pela combatividade. Ingressou na Universidade Nacional de Brasília, onde se tornaria líder estudantil e presidente da Federação dos Estudantes. Militante da Ação Popular (AP), sucessor de Jean Marc von der Weid na presidência da UNE, foi capturado pela polícia política do regime militar, que o matou, embora até hoje o crime não tenha sido reconhecido.

Aqui deixamos esse registro, em reconhecimento e homenagem.

Jorge Batista

1968: Líder estudantil da Universidade Federal de Minas Gerais, ex-presidente do Diretório Central dos Estudantes (DCE)

— Falecido em 1986. Jornalista

O movimento estudantil de Minas Gerais desempenhou papel decisivo em nível nacional. É possível compará-lo com o movimento em São Paulo e no Rio de Janeiro?

O movimento estudantil em Minas Gerais tinha uma tradição muito forte, bem enraizada nas escolas, e também com intervenção nacional. Mesmo antes de 1964, você pode constatar a presença de líderes mineiros na UNE. Tivemos, por exemplo, o Vinicius Caldeira Brandt, que foi presidente. Depois de 1964, o José Luís Guedes, na gestão 1966/1967, era mineiro e também foi presidente da UNE. Aqui em Minas surgiu a Ação Popular (AP), que tanta influência teria no movimento estudantil, orientada de forma determinante pelo padre Henrique Vaz e pelo Betinho, ambos mineiros.

Como foi a repressão ao movimento logo depois do golpe de 1964?

Houve fechamento de entidades, prisões, mas, dentro de 40 dias, todos estavam soltos. Ou seja, a repressão intimida, mas não liquida, nem tortura, nem muito menos mata. Então, há uma certa reserva, um certo temor entre os que se rearticulam depois de 1964, mas não nos encontramos paralisados.

O que você destacaria na experiência da luta estudantil?

Fui presidente do DCE da Universidade Federal na gestão imediatamente anterior a 1968. No Congresso de Ibiúna, era candidato a vice-presidente na chapa do José Dirceu. Portanto, me incluía na vertente que enfatizava a necessidade de priorizar as lutas reivindicatórias dos estudantes, os seus problemas cotidianos, as questões materiais da Universidade: falta de recursos, de verbas, parecido com o que existe hoje, mas em maior escala. Havia igualmente uma preocupação muito grande com a organização interna do movimento estudantil. A gente fez em Minas os Encontros de Debates Universitários (EDUs). Cada sala de aula debatia seus problemas, suas carências, o que fosse, mesmo de giz, ou de professores, qualquer detalhe era relacionado, então elegia

Agência Folhas

"A UNE é uma entidade proscrita de meia dúzia de comunistóides. Se ela aparecer por aqui eu prendo, embora a considere inexistente."

General Ibé Ilha Moreira, secretário de Segurança do Rio Grande do Sul

um representante para um encontro de toda a universidade. Chegamos, através desse debate, a uma plataforma de lutas extremamente vinculada às aspirações dos estudantes. Ao mesmo tempo, cada representante saiu do encontro com a incumbência de organizar grupos em cada sala — uma espécie de comissão interna — para participar da luta pelo atendimento de nossas reivindicações.

Como é que se colocava a temática do diálogo com as autoridades?

No início, todos aqui eram radicalmente contra. Depois, houve uma evolução da nossa parte e ficamos de acordo com o pessoal do Rio de Janeiro, que, a meu ver, conseguiu uma formulação mais adequada para esse problema. Agora, a AP sempre se manteve muito radical, contra qualquer espécie de diálogo. A rigor, através do diálogo queríamos duas coisas: legitimar nossas entidades, obrigar as autoridades a recebê-las e, por outro lado, propagandear as reivindicações. Não tínhamos nenhuma ilusão de conquistar as reivindicações. A idéia era a de que os conflitos se davam mais *embaixo*; o máximo que poderíamos obter eram conquistas parciais, não havia a ilusão de que modificaríamos a política educacional do governo.

Você destacaria outras lutas importantes?

Algumas foram exemplares, como, por exemplo, a dos excedentes, o pessoal que passava para a universidade e não encontrava vagas. Nessa luta soubemos combinar todos os meios — desde a frente legal, onde atuavam advogados, que nos ajudavam impetrando recursos judiciais, até a mobilização dos estudantes — passeatas — e da sociedade — coleta de assinaturas, venda de bônus para financiar o movimento. Nessa luta, conseguimos algumas vitórias importantes: 163 estudantes entraram para a Faculdade de Medicina e muitos outros para os demais cursos. O interessante é que, no começo, era um grupo não-politizado, diversificado em suas tendências, mas que acabaria, em sua grande maioria, participando de todo o processo de lutas de 1968; muitos deles até se tornaram militantes de esquerda, talvez porque tenham experimentado, junto com as lideranças estudantis, um processo de lutas que dizia respeito às suas próprias vidas.

Como é que vocês se colocavam em relação à temática da reforma universitária?

Considerávamos impossível realizar a reforma universitária que desejávamos sem alterações mais substantivas na sociedade. Mas entendíamos caber a luta para que a universidade fosse mais democrática, criativa e crítica, para que tivéssemos uma formação mais crítica, para que a universidade fosse uma espécie de luz que jogasse para fora elementos de reflexão para o debate, para a contestação. Queríamos forçar a democracia interna através, por exemplo, das comissões paritárias, aquela experiência que foi praticada em São Paulo de modo mais espetacular, com a ocupação da Faculdade de Filosofia da Maria Antônia. Em Minas isso também ocorreu mais de uma vez, com a Faculdade de Medicina, por exemplo: houve a constituição de uma comissão paritária, com a formalização dessa comissão perante assembléias. Todas essas idéias faziam parte de uma formulação que foi originariamente da Polop: a Universidade crítica, embora a Polop tivesse uma aproximação muito doutrinária, muito ideologizante da proposta. A nosso ver, mais importante do que agitar idéias, era pressionar para conquistar espaços democráticos, como as comissões paritárias.

Você falou da Polop e da AP. Que avaliação você faz das organizações políticas de vanguarda?

Aqui em Minas, nós tínhamos a AP, a Polop e o PCB antes de 1964. Depois, a Polop e o PCB conheceriam divergências internas que gerariam, respectivamente, a Cisão e a Corrente. Da Cisão nasceu uma nova organização, a Colina (Comandos de Libertação Nacional), enquanto a Corrente acabaria se integrando no projeto do Marighella, a ALN (Ação Libertadora Nacional).

Havia acordos entre essas organizações?

No início, sim, na fase de reconstrução. Tanto para o DCE quanto para a UEE, conseguimos fazer chapas únicas; mas, num segundo momento, no que se refere ao DCE principalmente, que era o grande centro articulador do movimento estudantil de Minas, aí houve o racha e apresentaram-se várias chapas à disputa da entidade.

Os estudantes captavam as diferenças entre as várias alternativas?

As divergências com a AP eram perceptíveis, entre as demais eram muito sutis, inclusive porque tinham pouca incidência no plano das lutas concretas do movimento estudantil. Muitas vezes, as disputas por diretórios eram travadas em torno de questões políticas nacionais, onde entravam até mesmo discussões sobre a revolução, quais as alianças de classe necessárias para a derrubada da ditadura...

Você acredita que essas divergências contribuíram para o esvaziamento do movimento?

Penso que sim. Claro, a massa estudantil vivia um clima emocional, de contestação do regime, de topar a parada de opções mais radicais, mas, ao mesmo tempo, ela não compreendia aquelas sutilezas ideológicas, aquelas contradições meio místicas, religiosas. Então, esse debate, levado para o interior das faculdades, até mobiliza e atrai um pequeno setor, mas o conjunto dos estudantes está distante disso.

Por outro lado, em função de suas teses mais gerais, todas as organizações viam o movimento estudantil como algo secundário. Umas o viam como força auxiliar da revolução (Polop), ou simplesmente o desprezavam (ALN). Mesmo as que aparentemente o valorizavam mais, como a Colina ou mesmo a AP, na verdade, viam o movimento estudantil como um terreno de preparação de quadros, que deveriam ser depois deslocados para tarefas mais importantes.

Muito da experiência acumulada não se perdeu nesse processo?

Acho que sim. Não conto as lideranças que abandonaram em absoluto o movimento. No caso da tendência do Marighella, em particular, ela arrancou para fora do movimento os seus melhores quadros e colocou todo mundo na chamada preparação da luta armada, ou tentou colocar, porque logo depois veio a repressão e liquidou com tudo. A Colina foi mais moderada, mas prejudicou tanto a pequena influência que tinha junto ao movimento operário quanto a influência no movimento estudantil.

Como você avalia o movimento de 1968?

O movimento estudantil foi, sem dúvida, a força política mais significativa do período, o setor que mais se movimentou. Cumprimos aí um papel de ponta-de-lança, no sentido de jogar para as ruas a luta da resistência à ditadura, a denúncia das condições de vida. Também merece ser destacado o fato de que, apesar de suas contradições, o movimento conseguiu manter a independência e a autonomia de sua entidade de representação, a UNE. Conseguiu resgatar a entidade, que tinha sofrido intervenção, preservá-la e resistir a todas as investidas do governo.

Manchete

"Muitos ouvidos têm paredes."

Maio francês

Assim, o governo não conseguiu quebrar a autonomia do movimento estudantil, o que foi uma grande vitória. Foi possível colocar teses, questionar, mas o movimento, pelo próprio isolamento em que se encontrava, não teve forças — nem isso seria concebível — para transformar as condições que existiam no país.

Sérgio Passarinho

1968: Presidente da União Estadual dos Estudantes da Bahia

1998: Arquiteto

2008: Arquiteto

Que avaliação você faz do movimento estudantil na Bahia?

O movimento de 1968 tem antecedentes que remontam ao período imediato após o golpe em 1964. Desde então começamos a rearticular a União Estadual dos Estudantes da Bahia, a UEB. Já em 1965 conseguimos eleger uma diretoria, num congresso aberto, no Teatro Vila Velha, com a presença de mais de 200 estudantes. Em 1966, já tivemos condições de realizar eleições diretas. Em 1967, fui eleito presidente para o período 1967/1968.

Qual foi sua trajetória até chegar a presidente da UEB?

Comecei no grêmio do Colégio de Aplicação da Faculdade de Filosofia. Aliás, esse colégio foi um centro de fermentação. Sairia dali um grande grupo, que durante muito tempo liderou o movimento estudantil na Bahia. Entrando para a faculdade, fui eleito, em 1965, vice-presidente do Diretório de Arquitetura; em 1966, tornei-me presidente e também vice-presidente do DCE da Universidade Federal da Bahia. No ano seguinte, finalmente, a UEB.

O que você destacaria na experiência como presidente da UEB?

Foi um período muito intenso, peguei quase todo o movimento de 1968. Mas as lutas teriam início nas férias de 1967/1968. O reitor pretendeu fechar o restaurante universitário e a residência, em função de obras que realmente precisavam ser feitas. Fizemos toda uma mobilização para evitar que os estudantes mais pobres — que usavam o restaurante e a residência — sofressem as conseqüências. Houve assembléias consecutivas, numerosas e combativas. Por fim, conseguimos que a universidade pagasse aluguéis e pensões para os estudantes que desejassem passar as férias em Salvador. Foi uma vitória importante, fortaleceu o movimento e a UEB.

A UEB, apesar de ilegal, conseguia estar próxima dos estudantes?

Funcionávamos na sede do DCE e estávamos sempre tomando iniciativas em defesa dos interesses dos estudantes, o que impedia o isolamento, apesar da ilegalidade. Na verdade, conseguimos uma legalidade de fato. Fizemos, por exemplo, a UEB volante. Passávamos três dias no diretório da Enfermagem, três dias no da Filosofia e assim por diante, era uma forma de manter o contato. Por outro lado, programava sempre viagens às unidades do interior: Itabuna, Ilhéus, Juazeiro, Feira de Santana, Cruz das Almas, tentando — e conseguindo — integrar o pessoal do interior. O que eu acho mais decisivo é que a UEB teve uma orientação de privilegiar os interesses reais dos estudantes, as condições de ensino e de pesquisa. Então, fazíamos um levantamento da situação em cada escola, para termos uma visão a mais precisa do que se passava lá, do que desejavam os estudantes. O resultado disso era a nossa plataforma de lutas, o nosso programa.

De que forma os estudantes manifestavam seus interesses?

Em 1968 houve um momento alto nesse processo: foi a greve com ocupação das faculdades. Os estudantes participaram intensamente. Foi feito um levantamento exaustivo, um relatório detalhado, escola por escola, das carências, das deficiências, das reivindicações. Nós sabíamos que a reforma universitária do governo, os acordos MEC-Usaid orientavam-se no sentido de cortar as verbas; eles queriam privatizar as universidades públicas, elitizá-las ainda mais. Mesmo que não pudéssemos derrotar aquele plano, podíamos dificultar sua aplicação, inventariando com seriedade as nossas críticas e reivindicações. Além disso, durante as ocupações, pudemos organizar grupos de trabalho, de pesquisa e estudo, peças de teatro, todo tipo de manifestações culturais, conferências, algumas mais políticas, outras de caráter artístico, enfim, todo tipo de movimento. A greve com ocupação foi um sucesso, durou cerca de três meses, prolongando-se pelas férias de julho até agosto, uma grande vitória.

Como foram as passeatas em Salvador?

Muito fortes, na medida exata em que eram desdobramentos, nas ruas, de um trabalho nas bases. Nunca decidimos uma passeata de cima para baixo. Fazíamos assembléias ou então corríamos as salas e indagávamos: vamos fazer uma passeata a favor disso? Contra aquilo? Depois o Conselho da UEB avaliava o pulso do movimento e decidia. Assim, quando foi realizada a Passeata dos 100 Mil no Rio, pudemos fazer uma aqui de 20 mil pessoas; pela população de Salvador, você pode medir a proporção e o peso de uma manifestação como essa. Começou na praça da Sé, inteiramente lotada de gente, e veio descendo, não havia inclusive condições políticas para aparecer a repressão, dada a quantidade de gente. Articulamos com a Igreja, com intelectuais, com o próprio MDB, embora houvesse na época muita desconfiança em relação aos partidos políticos formais.

E quando baixava a repressão?

Era freqüente. Às vezes, mal a passeata saía, começava o corre-corre, era bomba de gás lacrimogêneo, cassetete, ficávamos correndo de um lado para o outro, uma espécie de guerrilha. Alguém subia, fazia um discurso, vinha a polícia, a gente corria para outro lado. Aquilo estourava na área central da cidade, durante duas, três, quatro horas, a população tomava conhecimento da luta. Procurávamos diversas maneiras de burlar a repressão direta, frontal. Mudávamos o ponto de partida e depois, inclusive, verificamos que um único ponto fixo era prejudicial, facilitava o trabalho da polícia. Por exemplo, quando começava na praça Municipal, logo na rua Chile tínhamos um pelotão de mais de 200 soldados armados para impedir a passeata. Então, passamos a começar a manifestação saindo de diversos pontos da cidade e convergindo para uma determinada área. A polícia ficava desorientada. Escolhíamos a praça do Comércio, eles iam subindo a ladeira e nós pegávamos outro ponto, no Maciel, na Piedade, para convergir para a praça Castro Alves, que acabou se transformando no ponto central das mobilizações pelo número de saídas, o que facilitava, se fosse o caso, a retirada. Nossas concentrações na praça Castro Alves talvez tenham inspirado o Caetano naquela música dele: "a praça Castro Alves é do povo, como o céu é do condor..."

Como os estudantes conseguiam fazer os congressos de suas entidades nesse clima de repressão?

Acumulamos muito essa experiência, sempre com a orientação de evitar a clandestinidade. Ao contrário, queríamos conquistar, de fato, a legalidade, se fosse impossível tê-la de direito. Assim, por exemplo, graças ao nosso nível de organização e à nossa experiência, fomos escolhidos para sediar o congresso regional do Nordeste, com vistas ao congresso nacional, que se realizou em Ibiúna. Fizemos o congresso em locais públicos, em salas de faculdades, os estudantes receberam *tickets*, impressos. Conseguimos até da reitoria o reconhecimento desses *tickets* como autorização de ingresso nos restaurantes e residências universitários. Alojamos e alimentamos todos os estudantes que vieram para

Agência Folhas

"Manteremos a ordem e a autoridade do presidente da República a qualquer custo. O Exército não admitirá que arruaceiros infiltrados no meio estudantil se aproveitem dos verdadeiros estudantes para agitar o país."

Oficiais do Exército ao Jornal do Brasil, *em abril*

esse congresso preparatório. Também elegemos, em cada faculdade, nossos representantes para o congresso nacional — cerca de 96 representantes, credenciados e eleitos diretamente nas suas classes. A UEB arrecadou simultaneamente, entre os próprios estudantes, recursos para pagar as viagens e até diárias. Chegamos ao ponto de dar diárias para nossos delegados irem ao Congresso da UNE.

Uma delegação bastante representativa...

Para você ter uma idéia, mesmo com quase 100 presos, e eram as lideranças mais fortes, ou não teriam sido eleitas, mesmo assim, tivemos aqui em Salvador, depois de Ibiúna, grandes manifestações pela libertação dos presos. Basta dizer que, entre o dia da prisão, lá, em Ibiúna, e nossa libertação, aqui, em Salvador, passou-se apenas uma semana. E esse resultado foi devido, sem dúvida, a nossa pressão e organização aqui, embora a cúpula do movimento estivesse presa.

Qual é a avaliação que você faz de Ibiúna?

Nós tínhamos uma posição política contrária à clandestinidade do congresso. Aqui na Bahia, como já disse, sempre procuramos impor a legalidade de fato para os nossos congressos, isso desde 1965. Em Ibiúna, fomos praticamente empurrados para uma armadilha. Predominou, na organização do congresso, uma visão pseudo-revolucionária, aquilo parecia mais um acampamento de guerrilheiros encravado na serra. Fizemos tudo para que o congresso se realizasse em São Paulo mesmo, no Crusp, de modo que comparecemos sob protesto. Sabíamos que a polícia iria descobrir o sítio. É evidente. Como, de repente, hospedar nas proximidades de uma cidadezinha um contingente de quase 800 pessoas? Éramos, além disso, muito mal alimentados e mal alojados. E resultou naquela prisão estúpida, arbitrária, boba; encurralaram os dirigentes do movimento...

Você foi preso alguma vez?

Só fui preso depois do AI-5, quando me convocaram para depor. Discuti com os companheiros e resolvi me apresentar, foi no dia 31 de dezembro. Fiquei quase um mês preso, no 19º Batalhão de Cavalaria. A nossa posição era preservar a legalidade, não ser empurrado para a clandestinidade. Aliás, em relação ao AI-5 — naquela época, já havia passado a presidência da UEB para outro companheiro —, eu insisti para que assumíssemos uma atitude defensiva, voltássemos para as escolas, aprofundássemos o trabalho de base. Infelizmente, minha opinião não foi ouvida. As pessoas achavam que a hora era de partir para a ofensiva...

Fala-se muito na atividade das organizações políticas de vanguarda e de seu papel no movimento estudantil. Qual é tua avaliação a respeito?

Não se pode responder a essa questão de uma forma linear. Dependendo da organização, ou do momento, a participação foi positiva ou negativa. Mas, no geral, o fato de estarmos ligados a uma organização política, no meu caso o PCB, permitia que não ficássemos com uma visão unilateral. Ajudava que tivéssemos uma visão mais ampla de mundo, uma visão de Brasil, do estado em que atuávamos. Essa vinculação nos dava mais clareza quanto aos destinos gerais da luta. Acho que a participação, a vinculação a esses partidos, acabou sendo positiva. Aqui na Bahia, éramos o único estado do Brasil onde o PCB permaneceu majoritário. Isso criava algumas dificuldades no relacionamento com outras entidades, mais influenciadas pelas "Dissidências" do PCB, ou pela Ação Popular. Mas, mesmo assim, não sei se por razões pessoais, ou pela mística que envolve a Bahia, como cidade bonita, acolhedora, o fato é que conseguíamos ultrapassar as dificuldades. Assim, tivemos aqui um conselho da UNE, realizado na clandestinidade, contra a nossa proposta, aliás. Tivemos também o congresso preparatório para Ibiúna; enfim, mantínhamos uma atitude unitária, de respeito às entidades. Em relação às demais organizações, em 1968, em muitos momentos, nos aliamos às posições da "Dissidência", pareciam-nos mais próximas das nossas, contra as defendidas pela Ação Popular e pelo PCdoB.

Passaram-se 20 anos desde 1968. O que restou?

Hoje sou uma espécie de figura folclórica do movimento estudantil. Há estudante universitário por aqui que nem era nascido quando eu estava na presidência da UEB. Já sou para eles um venerando ex-líder estudantil. Mas a principal coisa que conservo de 1968 é o espírito de luta, essa vontade de trabalhar, de construir a organização popular, através da criação de associações populares, da contribuição que a nossa experiência permite ao movimento popular. A nossa vida é sempre um acúmulo de experiências. Em 1968 éramos o que se chamava de a "pá do liquidificador", mexíamos com toda a sociedade. Hoje estamos numa situação diferente. O principal desafio que se coloca ao movimento estudantil é o questionamento dessa famigerada reforma universitária introduzida pela ditadura e que está aí em pé, com sua proposta elitista, importadora de tecnologia. Chegou o momento de colocar tudo isso em questão. Eu diria, ainda, sobre 1968, que é necessário não esquecer que, se o movimento mobilizava a sociedade, o fazia com base nos problemas dos estudantes. Essa é uma indagação central para todas as lideranças estudantis: quais são os problemas dos estudantes? Da boa resposta a essa questão dependerá a força do movimento.

DCE/Unicamp

Hamilton Feitosa de Lacerda

1998: Vereador (São Paulo) pelo Partido dos Trabalhadores

2008: Líder político do PT

Quando você entrou para a Unicamp? Quais eram então suas expectativas?

Não sei se é uma história muito comum: fiz o curso secundário numa escola técnica, durante três anos. Daí é que resolvi fazer universidade, entrei em 1986 na Faculdade de Engenharia Elétrica.

Nesse percurso, como é que você foi fazendo sua cabeça, politicamente?

Ainda na escola técnica, houve uma certa iniciação: uma luta para evitar a encampação da escola pelo governo do estado, na época governado pelo Paulo Maluf. Preferíamos permanecer como escola conveniada, recebendo verbas dos governos federal, estadual e municipal. Foi uma primeira participação.

Onde funcionava a escola?

Em São Bernardo do Campo. Daí veio uma outra influência, porque a gente assistiu a todo aquele movimento dos trabalhadores no início dos anos 1980, a repressão que foi feita contra o movimento sindical.

Depois de formado, você foi trabalhar em que fábrica?

Na Burroughs, em Interlagos. Participei da greve da categoria em 1984. Mas foi uma experiência frustrante, o departamento da gente foi o único que parou, 12 pessoas, numa fábrica de cerca de mil funcionários... Quando a gerência veio cobrar nossa atitude, tivemos de dizer que faltamos por falta de segurança, por medo dos piquetes. Os companheiros me diziam que não adiantava você ser boca dura, que era preciso fortalecer o movimento e não simplesmente botar sua cabeça no pau para justificar sua atitude. Por outro lado, na fábrica há um regime de trabalho, uma estrutura de poder que limita o seu desenvolvimento pessoal e mesmo profissional. Daí essa série de coisas foi me desapontando, comecei a pensar em ir para a universidade, imaginava encontrar um espaço mais livre, mais interessante, onde eu pudesse participar...

A realidade correspondeu às esperanças?

Entrei na universidade cheio de anseios, ia ter a possibilidade de discutir a questão social, lutar contra o autoritarismo, formar minha consciência... Ora, até meados de 1986, quase no fim do primeiro ano, eu estava totalmente perdido dentro da universidade, não sabia onde e como trabalhar, participar.

Onde estava o bloqueio?

A grande maioria dos estudantes não queria participar de nada, existia um pé atrás em relação a tudo que se fazia. Um desgaste muito grande por parte das lideranças. Uma falta total de crédito. Por outro lado, o pessoal mais consciente se restringia, formava um grupo, e isso, por sua vez, aumentava as dificuldades. Fui aprendendo que as pessoas que se dispõem a participar têm isso muito mais da vontade delas, de sua decisão, do que do empenho das lideranças em trazer, em suscitar essa participação.

Como você conseguiu ultrapassar as barreiras?

Por incrível que pareça, através de um movimento que passou por fora da universidade: a campanha eleitoral de 1986. Houve todo um agito, e senti um espaço; as pessoas se mostram mais receptivas, inclusive porque há todo um tarefismo pela frente. Então, na discussão da campanha, das várias posições, abriu-se uma brecha, de repente as pessoas começavam a olhar para você, a discutir com você. Logo depois do processo eleitoral geral, veio a renovação do DCE lá da universidade, daí fui convidado a entrar na chapa. É preciso ressaltar que a chapa do DCE da Unicamp é um tanto ou quanto ampla, na época eram 36 nomes, agora já são 56, eu integrei então essa chapa, fomos eleitos em fins de 1986. Recentemente, conseguimos a reeleição por mais um ano, para o período 1987/1988.

O que você destacaria na sua experiência no DCE da Unicamp?

Bem, nós temos na universidade 16 centros acadêmicos e um DCE. A política que a gente vem fazendo é chamar, cada vez mais, à participação os centros acadêmicos na discussão política. Eles têm tido uma participação efetiva, não só na execução de tarefas, mas na discussão mesmo, analisando o que acontece na universidade, tomando decisões, avaliando a realidade. Em segundo lugar, temos procurado desenvolver lutas que digam respeito aos interesses dos estudantes. O melhor exemplo, em nossa universidade, foi a luta pela ampliação da residência universitária, na qual a gente conseguiu que o reitor assinasse um acordo e começasse já a construção de 1.500 vagas para os estudantes da Unicamp. Também conseguimos atribuir aos centros acadêmicos a responsabilidade de gerir as cantinas que existem dentro do *campus* universitário. Uma vez eleito, o centro acadêmico organiza uma comissão de cantina, que cuida do assunto diretamente ou, através de arrendamento ou aluguel, entrega a alguém essa responsabilidade. Então, você tem centros acadêmicos com uma renda fixa de 70 mil cruzados por mês. Também temos participação de bilheteria nos shows que se realizam aqui na universidade, além de podermos organizar o serviço de bar; tudo isso confere uma certa independência ao movimento estudantil, dá pra comprar carro, equipamento de som, ter jornal mensal, boletins semanais etc.

Os estudantes têm reagido a essas iniciativas?

Veja, é preciso que haja, por parte dos centros acadêmicos e do DCE, a maior sensibilidade em relação ao que querem os estudantes. Por exemplo, no início de 1987 organizamos uma grande calourada, de quatro semanas. No seminário sobre reforma universitária apareceram cinco pessoas, nos debates sobre movimento estudantil vieram, em média, 10, 12 pessoas. E a Unicamp tem 6, 7 mil graduados e mais 4 mil pós-graduados. E não foi falta de divulgação. Anunciamos com faixas, boletins etc. O que não houve foi interesse.

Foi um fracasso, então, a calourada?

Não, porque as atividades culturais, principalmente aquelas levadas pelos estudantes, tiveram uma participação muito boa.

Que tipo de atividades culturais?

Grupos de teatro, de música, cineclubes, coral, videoclube etc. O DCE tem procurado dar a maior força a esse tipo de atividades; sentimos que por aí passam os interesses dos estudantes. Recentemente, houve, por exemplo, um conflito no coral, uma parte rachou, insatisfeita com as interferências da reitoria. Bem, demos o maior incentivo a esse pessoal, passaram a se chamar *Coral Zíper na Boca*, e estão aí, crescendo. A atividade que mais pegou foi a Rádio Livre. O DCE adquiriu uma rádio e instituiu uma política totalmente ampla, aberta à participação das pessoas. Tanto na produção dos programas quanto na parte técnica. Então, conseguimos reunir o pessoal da área de humanas, o pessoal de arte, o pessoal de engenharia num trabalho de cooperação. As pessoas começam a freqüentar o DCE, a botar as propostas políticas para fora, a ver os canais de mobilização que têm.

Quais são as dificuldades que ainda existem pela frente?

Recuperamos muito o desgaste anterior, mas ainda existe o descrédito. Ainda têm a idéia de que as lideranças só querem fazer carreira, virarem parlamentares, se servirem do movimento estudantil para ganhar posições, prestígio. Por outro lado, o trabalho na universidade vai lhe mostrando que também aqui há uma estrutura de poder muito forte, você tem limites na sua participação. Há uma estrutura aparentemente mais aberta, mas na realidade você está sujeito a uma porção de regras, de normas, a gente vai descobrindo que a universidade não é tão diferente da fábrica.

Que avaliação você faz da UNE nesse quadro?

Olha, eu posso dizer que 80% dos estudantes da Unicamp não sabiam sequer o que é a UNE. Muitos talvez nem soubessem o significado da sigla. Ninguém dava a mínima importância para a UNE. Embora o último congresso, o 38º, tenha sido realizado aqui, tivemos uma enorme dificuldade para tirar delegados para o congresso, dado o abismo que havia sido criado entre o movimento estudantil da Unicamp e a UNE.

Qual a responsabilidade da antiga diretoria da UNE?

A crítica que a gente tem em relação à prática desse pessoal que ficou oito anos na diretoria da UNE é a falta de representatividade. Eles levavam bandeiras e movimentos que não diziam respeito aos interesses dos estudantes. Promoviam seminários e congressos, discutiam altas reformas universitárias, mas tudo muito distanciado da base, presos a chavões, palavras de ordem que não aprofundavam a discussão. Além disso, tinham outros interesses, aparelhavam a entidade em função de um partido político, no caso o PCdoB, usavam a entidade... Mas é preciso dizer que se o PCdoB tem uma parcela de responsabilidade muito grande, ele não é o único culpado. Todas as forças, e o movimento de uma forma global, têm responsabilidade nisso.

Agora estamos iniciando uma nova fase. Pode ser um recomeço. Na verdade, tudo o que o 38º Congresso conseguiu foi substituir a diretoria antiga. Discussões mais aprofundadas não aconteceram. Ficou tudo muito polarizado na disputa com o PCdoB. Eu acho que hoje a gente — refiro-me ao grupo que está apoiando a diretoria da UNE — pode ser uma alternativa. Vamos trabalhar para isso.

Como é que você acha que a discussão sobre 1968 pode ajudar na reconstrução do movimento estudantil?

Em relação à história e às peculiaridades do movimento de 1968, a grande massa estudantil não tem conhecimento algum. Não se consegue estabelecer uma ligação entre as coisas que acontecem hoje e o que houve há 20 anos. Quanto a mim, acho que vivemos uma realidade totalmente diferente. Hoje o movimento estudantil não está sozinho; ao contrário, você tem movimentos muito mais fortes, que atingem uma parcela muito maior da sociedade, o movimento sindical urbano, rural, o movimento dos bairros etc. Também os estudantes são outros. São fruto de toda uma política da ditadura. Não lêem, não têm muito interesse em participar. Essas coisas devem ser avaliadas na definição de uma política para hoje.

Agência JB

William Alberto Campos

1998: Professor de história

2008: Líder político do PT

Qual tem sido sua experiência no movimento estudantil?

Entrei há pouco tempo na universidade. Trago a experiência do movimento secundarista do Rio de Janeiro, da reconstrução da Associação Metropolitana dos Estudantes Secundaristas, a Ames. É com base na proposta de reconstrução da Ames que imaginamos superar a crise do movimento universitário, hoje muito fraco, desorganizado, desacreditado.

Como se deu a reconstrução da Ames?

A partir de três colégios do Rio: o Pedro II, o Prado Jr. e o Pedro Álvares Cabral. Reorganizamos o movimento secundarista através de quatro grandes lutas: construir grêmios nas escolas, eleições para diretores das escolas, verbas para o segundo grau e meia passagem nos ônibus para os estudantes. Hoje a Ames é uma entidade respeitada, com liderança, inclusive com maturidade para fazer alianças, como a que fizemos para ganhar o fim da múltipla escolha no vestibular.

Você conseguiria resumir o que há de mais importante nessa experiência de reconstrução da Ames?

Nossa grande prioridade foi colocar a questão da educação no centro dos debates. A mesma coisa, a meu ver, deve ser encaminhada no sentido da revitalização do movimento universitário. Veja bem: de que adianta você ficar numa pregação geral, do tipo, "universidade dos trabalhadores"? O movimento universitário viveu, até recentemente, de um monte de chavões. Se os chavões mobilizassem, até se podia discutir. Mas são chavões que não mobilizam mais. Nós precisamos discutir melhor a educação brasileira, como está, seus impasses. Essa questão coloca uma outra: qual o papel do movimento estudantil? Forno que prepara as pessoas para atuar em outras áreas? Um espaço para as pessoas cometerem erros e aprenderem a fazer política? Ou um terreno de lutas próprio, com interesses específicos, e que precisa ser desenvolvido nas suas condições particulares? Só tratando seriamente o que se refere à universidade é que poderemos atingir a sociedade, compreendê-la, atuar nela. Essa, aliás, é uma experiência que vem também do movimento secundarista, da reconstrução da Ames.

A que você atribui o marasmo que tomou conta do movimento estudantil?

O grande problema é que se vive uma crise de identidade. O pessoal está acostumado com o discurso do não. Os estudantes são contra o aumento das taxas, contra a eleição do colegiado, contra a extinção das matérias eletivas, mas não há propostas positivas. Enquanto isso, as pessoas aparentemente mais esclarecidas limitam-se aos grandes discursos, mas quase todas não sabem o que é assistir a uma aula, fazer prova, não sabem o que é colar, fazer amigo oculto no final do ano. Há uma crise de falta de programa, de falta de saber o que fazer com esse movimento. Temos que ser capazes de identificar os problemas concretos dos estudantes, imaginar propostas positivas para eles, e formas de luta para mobilizar a todos em torno de seus interesses.

Você poderia exemplificar?

O problema do desemprego dos diplomados. O pessoal aqui se forma para não fazer nada, para ficar desempregado, é uma massa que faz rodízios, de reserva. A Globo pode se permitir demitir 100 pessoas, como faz normalmente, porque você tem 100 estudantes de comunicação para assumir na Globo. A crise da pesquisa também. Temos de estudar por que não se faz pesquisa, e, quando se faz, é estudar a natureza da pesquisa que está sendo feita. São problemas concretos, que tocam o interesse dos estudantes.

Como está sendo a experiência de reconstrução do movimento estudantil na Santa Úrsula?

Olha, aqui, há um ano e meio, não tinha assembléia, não tinha nada. Ou quase nada. De 14 cursos, só dois tinham centros acadêmicos. O DCE nem tinha diretoria. Tentamos trabalhar. Primeiro, enfrentamos a luta pela redução do aumento das mensalidades. O aumento foi muito grande e o descontentamento era geral. Juntamos umas 1.500 pessoas na assembléia. Saiu em todos os jornais, foi uma loucura. Então a gente articulou com o metrô para liberar as catracas para todos os estudantes irem para a cidade, porque sabíamos que os empresários estavam reunidos lá na Cândido Mendes, discutindo o valor das no-

"Pude constatar que a velha esquerda falava tranqüilamente de todos os problemas, mas nunca resolvia um sequer."

Susan Brownmiller

vas mensalidades. Essa é uma experiência do movimento secundarista: liberar as catracas ou pulá-las para ir às passeatas. Daí fomos lá pressionar os empresários...

Que empresários?

Os donos das escolas, cujo sindicato é presidido pelo Cândido Mendes. Fomos lá e conseguimos atrapalhar a discussão deles, a nossa luta foi até certo ponto vitoriosa, conseguimos o menor aumento do país. Ou seja, em vez de ficarmos na assembléia, discutindo duas horas o que fazer, temos que tomar logo uma decisão, propor ir para as ruas, se for o caso, e defender nossos interesses.

Como é que reagiram as organizações políticas?

Todas as forças políticas, sem exceção, ficaram contra a gente. Elas queriam ficar discutindo. Até o roteiro queriam discutir antes de sair a passeata. A gente se recusou a discutir fora da passeata. É uma diferença de prática e de concepção. Enquanto as organizações ficam se reunindo, discutindo para onde a passeata vai, a gente sobe em cima de uma lata de lixo e pergunta, e propõe para onde e como a passeata deve ir. E ali mesmo aprova-se uma proposta.

As chamadas forças políticas não têm ajudado muito...

Acho que as organizações políticas podiam dividir com a ditadura as culpas pelo enfraquecimento do movimento estudantil. Elas vêm para o movimento com a intenção de formar quadros e jogá-los em outros terrenos de atuação. Reduzem o trabalho a um amontoado de chavões, não têm propostas e acabam colocando seus militantes num gueto, isolados dos estudantes.

Voltando ao trabalho na Universidade Santa Úrsula...

Estamos conseguindo mudar tudo isso. Antes, as assembléias não tinham convocação, propostas, não havia organização, nem aparelhagem de som. Estamos revertendo o quadro. Em 1987 já houve uma primeira assembléia juntando professores, alunos e funcionários. Uma vitória, porque lutamos para constituir uma comunidade acadêmica, de um lado, e, de outro, a administração empresarial. O DCE vive um processo de reestruturação importante. Aproveitamos o processo eleitoral, logo depois da luta contra o aumento das mensalidades, para eleger uma chapa com grande representatividade; tivemos 88,9% dos votos, dos 2.600 que votaram, 2.400 votaram conosco.

Como o DCE se encontra organizado?

Olha, a nossa eleição foi uma votação de revolta contra a pasteurização das entidades estudantis. A gente entrou com uma responsabilidade maior. Tínhamos de mostrar que o nosso discurso poderia ser efetivado, que os estudantes poderiam ter um DCE com secretária em tempo integral, um DCE com revista, que assistisse às reuniões do Conselho Universitário...

O DCE de vocês tem fonte de renda própria?

Nós administramos um parque xerográfico, são seis máquinas normais e aquelas 7000, imensas; administramos um salão de jogos com cinco mesas de sinuca e 10 de totó. Essas coisas dão renda para o DCE. Temos mais uma venda de sanduíche natural. Isso permite que não sejamos atrelados à reitoria. A reitoria aqui não nos dá nada, não recebemos um tostão, e aí não precisamos baixar a cabeça para pedir dinheiro, para viajar, ou para mandar uma delegação a um congresso estudantil. Ou seja, isso também é uma questão de identidade. Saber que o nosso movimento não depende de um pai, de um parlamentar progressista. Nosso movimento é financiado apenas por estudantes, isso é uma forma de conseguir mostrar competência. Agora, veja o resultado: dos 14 cursos, nove já têm centros acadêmicos, e mais dois têm comissões pró-centros acadêmicos. Isso é fundamental, porque sem centros acadêmicos, não se pode falar em movimento estudantil.

Vocês têm reconstruído os CAs de que forma?

Depende das condições de cada faculdade, de cada curso. O CA de Letras se rearticulou em torno de uma palestra do Thiago de Mello. A gente convocou todo o departamento para a palestra. Foi muita gente e, aí, a gente falava: por que o DCE tem que tomar essa iniciativa? Por que vocês não fazem um CA que possa realizar coisas desse tipo? No Departamento de História, chamamos o Gorender. É preciso encontrar formas para interessar as pessoas, elas precisam sentir a utilidade de suas entidades. Por exemplo, para a posse do DCE fizemos um grande baile, trouxemos o Barão Vermelho, patrocinado por uma empresa privada, uma festa realizada por profissionais. O Barão Vermelho recebeu o seu cachê e nem por isso o DCE deixou de ter posição política, nem de ser de esquerda.

Essas concepções têm outros adeptos aqui no Rio?

Muitos, é o pessoal que vem do movimento secundarista. Já ganhamos o DCE da Rural, o da UFF, tem gente que pensa assim também na PUC, na Unicamp. Você vê: o DCE da PUC era um nucleozinho de 10 pessoas. Fizeram um simpósio sobre a Aids, aglutinaram centenas de pessoas, um resultado importante. Também organizaram debates políticos: foram lá o Prestes, o Paul Singer, o Marco Aurélio Garcia, até o Caiado foi lá. Uma grande discussão política.

Como vocês encaram o consumo das drogas pelos estudantes?

Isso aparece sempre na época de eleições. Agora, o discurso da vanguarda não é a mesma coisa que sua prática, é complicado. As pessoas usam o tema para ganhar votos. A própria esquerda não faz uma reflexão sobre as drogas, sobre o sexo, ou sobre o rock. Ela faz uma representação, não uma reflexão, tenta absorver, porque saca que o negócio tem popularidade. Acho que se deve fazer uma discussão real sobre esses pontos, que compreenda a questão das relações humanas, a questão da sensibilidade, da competição, do egoísmo. Na própria militância estudantil, essas questões são muito fortes. De repente, o diretor da UNE acaba abrindo mão de sua vida afetiva, que é parte, metade da vida do ser humano, em função de uma prática que acaba sendo malfeita. Temos de discutir todas essas questões num nível mais informal, mas profundo.

Como é que vocês vêem o movimento de 1968? A memória de 1968?

Eu estudei muito 1968, inclusive fiz ensaios sobre 1968, coisas assim pra mim, não para publicar. As coisas que aconteceram na França, no Brasil, no México, na América Latina, nos Estados Unidos, o negócio do LSD, a questão dos negros, tudo o que rolou...

Uma coisa individual?

Inicialmente, sim, mas depois passou a ser acompanhado pelos amigos, a gente discutiu muito isso. Primeiro havia uma espécie de idealização. Mas depois saquei que 1968 não ia voltar. Mas tinha coisas com as quais a gente podia aprender. Começamos, por exemplo, a sacar que a Passeata dos 100 Mil foi contra a ditadura militar, mas não começou com esse caráter. O pessoal não ia à sala de aula convocar passeata contra a ditadura. Os estudantes chegavam a isso com o tempo. Sacamos isso agora — o movimento cresceu porque os líderes estavam incrustados nas turmas, as pessoas sabiam o que se passava na universidade, tinham propostas.

Quais as principais lições que vocês tiram de 1968?

Primeira constatação: era fundamental ser estudante. Parece uma coisa engraçada, mas a maioria das lideranças não tem vida de estudante. Eles se isolam muito. Vão para o gueto. Segunda constatação: 1968 não vai se repetir. Não tem esse papo de que a história vai se repetir. Vão aparecer mobilizações, lideranças, mas a conjuntura é diferente. Não estão pintando golpes no Brasil. Os golpes no Brasil hoje são golpes de publicidade. Mas o sistema é sempre o mesmo. Temos de nos preparar para essa nova relação. Eles se modernizaram. A nossa luta precisa se modernizar também. 1968 ficou como um mito que precisa ser trabalhado de maneira positiva.

Leandro Soto

— Estudante de processos de produção/Universidade Estadual Paulista (Unesp)

2008: Liderança da Coordenação Nacional de Luta dos Estudantes (Conlute) e militante do Partido Socialista dos Trabalhadores Unificado (PSTU)

Comecemos com um breve balanço de sua trajetória no movimento estudantil.

Meu nome é Leandro Soto, mas no movimento estudantil sou conhecido como Soto. Tenho 23 anos e sou militante do PSTU. Fiz o curso secundário no Colégio Santa Tereza de Jesus, quando ingressei no movimento estudantil ainda no segundo grau, na luta pelo passe livre, no Rio de Janeiro. Depois de participar de um congresso da Associação Municipal dos Estudantes Secundaristas (Ames), fui me envolvendo cada vez mais, o que se acentuaria quando ingressei na universidade (Uerj, curso de ciências sociais). Agora já mudei de universidade, faço processos de produção na Unesp.

Com relação à minha militância na Conlute, não tenho propriamente um cargo, pois não temos uma coordenação com cargos definidos, uma executiva ou algo do tipo. Faço parte da Comissão de Comunicação, mas, quando é preciso, participo de outras comissões. A minha tarefa é contribuir no processo de organização da Conlute, entrar em contato com os centros acadêmicos, buscar manter uma relação com as entidades que fazem parte da Conlute, mantê-la em funcionamento.

Você nunca militou na UNE?

Cheguei a participar da Ames e da Ubes, como delegado a congressos dessas entidades. Quando entrei no movimento universitário, já começava a existir uma discussão sobre o problema da representatividade da UNE: se não seria necessário começarmos a construir uma outra alternativa. Em pouco tempo, acabei me definindo por esse caminho. A experiência que tínhamos era de uma UNE ausente, não a víamos participar do dia-a-dia das lutas que organizávamos na Uerj. E também bastante antidemocrática, não havendo qualquer espaço de participação para tentar de alguma maneira influir nos rumos da entidade ou trazê-la para perto dos estudantes.

O que é a Conlute exatamente? Como surgiu? Que entidades dela fazem parte?

A partir da eleição do primeiro governo Lula, todo um processo de burocratização da UNE, que já vinha amadurecendo desde a década de 1990, foi se aprofundando.

A UNE então deixou de ser uma ferramenta que, apesar das limitações, ainda se focava na luta dos estudantes, para se tornar uma ferramenta que servia para defender a política do governo Lula, de uma forma praticamente incondicional. A isso se somaria a ausência de democracia, a impossibilidade de os estudantes, a partir do debate democrático, questionarem os posicionamentos da UNE e fazerem com que mudasse de posição.

Em 2004, depois de um ano de experiência com o governo e com uma UNE extremamente governista, o Diretório Central dos Estudantes da UFRJ convocou um encontro nacional contra a reforma universitária do governo Lula, o qual já tinha apresentado um anteprojeto ao Congresso e algumas medidas provisórias que prenunciavam o que o governo pretendia com a reforma.

O encontro foi bastante representativo, se considerarmos o fato de que a UNE não ajudou a organizá-lo, ao contrário, tentou boicotá-lo. Reuniram-se mais de 1.500 estudantes, mais de uma centena de entidades. Apesar de não ter sido aprovada uma resolução de ruptura com a UNE, ou algo nesse sentido, foi percebida a necessidade de se construir uma coordenação que pudesse, unindo todas essas entidades de base, organizar a luta contra os ataques do governo federal ao ensino superior.

Foi então, nesse contexto, que surgiu a Coordenação Nacional de Luta dos Estudantes, a Conlute, que mais tarde veio a se filiar à central sindical, popular e estudantil Conlutas (Coordenação Nacional de Lutas), encabeçada pelo diretório dos estudantes da UFRJ e algumas outras entidades e DCEs do país. Dali em diante, foi uma história de luta. Começamos a organizar plebiscitos, assembléias, atos de rua, manifestações contra a política educacional do governo.

De que maneira você demonstra a crise de legitimidade da UNE?

É óbvio que uma entidade que se organiza de maneira burocrática como a UNE, e que se baliza pela

Arquivo pessoal

defesa do governo, pode sempre encontrar bases de sustentação. Pode, a partir do aparato financeiro que tem — com dinheiro que recebe da Rede Globo e mesmo do governo federal —, levar estudantes e fazer um congresso até bastante numeroso. Mas, quando os estudantes se organizam para defender a universidade pública e para lutar em defesa de um outro projeto de educação para o país, a UNE é amplamente rechaçada.

Isso ficou muito claro em 2007. Logo no início do ano, houve a ocupação da Reitoria da USP, com uma greve de mais de 50 dias e, ali, ficou bastante clara a relação dos estudantes que estão no movimento estudantil com a UNE. No encontro convocado pela ocupação da USP — encontro das universidades estaduais paulistas —, foi aprovada moção segundo a qual a UNE não pode falar em nome dos estudantes dessas universidades. O próprio processo de eleições dos DCEs, que ocorreu ao longo do ano, pode ser também um outro exemplo. O DCE da UFRJ, que, em 2006, tinha voltado para a mão da diretoria majoritária da UNE, em 2007 passou para as mãos da chapa apoiada pela Conlute e pelos setores críticos à postura da direção majoritária daquela entidade, sendo a vencedora com mais de 3 mil votos de diferença, numa eleição que teve mais de 8 mil votantes. Além da UFRJ, outros exemplos podem ser referidos, como os DCEs da UFMG, da UnB, da Federal do Paraná, da própria USP, das federais do Pará, do Rio Grande do Sul, de Santa Catarina, de Goiânia, de Uberlândia, de Juiz de Fora, entre outras.

Onde o movimento estudantil volta a protagonizar lutas importantes, a UNE se coloca na contramão, e perde legitimidade. Mas ali onde o movimento está mais atrasado, há um vazio, a UNE consegue ocupar esse espaço. Agora mesmo, em algumas universidades pagas que travaram lutas em 2007, a UNE também foi amplamente rechaçada. Na PUC-SP, por exemplo, houve uma ocupação, e foi até engraçado, porque a reitoria tinha feito uma grande celebração dos 30 anos sem invasão da PUC pela Polícia Militar, que em 1977 invadiu a universidade a mando da ditadura militar. E aí, em menos de um mês, quando os estudantes ocuparam a reitoria, a Polícia Militar foi novamente chamada para invadir a universidade, dessa vez pela própria reitoria. Nesse processo, a UNE esteve contra a ocupação, a ponto de o ex-presidente Gustavo Petta fazer declarações infelizes (com as quais deve concordar a atual presidente, Lúcia Stumpf, pois são da mesma corrente política), chamando as ocupações de ações autoritárias e reacionárias.

Por falar nessa questão da independência, como você avalia a relação entre partidos políticos e entidades estudantis?

Evidentemente, os partidos atuam no movimento estudantil. Atuam nos fóruns da Conlute os partidos de oposição de esquerda ao governo. O PSDB e o DEM, em geral, estão participando dos fóruns da UNE, e inclusive fechando acordos com sua direção majoritária para poderem participar da executiva da entidade. Dentro dos fóruns da Conlute, nós vemos estudantes que são filiados ao PSTU e a outros partidos. O que nós achamos fundamental, e o que prezamos na nossa coordenação, é que suas decisões sejam tomadas pelos seus fóruns. Então, qualquer estudante, seja ele filiado a um partido ou não, seja ele ateu ou cristão, vascaíno ou flamenguista, seja qual for a opinião que ele tenha sobre qualquer tema, pode participar do fórum e colocar sua posição.

Todas as decisões são tomadas por esses fóruns. Já houve, inclusive, propostas de militantes do PSTU ou do Psol que perderam no voto. Temos divergências internas, há vários grupos regionais que não são ligados a nenhum partido político legalizado, além da grande maioria de estudantes independentes, que participam da coordenação e constroem seus centros acadêmicos e suas executivas.

O que achamos fundamental é preservar a independência da coordenação em relação aos partidos políticos. Quanto à UNE, percebemos, cada vez mais, que se cristaliza uma relação em que os partidos do governo — o PCdoB e as correntes ligadas ao campo majoritário do PT — elaboram um grande acordo burocrático que controla a direção da UNE. Assim tem sido desde o movimento *Fora Collor* até hoje.

A construção da Conlute é um processo novo, recente, e devemos manter uma constante vigilância para não repetir os erros que levaram a UNE a se tornar o que é hoje. A autonomia em relação aos partidos é crucial para que, amanhã ou depois, se algum outro partido assumir o governo, a Conlute possa continuar sendo um instrumento dos estudantes.

Como a Conlute sobrevive financeiramente?

Essa é uma discussão importante, pois se trata de uma das críticas principais que nós temos em relação à UNE. Na sociedade em que vivemos, quem paga a banda escolhe a música. Se você tem qualquer organização que dependa financeiramente de outros que não sejam os próprios estudantes, vai ter a independência comprometida. Por exemplo, hoje os congressos da UNE são financiados por governos estaduais, recebem apoio da Rede Globo e verba do PSDB e do governo federal, o que é lamentável. Obviamente, isso influencia o funcionamento da entidade e sua independência política.

Na Conlute nos sustentamos a partir da contribuição voluntária dos centros acadêmicos e dos próprios estudantes. Fazemos rifas, camisas, para vender. Os CAs discutem sobre como angariar dinheiro para os congressos, para realizar as reuniões etc. Essa decisão tem a ver com o próprio balanço que fizemos da UNE. Se nós começarmos a depender do dinheiro que vem do lado de lá, rapidamente vamos começar a tocar a música que eles querem. Nós não aceitamos nenhuma contribuição dos partidos, mesmo que nos ofereçam.

Como você avalia o movimento estudantil atual de uma maneira geral: a mobilização dos estudantes, a participação...

Durante a década de 1990 houve uma disputa de estratégia sobre os rumos do movimento estudantil. A direção majoritária da UNE, na época composta pelo PCdoB e por setores do PT, apostava que a estratégia para a transformação seria através da eleição de um candidato de esquerda, no caso, o Lula.

A partir da eleição do Lula, o movimento estudantil se deparou, então, com uma crise porque, objetivamente, o governo Lula não conseguiu responder às reivindicações, seja as ligadas ao problema concreto da educação, seja as mais gerais, que o movimento sempre tomou como suas, como a reforma agrária e a transformação da sociedade brasileira.

A tendência que hoje continua dirigindo a UNE apostou na defesa incondicional do governo, não conseguiu fazer um balanço coerente da sua estratégia e não conseguiu tirar as conclusões do que era um governo que não cumpria com aquilo que se esperava que cumprisse. Por seu lado, o movimento, recolhendo os cacos do que tinha sido aquela experiência, fez um balanço e começou a pensar em uma outra estratégia, voltada para a construção de um movimento que tivesse como centro a mobilização independente dos estudantes, ao lado dos trabalhadores, para conquistar as nossas reivindicações para a educação e para a sociedade como um todo.

Em 2007, vimos o movimento estudantil recobrar o fôlego, houve a greve da USP, que foi bastante forte, obtendo uma série de conquistas, e que derrotou os decretos do governador José Serra. Vimos também as ocupações de reitorias, que, a partir da USP, se espalharam pelo país inteiro, alcançando mais de

15 universidades federais, ocupadas, com assembléias cheias. Além disso, mesmo entre os estudantes que não participam cotidianamente do movimento, houve votos nas chapas de oposição ao governo nas eleições dos DCEs. Mesmo em universidades pagas, como a PUC-SP, a Fundação Santo André e outras, houve mobilização, e os estudantes entraram em greve.

O que vemos hoje são processos de mobilização dos estudantes não apenas aqui no Brasil, mas também no mundo, como no Chile — em que os estudantes secundaristas enfrentaram o projeto do governo da Michele Bachelet —, na França — que tem sido um dos principais expoentes do movimento estudantil internacional — e no México — com a insurreição de Oaxaca, cujo centro foi composto pelos professores da rede estadual de ensino e a universidade.

Quais são as principais reivindicações do movimento estudantil?

Para nós, a mola mestra das mobilizações é a luta contra o projeto do governo federal para a educação. O Lula, ainda durante a campanha presidencial, assinou um acordo com o Fundo Monetário Internacional (FMI) e com o Banco Mundial, no qual se comprometia, no caso de ser eleito, a continuar implementando uma série de políticas que já estavam sendo implementadas durante o governo FHC. Isso aconteceu em vários terrenos, como, por exemplo, no caso da reforma da previdência. O FHC já tinha dado o primeiro impulso e, agora, o Lula está preparando um segundo, para avançar na privatização do regime das aposentadorias. Na educação não foi diferente.

O governo começou preparando um anteprojeto de reforma do ensino superior, que se combinou com uma série de medidas provisórias, que sequer passaram pelo Parlamento e que já significavam um ataque bastante violento ao ensino público baseado nos princípios da combinação ensino-pesquisa-extensão. Sabemos que o ensino público tem problemas, não é que não precisemos de uma reforma, mas a que o governo apresentou não tinha nada a ver com as aspirações do movimento. Por exemplo, o governo estabeleceu, através de medida provisória, o ProUni (Programa Universidade para Todos), uma medida que, aparentemente, é bastante progressista e que é a garantia de acesso de estudantes negros e carentes às universidades privadas. Só que, em troca, o governo concede isenção do imposto de renda às universidades que adotarem o ProUni, abrindo mão de recursos que poderiam estar sendo investidos na educação. Para se ter uma idéia, para cada vaga aberta com o ProUni nas universidades privadas, poderiam ser abertas três nas universidades públicas. Essa e outras medidas caracterizam um projeto de reforma universitária, e a nossa luta tem se constituído centralmente em oposição a esse projeto. Ela explode num canto ou noutro, às vezes por questões mais específicas (verbas, reformas curriculares, moradia), lutas parciais que vão se combinando e que se colocam contra esse projeto da reforma universitária.

Agora em 2007, através do Decreto nº 6.096, apareceu o chamado Reuni, um programa de apoio aos planos de reestruturação e expansão das universidades públicas. A luta se colocou mais diretamente contra esse decreto. Todas as ocupações de reitorias que nós vimos, da UFRJ, das federais do Espírito Santo, do Pará, do Maranhão, de Alagoas, da Bahia, do Paraná, de Santa Catarina, do Rio Grande do Sul, tiveram a ver com esse decreto, que prevê a expansão de vagas, mas combinada com o aprofundamento do sucateamento do ensino superior.

O Reuni prevê uma meta de cinco anos para que as universidades passem a ter uma relação professor-aluno de um professor para 18 estudantes, levando-se em consideração que, atualmente, a relação média professor-aluno é de um para 10. Então, isso significaria praticamente dobrar os estudantes em sala de aula. Essa relação de um para 18 que o governo está propondo para o ensino superior é a relação que existe hoje no ensino médio. Portanto, o que fizeram com o ensino médio lá atrás — que era público e de qualidade — o governo está preparando para o ensino superior. Além disso, também existe a criação de uma meta para que, dentro de cinco anos, se consiga um índice de aprovação na graduação das universidades públicas de 90%.

Essa combinação de fatores pode levar o ensino público superior a se tornar bastante parecido com o que é hoje o ensino médio e, junto com isso, a pesquisa e a extensão serão na certa sucateadas. Trata-se de uma concepção de universidade para formar mão-de-obra para o mercado, quer dizer, salas de aula superlotadas e cursos rápidos — que são os bacharelados interdisciplinares de dois a três anos, de formação rápida, para entrar no mercado. Em alguns lugares isso já está sendo implementado, como, por exemplo, no *campus* da USP Leste, criado recentemente. Lá existem uns cursos que são impressionantes, como o de "ciências da atividade física", no qual o indivíduo não se forma em educação física, mas apenas para dar aulas em academias, ou então o de "licenciatura em ciências da natureza para o ensino fundamental", que é um curso para formar professores de ciências, não formando o profissional em biologia, ou ainda o de "obstetrícia", um curso que forma apenas obstetras, mas que não podem fazer partos, já que, pela lei federal, somente médicos podem fazê-lo, ou seja, sua tarefa é apenas a de auxiliar os médicos.

De maneira nenhuma podemos aceitar que o projeto do governo seja implementado. Por trás do sucateamento e da privatização da universidade pública está um projeto implementado pelo governo federal em consonância com o discurso do Banco Mundial e do FMI.

Ainda em relação ao Reuni, você acredita na possibilidade de se travar uma luta institucional?

O problema é que, ou nós apresentamos um projeto alternativo de Universidade, ou nós não temos sequer condição de nos colocar nessa batalha. Isso é algo muito claro.

O governo quer criar um "escolão de terceiro grau" para formar mão-de-obra barata. Então, nós temos que apresentar um outro projeto para deixar claro para o conjunto da sociedade que nós não estamos a favor do modelo de universidade que existe hoje: elitizado, excludente e com outros problemas que nós sabemos que a universidade tem.

O problema é: como nós vamos apresentar um projeto alternativo? No interior das instituições, aceitando os termos do Reuni, ou lutando por fora? Penso que tem que ser por fora. É necessário, portanto, contrapor um projeto, mas um projeto que tenha sido discutido pela universidade, em conjunto com a sociedade. Temos um projeto. Acho que o movimento tem amadurecido isso a partir da discussão de uma reformulação do Plano Nacional de Educação, construído antes do governo Lula. O que não podemos é entrar na lógica de um projeto que já é predeterminado pela concepção de universidade do governo — levando-se em consideração que sua essência está no decreto. Temos que escolher entre virar um escolão ou não. Afinal, a universidade deve estar a serviço do mercado e do que ele precisa, ou deve estar a serviço de um projeto de país, de transformação social? Se é o primeiro, o projeto do governo é o certo. Mas se é o segundo, está na hora de a universidade discutir mais o que ela precisa ser para conseguir transformar o país efetivamente.

E a quantas anda a elaboração dessa contraproposta?

Ainda na época do governo FHC, o movimento estudantil, inclusive a UNE, junto com o movimento dos docentes e dos funcionários, construiu um Plano Nacional de Educação (PNE) que previa uma série de medidas e que foi encaminhado ao Congresso Nacional. Fundamentalmente, no centro do problema está a questão do financiamento. Trata-se de resgatar o financiamento público e a reivindicação do PNE, que já existe, de 7% do PIB para a educação. Esse é o primeiro ponto, fundamental para se poder repensar uma nova perspectiva. O segundo ponto diz respeito ao problema da expansão de vagas, também relacionada ao problema do financiamento público. Se há o financiamento público, há a expansão de vagas com qualidade, pesquisa e extensão. Se você não tem financiamento público, o máximo que vai acontecer é o que tem acontecido: a expansão de vagas nos moldes já citados, ou seja, cursos rápidos e especializados, como no caso da recém-criada Universidade Federal do ABC ou da USP Leste. Ou então, acontece de o governo fazer algumas *picaretagens*: desmembra universidades já existentes e alega que criou universidades novas, como no caso de um *campus* afastado da Universidade Federal do Mato Grosso do Sul, que é em Dourados, e o governo inventou que se tratava da Universidade Federal da Grande Dourados.

Ou o governo Lula aprofunda o que o governo FHC fez, ou tem uma política alternativa. Para ser sincero, não acho que o governo vá mudar de política, pois ele está instrumentalizado por aqueles que financiaram sua campanha, pelo acordo que fez com os partidos com os quais governa o país. Hoje, na base do governo, há pessoas que apoiaram a ditadura militar, e é lamentável que, junto com essa base, esteja a União Nacional dos Estudantes, indo contra tudo aquilo que construiu historicamente.

Finalmente, como você avalia o movimento estudantil da década de 1960 e qual o legado deixado para o movimento estudantil de hoje?

Sem dúvida, o movimento estudantil dos anos 1960 é uma referência. Há muitas coisas que precisam ser reivindicadas. Primeiro, a força do movimento. Hoje, uma passeata com 100 mil estudantes deixaria o governo em maus lençóis, mas não temos esse potencial de mobilização ainda. Nos anos 1960, houve uma combinação de fatores favoráveis. Primeiro, muitas das bandeiras que foram colocadas ali são bandeiras atuais, como o problema da universidade elitizada, dos currículos inadequados, da falta de verbas e de professores.

Havia também um sentimento de que a ditadura militar então existente não servia aos interesses da maioria da população e isso, talvez, tenha sido um fator de mobilização. Hoje em dia, falta uma perspectiva de transformação mais profunda. Por que não pensar em outras instituições mais democráticas, em que o povo possa participar mais ativamente das decisões? Quer dizer, pensar numa lógica de funcionamento da sociedade totalmente diferente da que existe hoje. Naquela época, diferentemente, os estudantes enfrentavam a ditadura militar e talvez aspirassem a um modelo alternativo.

Hoje em dia prevalecem as grandes campanhas eleitorais, financiadas pelos ricos empresários, elegem-se os mesmos caras, e é a mesma corrupção e são os mesmos projetos. Sai situação, entra oposição, e continua a mesma política para a educação e para a sociedade como um todo. As coisas não mudam. Acho que isso contribui, num certo sentido, para que os estudantes fiquem desiludidos. Talvez o que nós precisemos resgatar seja o desejo de transformação da sociedade e a construção de uma sociedade socialista.

A partir da experiência que estamos tendo com esse regime político — o qual não solucionou os problemas que existem — e com o próprio aumento da temperatura das mobilizações, provavelmente consigamos retirar o movimento estudantil das mãos do governo e voltemos a ver mobilizações estudantis como as que víamos naquela época.

Um outro aspecto importante é que, naquela época, existia não só uma expectativa, mas uma preocupação constante dos estudantes em se ligarem à classe trabalhadora e ao povo pobre e explorado.

Nós vivemos numa sociedade dividida entre aqueles que se apropriam da riqueza e os que vivem na miséria, e acho que o movimento estudantil tem que escolher um lado. Nós não temos dúvida de que o lado correto é o lado dos trabalhadores, o lado daqueles que estão sendo explorados. Para o futuro, quem sabe, com tudo isso que está acontecendo no mundo, com todas as mobilizações, nós voltemos a ver os estudantes no Brasil protagonizando manifestações e movidos por ideais de transformação social como aqueles que moviam os estudantes de 1968. Vamos ver, agora com os 40 anos, se aparecerá um novo maio de 1968.

Arquivo pessoal

Lucia Stumpf

— Estudante de jornalismo da Fiam (Faculdades Integradas Alcântara Machado), São Paulo

2008: Presidente da União Nacional dos Estudantes (UNE) e militante do Partido Comunista do Brasil (PCdoB)

Como foi sua participação no movimento estudantil até você ser eleita presidente da UNE?

Entrei no movimento estudantil ainda na 4ª ou 5ª série, quando fui representante geral do grêmio estudantil do 1º grau da minha escola — o Colégio João XXIII —, em Porto Alegre. Foi o período em que explodiram as manifestações pelo "Fora Collor" e acabei participando de passeatas. Encantei-me com tudo aquilo e, desde então, não saí mais do movimento estudantil. Numa outra escola, onde cursei o 2º grau, participei da fundação de um grêmio e fui presidente dele por dois mandatos seguidos, tendo sido ativista no movimento secundarista de Porto Alegre. Em 1998, houve a campanha do "Se Liga 16", de incentivo à inscrição no registro eleitoral. Tirei o meu título de eleitora, votei e participei do processo, e foi então que me filiei ao Partido Comunista do Brasil (PCdoB), onde estou até hoje, participando da direção nacional da União da Juventude Socialista (UJS), uma organização de jovens que luta em defesa do Brasil e do socialismo, com mais de 100 mil filiados em todo o país.

Em 1999, fiz vestibular para duas faculdades, tendo sido aprovada em ciências sociais para a Federal do Rio Grande do Sul e em jornalismo para a PUC-RS. Nesse mesmo ano, fui ao meu primeiro congresso da UNE como delegada. Em 2001, com 18 anos, fui eleita vice-presidente da UNE para o Rio Grande do Sul, ingressando na diretoria da entidade nacional dos estudantes, com mandato de dois anos. Em 2003 e 2005, fui eleita sucessivamente diretora de Comunicação e diretora de Relações Internacionais — passando a fazer parte da direção executiva — e, com isso, tranquei matrícula nas minhas faculdades e me mudei para São Paulo, onde me matriculei nas Faculdades Integradas Alcântara Machado. A UNE tem 85 diretores, mas 17 deles fazem parte da diretoria executiva e têm que morar em São Paulo — os demais moram em seus estados. Em 2007, com 25 anos, fui então eleita presidente da UNE, com mandato até julho de 2009.

Ao longo desses anos, tenho consolidado a visão da UNE como uma entidade grande, forte, unida, capaz de mobilizar os jovens, de mudar o Brasil e de alterar até a correlação de forças no conjunto de nosso continente.

Você acredita que ainda é possível falar de unidade do movimento estudantil nos dias atuais, no Brasil?

Não tenho dúvidas de que é possível e é o que a gente vivencia hoje. A UNE e a Ubes, enquanto entidades representantes dos estudantes brasileiros desde a sua fundação, em 1937, até hoje, ao longo de 70 anos, possuem uma gama muito plural de representações, entidades e pensamentos políticos. Abarca desde partidos de extrema esquerda, como o PCR, o Psol e movimentos trotskistas, até as direitas, como os Democratas e o PSDB, além dos milhares de estudantes sem partido que também participam, inclusive nas diretorias.

E como você avalia a existência da Conlute (Coordenação Nacional de Luta dos Estudantes) hoje?

A Conlute foi uma coordenação que surgiu em 2003 ou 2004, agrupando pequenos segmentos do movimento estudantil em torno do PSTU. Optaram por sair da UNE, num movimento divisionista. Nós reconhecemos no PSTU uma força legítima de atuação no movimento estudantil, dialogamos com eles, temos grande respeito pelos companheiros, mas não reconheço a Conlute como uma entidade do movimento. E não acredito que esse movimento divisionista tenha êxito. A história já mostrou, em outros momentos, que os que tentam dividir a UNE não têm êxito.

Quantos diretórios estudantis reconhecem a UNE como uma entidade legítima dos estudantes?

De acordo com o nosso estatuto, todos os quase 6 milhões de estudantes universitários do Brasil são diretamente representados pela UNE, no sentido de poder buscá-la para solucionar os seus problemas ou para representá-los na luta por suas reivindicações.

Em 2006, foi realizado o Conselho Nacional de Entidades de Base, o Coneb, que reúne todos os centros acadêmicos (CAs) do Brasil, o qual credenciou para participação na UNE quase 4 mil centros e diretórios acadêmicos. No último Conselho Nacional de Entidades Gerais (Coneg), que é um conselho que reúne os DCEs e UEEs, foram credenciadas quase 1.500 entidades. Para além desses números, todos os DCEs ou CAs, apesar de possíveis críticas, reconhecem na UNE uma entidade capaz de congregar a luta dos estudantes.

A eleição de Lula para a presidência da República alterou em algo a atuação da UNE?

Ao longo dos anos 1990, a UNE participou da oposição ao governo Fernando Henrique Cardoso e à implementação do neoliberalismo no Brasil. Foi um tempo de duras lutas, quando tivemos que enfrentar muitas vezes até a repressão aos movimentos. Ao mesmo tempo, porém, havia uma grande unidade entre os movimentos sociais, todos concordavam em fazer oposição ao governo FHC e a suas políticas.

Agora, depois da eleição de Lula, surgiu o desafio: como se posicionar diante de um presidente que veio do movimento social e sindicalista?

Não tenho dúvidas de que a UNE foi, talvez, a entidade que mais acertou o tom de, ao mesmo tempo, dialogar com o governo e fazer pressão sobre ele, sem adesismos, de forma autônoma, em defesa de um país mais justo e de uma educação melhor para todo mundo, combinando diálogo, participação e pressão.

Assim, participamos de projetos que avaliamos corretos, como, por exemplo, da Conaes (Comissão Nacional de Avaliação do Ensino Superior), proposta pelo MEC. Ao mesmo tempo, boicotamos o Enade (Exame Nacional de Avaliação do Estudante), já que se trata de uma cópia do provão implementado por FHC.

Mas é importante ter canais de diálogo. Nos oito anos do governo FHC, a UNE nunca foi recebida pelo ministro da Educação, Paulo Renato. Já o presidente Lula e todo o seu ministério, de forma diferenciada, recebem a UNE.

A UNE faz o tempo todo esse movimento duplo de dialogar e manter as pressões. Foi a entidade que mais fez manifestações de oposição ao governo. Posso citar exemplos: o boicote ao Enade; a luta para que Lula retirasse o veto do projeto que prevê 7% do PIB para a educação; a manifestação em frente ao Banco Central do Brasil, em Brasília, exigindo a demissão de seu presidente Henrique Meirelles; o movimento de ocupação das universidades federais, desembocando no Dia Nacional de Ocupação das Universidades Federais, em 16 de junho de 2007; a Marcha para Brasília, exigindo uma mudança na política econômica e uma reforma universitária capaz de garantir um sistema de ensino superior melhor, mais justo e mais público.

Como você avalia o papel da UNE no processo de ocupação da USP em 2007?

Foi um movimento absolutamente legítimo, e a UNE sempre apoiou o mérito político do processo e sempre defendeu a ocupação enquanto um instrumento legítimo dos estudantes. Inclusive, no Grande Dia Nacional de Ocupação das Universidades Federais já referido, uma de nossas pautas foi contra a desocupação da reitoria da USP pela polícia. Nesse dia, a UNE ocupou mais de 15 reitorias de universidades federais com uma pauta de solidariedade aos estudantes da USP.

Quais são atualmente os principais desafios e as principais bandeiras do movimento estudantil?

O maior desafio é como nós conseguiremos falar para mais gente, estarmos presentes no cotidiano de mais de 6 milhões de estudantes universitários que hoje têm um perfil diferenciado do da década de 1960.

No auge do movimento estudantil das décadas de 1960 e 70, a UNE falava para 200 mil estudantes, aproximadamente. E cerca de 80% desses estudantes eram de universidades públicas, oriundos de classes mais favorecidas, o que permitia que os alunos continuassem estudando, sem precisarem trabalhar mais cedo. Hoje, existem 6 milhões de estudantes universitários com perfis muito variados. Continuamos com os filhos das classes médias e das elites brasileiras estudando, em sua maioria, nas universidades públicas, mas, ao seu lado, agora existem os caras mais velhos, que já têm família constituída, trabalham o dia inteiro e só estudam das 19h às 22h para ter um diploma e melhorar a condição de emprego; ou então o bolsista do ProUni, que é o cara da periferia, que não conseguiu estudar em boas escolas e, dificilmente, conseguiria alcançar a universidade ou mesmo conseguir uma vaga no mercado de trabalho. Além disso, a juventude brasileira hoje é constituída por diferentes culturas. Há quem goste de cinema, há quem não goste. Se vamos para a música, o que vai ser? Rock nacional, MPB, *hip-hop*? Que música dialoga com o conjunto dos estudantes?

Tentando dialogar com essa diversidade, foram criados os Cucas (Centros Universitários de Cultura e Artes), retomando o trabalho cultural dos antigos CPCs (Centros Populares de Cultura). Os Cucas, desde 2001, a cada dois anos, realizam bienais e durante o ano inteiro funcionam como redes de estruturação de uma malha cultural formada por estudantes do Brasil e que dialoga também com outros grupos culturais de fora da universidade.

Também temos procurado discutir questões comportamentais, como a descriminalização das drogas e a legalização do aborto, sem falar na questão do meio ambiente, um tema de relevância mundial, ainda não debatido pela UNE.

Continuamos com nossas grandes bandeiras: fazer do Brasil um país mais justo, com menos desigualdade social e mais desenvolvido, ampliar a universidade pública: somente 2% dos jovens brasileiros entre 18 e 28

Arquivo pessoal

anos estão nas universidades públicas. Os outros 98% ou estão matriculados em universidades particulares ou, no caso da ampla maioria, estão excluídos do ensino superior.

Precisamos também regulamentar o ensino privado. A UNE não pode virar as costas para a maioria dos estudantes brasileiros que estão nas universidades privadas — instituições absolutamente mercantis, que encaram os alunos como clientes, sem respeitá-los. Os estudantes das universidades particulares são os que mais precisam do nosso apoio, porque são eles os que mais sofrem com a falta de qualidade do ensino, com a falta de democracia interna e com a falta de condições melhores para estudar.

Além disso, há a questão da internacionalização do ensino superior privado. Já há uma universidade em São Paulo — Anhembi Morumbi, maior universidade do país em termos de matrícula — que pertence a um grupo internacional — o Laureate, da União Européia. O conteúdo de seu curso de direito é decidido pela União Européia. Então, que profissional é esse que estamos formando? Que universidade é essa, internacionalizada? Trata-se de um fenômeno novo, mas que está se expandindo de maneira muito rápida.

Para a UNE e para nós do movimento estudantil, a universidade só tem razão de existir se estiver articulada com um projeto de desenvolvimento nacional. De que universidade precisamos? O que ela precisa pesquisar? Quais profissionais precisa formar? A universidade particular não responde, muitas vezes, a essas questões. Mesmo em relação às universidades públicas, como faremos para que, cada vez mais, elas estejam articuladas a esse projeto de desenvolvimento nacional? Esse é um grande desafio brasileiro.

Qual a sua visão sobre a reforma universitária e, em termos mais específicos, como você vê a proposta do Reuni?

A reforma universitária é a grande bandeira do movimento estudantil desde a década de 1960 e, até hoje, a discussão continua, agora com novos problemas e desafios.

A reforma universitária é urgente, devendo ter como princípios o fortalecimento da universidade pública e a regulamentação do ensino privado. Ser contra a reforma é ser a favor do modelo que existe hoje, o pior possível, pois é um modelo mercantil, que não defende as nossas necessidades e que exclui a juventude de baixa renda do ensino superior.

Na época do governo FHC, tínhamos que resistir, antes de mais nada, às reformas que o então presidente estava fazendo. O FHC fez uma reforma branca no Brasil, diminuindo as verbas para a universidade pública e, ao mesmo tempo, permitindo a ampliação do sistema privado, sem regulamentação, o que levou ao sucateamento das universidades e à mercantilização da educação.

Com a eleição do Lula, vimos a possibilidade de efetuar avanços e conquistas. Foi então que a UNE começou a propor um debate a favor da reforma universitária.

Em 2003/2004, um grande projeto de lei foi formulado por diversas entidades comprometidas com o ensino público — UNE, Andifes, Andes, Fasubra —, desaguando num primeiro anteprojeto de reforma universitária. Mas esse projeto, que se expressa no PL nº 7.200, de 2006, que está tramitando no Congresso Nacional, na Comissão de Educação, foi totalmente desfigurado por cortes e emendas de toda ordem.

O projeto do governo não traduz a reforma universitária que desejamos. A UNE, no entanto, fez uma série de emendas, que o ajuda a voltar a ter algumas daquelas características iniciais. Contudo, trata-se de uma disputa difícil de ser travada, uma vez que temos um Congresso Nacional com uma composição muito conservadora, além do *lobby* das universidades privadas, fortíssimo. Mas é preciso travar a luta e tenho confiança de que os movimentos sociais, bem organizados, conseguirão ganhos expressivos.

Já a proposta do Reuni está num outro patamar. Trata-se de uma política de governo que o Lula apresentou às universidades. O que caracteriza politicamente o Reuni? Primeiro, ele faz parte do Plano de Desenvolvimento da Educação (PDE), um plano maior, que prevê uma série de medidas, entre as quais o Plano Nacional de Assistência Estudantil e o Plano de Incentivo à Docência.

O Plano Nacional de Assistência Estudantil é uma vitória da UNE. Com a aprovação do plano, o governo garante, para os próximos dois anos, uma verba de R$ 140 milhões para serem aplicados, exclusivamente, em assistência estudantil. Apesar de ser ainda insuficiente em relação ao que queríamos — R$ 200 milhões —, conseguimos agora uma política permanente de recursos para a assistência estudantil, garantida pelo Estado.

O Reuni é um plano que propõe a expansão e a ampliação das universidades públicas, direcionadas para cursos noturnos, o que responde a bandeiras históricas do movimento estudantil. Com efeito, é um absurdo que, às seis da tarde, a universidade pública feche as portas e fique ali uma estrutura ociosa. Além disso, o período noturno ativo permite que os trabalhadores estudem na universidade. Hoje, esses trabalhadores são obrigados a procurar as universidades particulares.

A expansão das vagas também está combinada com a política de permanência do estudante porque prevê metas globais de 90% de diplomação e essas só serão alcançadas se houver uma garantia de permanência. Hoje, o grande problema não é a reprovação, mas a falta de assistência estudantil, que faz com que 1/3 dos estudantes não consiga se formar. Essa evasão acontece, na ampla maioria das vezes, por questões estruturais: o cara perdeu o emprego, se mudou de cidade e não conseguiu transferência e coisas do gênero. Para evitar que isso aconteça, precisamos de mais casas universitárias, mais restaurantes e mais bolsas de auxílio para o jovem carente. Outro aspecto interessante é o que reafirma a autonomia universitária, uma vez que o Reuni permite que cada instituição apresente o seu plano, suas metas, o seu perfil de reestruturação e de expansão.

Então, o Reuni tem características positivas. Contudo, a UNE tem apresentado alguns questionamentos, como, por exemplo, em relação aos bacharelados interdisciplinares. Somos totalmente contra esses bacharelados, pois eles representam a precarização do ensino superior, uma vez que propõem uma formação intermediária, para além do ensino médio, mas abaixo do universitário, de dois a três anos, o que corresponde a certas demandas do mercado de trabalho — que procura profissional qualificado, mas não o suficiente para aumentar o salário.

Outro problema maior: a forma pela qual o Reuni foi imposto, por decreto, o que já é, por si só, antidemocrático, pois não foi debatido nem com o Poder Legislativo, tampouco com o conjunto da sociedade.

Então, eu diria que não basta ser contra ou a favor do Reuni como um todo. Na medida em que o Reuni propõe a expansão da universidade pública, sou a favor dele. Trata-se de saber, no entanto, como a expansão vai ser definida. O que podemos observar hoje é que, nos lugares onde houve a participação do movimento estudantil na elaboração da proposta do Reuni, saiu um resultado positivo, que contempla as preocupações dos estudantes, como foi no caso da UFRJ e da UnB.

A batalha do movimento estudantil, hoje, é lutar para garantir e fiscalizar a implementação do Reuni, preservando a autonomia universitária e a expansão da universidade pública para os filhos da classe trabalhadora que estão excluídos do ensino superior.

Como a UNE sobrevive financeiramente?

Nós hoje somos uma entidade financeiramente falida, temos mais dívidas do que arrecadamos durante o ano.

A UNE se estrutura financeiramente, até hoje, através da comercialização da carteira dos estudantes. Um direito conquistado pelo movimento estudantil, que garante a meia-entrada em eventos culturais para os estudantes universitários e secundaristas. Ora, esse direito sofreu um duro revés em 2001.

Nesse ano, ocorreu uma greve das universidades federais. A UNE, por ter participado do movimento, sofreu dura represália. Antes, as carteiras dos estudantes só podiam ser emitidas por entidades estudantis. A UNE era uma delas, mas não detinha exclusividade. Como represália política, foi implementada a Medida Provisória nº 2.208, recomendada pelo ministro da Educação do governo Fernando Henrique, Paulo Renato, e em vigor até hoje, que permite que qualquer setor ou empresa possa emitir carteiras de estudante. Com isso, a emissão de carteiras virou um negócio e deixou de ser um instrumento de financiamento do movimento estudantil.

Era com esse dinheiro que a UNE organizava eventos, passeatas e mobilizações, além de produzir seus materiais. Então, a nossa grande luta hoje é pela derrubada dessa medida provisória, pela moralização da carteira dos estudantes e para que volte a ser emitida, exclusivamente, pela rede das entidades do movimento estudantil. Enquanto não conseguirmos êxito nessa luta, para financiar eventos e atividades, dependemos da aprovação de emendas parlamentares específicas. Trata-se de um dispositivo que permite que deputados e senadores, individualmente, possam solicitar um valor determinado para ser aplicado em algum evento ou alguma atividade. Deputados de vários partidos políticos já acionaram, ou acionam, constantemente, tal dispositivo para destinar recursos à UNE.

Para terminar, como você vê o legado deixado pela geração da década de 1960 para o movimento estudantil atual?

Acredito que a década de 1960 no Brasil foi muito rica. O próprio ano de 1968 foi, realmente, muito intenso. O nosso maio de 1968 aconteceu inclusive antes, desde o começo do ano, com a grande ebulição do movimento estudantil, exigindo democracia.

No movimento estudantil, ainda hoje admiramos e respeitamos muito aquelas lutas, e nos espelhamos naqueles estudantes, que, num momento difícil da nossa história, conseguiram manter de pé, e alta, a bandeira da luta pela democracia, em defesa de um Brasil mais justo e de uma sociedade que tivesse suas liberdades garantidas. Foi uma juventude que conseguiu resistir ao poder armado, instituído e ditatorial, que perseguiu e prendeu milhares de estudantes — como os que participaram do Congresso da UNE em Ibiúna, em outubro de 1968 — e que matou centenas de outros estudantes, inclusive o presidente da UNE, Honestino Guimarães, eleito em 1969.

Esses jovens que organizaram a luta e a resistência nesse período até hoje são uma referência para quem organiza a UNE e para quem tem os mesmos ideais de construir um Brasil que ainda não foi construído — mais justo, mais igualitário e mais libertário.

Então, quando olhamos os estudantes dos anos 1960, que conseguiram travar lutas numa conjuntura tão difícil, temos mais coragem e certeza de que, nesse momento mais propício, em melhores condições, devemos assumir a responsabilidade de ir à luta, continuando a luta dos que deram suas vidas e sua liberdade em nome de nossas causas.

É nosso dever manter alta a bandeira da unidade da UNE em defesa de um Brasil melhor e de uma educação de mais qualidade e também manter firme essa UNE sólida, ampla, autônoma em relação a qualquer governo que exista, conseguindo, assim, responder aos desafios do Brasil em que vivemos.

Arquivo pessoal

Paulo de Tarso Venceslau

1968: Estudante da Faculdade de Economia e Administração (FEA) da USP, liderança da União Estadual dos Estudantes de São Paulo, integrante da direção da organização do Congresso da UNE, em Ibiúna; filiado à Ação de Libertação Nacional (ALN)

2008: Economista, consultor, jornalista; sócio proprietário e diretor de redação do semanário *Contato*, de Taubaté, SP

A realização do 30º Congresso da União Nacional dos Estudantes, em outubro de 1968, na pequena localidade de Ibiúna, interior do estado de São Paulo, ocupou lugar de destaque no turbulento ano de 1968. Embora ainda não tenha recebido o merecido interesse, o congresso, que reuniu centenas de lideranças estudantis, foi uma expressão da radicalização das lutas do movimento estudantil e do grau de repressão política então alcançado. Como se sabe, o congresso, logo no início, foi investido e desmantelado pela polícia. Não poucas indagações, no entanto, ainda pairam sobre o acontecimento. Para contribuir para o esclarecimento desse episódio marcante, resolvemos, nesta nova edição, entrevistar Paulo de Tarso Venceslau, principal liderança da União Estadual dos Estudantes (UEE) de São Paulo, envolvida na organização do evento.

Antes de 1968, que episódios mais relevantes você destacaria em sua trajetória de vida?

Nasci em Santa Bárbara d'Oeste, São Paulo, em 15 setembro de 1943. Meu pai, José Venceslau Júnior, foi dirigente integralista nos anos 1930 e 40. Minha mãe, Jurema Cabral Venceslau, apesar de professora formada, sempre exerceu tarefas domésticas.

A família mudou-se para Taubaté em janeiro de 1955, depois de passar por Piracicaba e Campinas, pois meu pai era médico do estado e cada promoção implicava uma remoção. Em Taubaté, fiz os cursos ginasial e colegial de então (sete anos), em escolas públicas estaduais. No colegial, fui presidente do Grêmio Estudantil Dr. Câmara Leal, do Instituto de Educação Monteiro Lobato. Mas fui expulso em 1961, no final do mandato no grêmio, não por motivos políticos, mas por liderar atividades consideradas perniciosas para os bons costumes, como excursões da fanfarra e torneios esportivos em outras cidades que acabavam em farras e bebedeiras homéricas. Eu não tinha formação política. Na verdade, gostava era de praticar esporte e namorar.

Em 1962, mudei-me para São José dos Campos para terminar o colegial. Ali, estabeleci os primeiros vínculos políticos e ideológicos com a esquerda, através de estudantes do Instituto Tecnológico da Aeronáutica (ITA). Em 1965, depois de cursar durante um ano a Faculdade de Economia de São José dos Campos, ingressei na Faculdade de Economia da USP e mudei-me para São Paulo.

Você era apenas estudante?

Sempre trabalhei e estudei. Em São Paulo, fui trabalhar no Moinho da Lapa, uma empresa do Grupo Sadia, como assistente da diretoria. Foi um período em que minha formação política deu um salto. A empresa então recorria a homens e à infraestrutura da chamada 5ª Delegacia, como era então conhecido o Departamento de Ordem Política e Social (Dops) de São Paulo, para efetuar cobranças de seus devedores. Os investigadores prendiam e torturavam clientes que não honravam seus compromissos com a empresa.

Como se iniciaram as atividades no movimento estudantil?

Em 1966, participei ativamente das manifestações estudantis contra o acordo MEC-Usaid, que ficaram conhecidas como a "setembrada". Fui preso no largo da Concórdia, em uma dessas manifestações, e solto com o grupo de estudantes de economia da USP, depois de três dias, graças à intervenção do major Mello, da Aeronáutica, que era meu colega na Faculdade de Economia, e do chefe dos investigadores do Dops, Humberto Aguiar, que prestava serviços à Sadia.

A prisão foi um fator de desânimo?

Ao contrário, foi um trampolim para a minha *carreira política* na faculdade. Terminei o ano como secretário-geral do Centro Acadêmico Visconde de Cairu. Luciano Coutinho, atual presidente do BNDES, era vice-presidente nessa chapa, presidida por José Maria Arbex, já falecido. Em 1967, participei dos congressos da UNE, em Valinhos, e da UEE, em Cotia, cidades do interior paulista, ambos realizados em conventos de ordens religiosas católicas, da mesma forma que o congresso da UNE realizado em um convento em Belo Horizonte, Minas Gerais, em 1965. No ano de 1967, a luta mais importante, embora não muito conhecida, foi para impedir a privatização da USP, com direito inclusive à ocupação da Assembléia Legislativa de São Paulo. O movimento foi vitorioso. Nesse ano, saí da Sadia e comecei a trabalhar com a primeira equipe contratada para desenvolver o estudo de viabilidade econômico-financeira do Metrô de São Paulo. Ao mesmo tempo, era monitor, na Faculdade de Economia, da cadeira de macroeconomia, trabalhando com alguns dos futuros *Delfim's boys* — Afonso Celso Pastore, ex-presidente do Banco Central; Carlos Antônio Rocca, ex-secretário da Fazenda de São Paulo etc.

Dava para combinar trabalho, estudo e participação no movimento estudantil?

O trabalho no Metrô de São Paulo acabou oferecendo uma série de vantagens, porque a realização da primeira pesquisa origem/destino do Metrô exigiu a contratação de centenas de estudantes universitários, permitindo que eu entrasse em contato com muitos militantes do movimento estudantil. Assim, a eleição de José Dirceu para a UEE-SP, em 1966, foi viabilizada pelo uso de telefones e secretárias do então escritório do Metrô e por contatos com os militantes de quase todas as escolas que trabalhavam na pesquisa. Muitos daqueles estudantes iriam ter importante participação nas manifestações de 1968.

Estamos agora chegando em 1968. Como foi a sua participação?

O ano começou agitado. Em março ocupamos a Faculdade de Economia, meses antes do maio parisiense. Em junho, houve a ocupação da Faculdade de Filosofia, na rua Maria Antônia. Nesse mesmo mês, operários ocuparam fábricas em Osasco e buscaram apoio dos estudantes da Maria Antônia. A atmosfera se radicalizava.

E o Congresso de Ibiúna, como você começou a participar desse evento?

Em julho de 1968, houve uma reunião decisiva da direção da UNE que aprovou, entre outras, as seguintes resoluções: o 30º Congresso da UNE seria realizado em São Paulo, e na clandestinidade; os delegados seriam eleitos em assembléias específicas, convocadas para esse fim; a UEE de São Paulo seria a responsável pela sua organização; o local não poderia ser um convento de religiosos, como os anteriores, porque a repressão já estava prevenida e poderia identificá-lo com facilidade.

Logo após essas decisões, fui informado/convocado. Lauriberto José Reyes, o Lauri, estudante da Politécnica e militante da Dissidência

Comunista de São Paulo, dividiria as responsabilidades comigo na direção de todo o processo de organização. Não houve maiores discussões a respeito. Apesar de não pertencer, então, a nenhuma organização política, eu poderia ser considerado um militante que trabalhava na esfera de influência da Dissidência do PCB. A decisão de realizar um congresso clandestino em São Paulo, com delegados eleitos democraticamente em assembléias das respectivas escolas, nunca foi contestada. Luis Travassos, José Roberto Arantes e José Dirceu, por exemplo, sempre souberam de todos os encaminhamentos. A Dissidência da Guanabara e a União Metropolitana dos Estudantes (UME), sob a liderança do Vladimir Palmeira, também aprovaram tudo, e até enviaram reforços humanos e materiais para os encaminhamentos operacionais no local onde seria realizado o congresso.

E como vocês chegaram à escolha do sítio de Ibiúna?

Coube a mim e ao Lauri a escolha do lugar. Os primeiros locais — sítios e chácaras — foram descartados por falta de segurança, em virtude da proximidade com centros urbanos. Um belo dia, o dominicano frei Osvaldo entrou em contato comigo para agendar uma reunião sobre o assunto. Foi na casa do general Zerbini, no bairro de Perdizes, nas proximidades do convento dos frades. Eu e Lauri comparecemos, juntamente com frei Tito. Além do general, estavam um ajudante-de-ordens e Domingos Simões, ex-militar e proprietário de um sítio em Ibiúna. Agendamos, então, uma visita ao sítio, que ficava a 25 quilômetros da cidade de Ibiúna.

Como era a localização exata do sítio?

Só havia um acesso para chegar até lá, através de uma estradinha de terra bastante precária. No local, havia apenas uma casa abandonada e uma pocilga desativada. Portanto, o local não podia ser mais precário. A única vantagem era o total isolamento. Não havia vizinho no raio de alguns quilômetros e nem estrada que passasse por perto. A tal estradinha, uma trilha, era, portanto, o fim da linha, depois de cruzar um pequeno riacho. Analisamos o terreno e concluímos que a única saída seria a construção, em um morro, de um auditório, uma espécie de anfiteatro, escavado na terra e coberto com lona — que serviria também de alojamento. Para realizar a empreitada, seria necessário muito trabalho. As uniões estaduais do Paraná, a UPE, do Rio de Janeiro, a UME, e de Minas Gerais, a UEE-MG, mandaram gente: cerca de 30 estudantes desembarcaram em São Paulo para construir o auditório/alojamento. Com eles, chegaram também um caminhão médio — F 350 — do Paraná, um jipão do Rio e mais as viaturas de apoio de São Paulo.

Como vocês imaginaram a organização do congresso?

O congresso teria a duração de três dias: começaria na quarta-feira, dia 9, e se encerraria na noite de sexta-feira, 11 de outubro. Como Ibiúna é uma região turística, imaginávamos que o aumento de movimento de retirada no sábado não chamaria a atenção. Toda a logística do congresso seria montada em São Paulo: impressoras, papel, máquinas para reproduzir teses, compra de alimentos e bebidas, transporte etc. Diariamente, seguia um caminhão com alimentos e outras mercadorias solicitadas.

E como viriam os delegados estudantis de todo o país?

No espaço de tempo entre a tomada de decisão e o início das "obras", foi feito o encaminhamento para a escolha de delegados em todo o Brasil, através de assembléias abertas, amplas e democráticas. Para organizar a vinda dos delegados, foram enviados militantes a todas as cidades e faculdades onde seriam realizadas essas assembléias. Cada delegado eleito receberia uma senha e uma orientação para chegar ao estado de São Paulo. Nenhum delegado chegaria diretamente à cidade de São Paulo. Eles seriam recolhidos em cidades como Campinas, Jundiaí, Sorocaba, Santos, Taubaté e São José dos Campos. Além da senha e da contra-senha oral, o delegado recebia a metade de um *ticket* com assinaturas que deveria fechar com uma outra metade em nossas mãos. Não havia, portanto, duas senhas iguais. Um grupo de militantes do movimento estudantil partiu para os lugares mais distantes, do Amazonas ao Rio Grande do Sul, apenas com recursos de ida. A volta dependeria dos recursos que seriam fornecidos pelas entidades locais. Portanto, enquanto esses batedores partiam para acompanhar e validar ou não a escolha de delegados, outro grupo foi selecionado para o trabalho braçal e operacional no sítio de Domingos Simões.

Enquanto isso, como se desenvolvia o movimento estudantil?

Em todo o país, recrudesciam as manifestações de rua, principalmente em São Paulo, onde o movimento estudantil ocupava várias faculdades, principalmente as localizadas no entorno da rua Maria Antônia. No dia 1º de outubro, ocorreu o primeiro confronto entre estudantes da USP e estudantes de direita da Universidade Mackenzie, vizinha igualmente da rua Maria Antônia. O pedágio que estudantes secundaristas realizavam para angariar recursos para pagar despesas de viagem de delegados que realizavam um encontro nacional em São Paulo foi atacado por membros do Comando de Caça aos Comunistas (CCC) e outras entidades de direita da Universidade Mackenzie. Na porta da Faculdade de Filosofia da USP, ocupada desde junho, Brasil de Oliveira, um policial provocador infiltrado no movimento secundarista, passou a tarde toda da terça-feira, 1º de outubro, desafiando os "adversários". No dia seguinte, Brasil conseguiu reunir um grupo disposto a invadir a Mackenzie. O confronto degenerou e resultou na morte do secundarista José Guimarães, assassinado por Osni Ricardo, um "estudante" da Mackenzie, que se escondia em um prédio em obras, ao lado daquela universidade. Os mackenzistas eram ostensivamente abastecidos por militares, como o capitão Maurício, que viria a fazer parte da Operação Bandeirantes, em 1969, precursora do DOI-Codi.

Tais conflitos não colidiam com o trabalho de organização do congresso? Como este se desenvolvia?

Lideranças da UNE, como Luis Travassos e Edson Soares, e da UEE de São Paulo, como José Dirceu, que deveriam estar se preparando para o congresso da UNE, dirigiam a "resistência" na Faculdade de Filosofia da USP. O confronto desencadeou uma série de manifestações em várias cidades do Brasil, exatamente às vésperas da abertura do congresso, cuja realização em São Paulo era anunciada aos quatro ventos.

O resultado foi o baixo número de delegados que chegaram nos dias programados: de 5 a 8 de outubro. Os militantes da equipe envolvida com o congresso em si estavam proibidos de participar de passeatas e outras manifestações, mas isso nunca ocorreu. Basta um rápido passar de olhos nas fotos sobre os incidentes de então para ver estudantes do Rio de Janeiro, do Paraná e Minas, além dos paulistas, comprometidos com a realização do congresso, participando ativamente de passeatas e do próprio confronto na rua Maria Antônia. Na segunda-feira, dia 7, o tempo virou. Os dias ensolarados, com céu azul primaveril, deram lugar a dias cinzentos e chuvosos. A temperatura baixa, a chuva e a lama transformaram o sítio escolhido para a realização do congresso da UNE em um verdadeiro inferno. A quarta-feira, dia 9, data prevista para o início dos trabalhos do congresso, foi, na verdade, o início do transporte maciço de delegados. Ao chegarem nas cidades do entorno de São Paulo, os delegados eram recepcionados por militantes estudantis e levados à capital, onde, por telefone, os encarregados recebiam as instruções necessárias: hora e quilometragem da rodovia Raposo Tavares em que deveriam "descarregar" os delegados. Lá, na beira da estrada, os delegados eram esperados por outra equipe, que os transportava para a chamada Casa 2, a cerca de 10 quilômetros do sítio, ou seja, a 15 quilômetros de Ibiúna. Nessa Casa 2 era feita a triagem final. O delegado tinha que ter a metade do *ticket* entregue em mãos por um dos nossos enviados, ter seu nome na lista dos delegados eleitos e carteira de identidade provando ser ele o delegado.

E esse esquema de organização funcionou bem?

Houve problemas: muitos ficaram barrados naquela casa porque sequer eram estudantes; ali se formou uma explosiva mistura de lideranças estudantis, policiais infiltrados e dirigentes de organizações políticas, que, embora não sendo delegados, se acreditavam no direito de assistir e participar do congresso.

Em São Paulo, até quinta-feira, dia 10, a central da logística do congresso estava voltada para a triagem e o transporte de delegados. Ela funcionava na casa de Eliana Ferreira de Assis, estudante de artes na Fundação Armando Álvares Penteado, no bucólico bairro do Sumaré, com ruas cheias de árvores, que serpenteiam os morros habitados por uma classe média alta. Para essa casa convergiam todos os telefonemas. Imediatamente, eram deslocados carros e militantes para recepcionar os delegados trazidos das cidades vizinhas a São Paulo. Os militantes que aguardavam em seus automóveis estacionados nas ruas do bairro do Sumaré recebiam instruções que se resumiam ao horário e à quilometragem da rodovia Raposo Tavares em que deveriam deixar suas cargas. Naquele local, os delegados subiam na carroceria e eram cobertos por lona. Em tese, assim deveriam permanecer até a Casa 2. Porém, muitos não suportavam o sufoco e levantavam a lona. Essas cenas foram presenciadas por inúmeros lavradores, que não entendiam o que estava acontecendo. Na casa de Eliana, o pai, Lupércio, advogado bem-sucedido e gozador, colocou na grade da porta de entrada um livro intitulado *Canções de Bernadete*, em alusão ao nome que era solicitado pelos militantes quando encontravam delegados no entorno de São Paulo.

E como, afinal, o local do congresso foi descoberto pela polícia?

Foi na Casa 2 que ocorreu o incidente que motivou a denúncia do local do congresso. Na quinta-feira, dia 10, um pedreiro da região, que havia feito serviços para Domingos Simões, apareceu à noite no portão da casa, que era bem recuada, com visíveis sintomas de embriaguês, para cobrar uma dívida de um trabalho realizado e não pago por Domingos Simões. Os militantes que faziam a segurança da casa e o transporte de delegados estavam estressados. A estrada escorregadia, cheia de buracos e barro, a chuva intermitente, o frio, as noites maldormidas e os infindáveis debates políticos haviam sugado a resistência e o controle da militância. O bêbado teria sido a gota d'água. Um estudante carioca, do esquema de segurança, teria sido o interlocutor do bêbado inconveniente. Depois de muito insistir para que fosse embora — ele dizia que só iria depois que recebesse o dinheiro que lhe deviam —, o rapaz da segurança teria exibido um revólver e o ameaçado. O fulano foi embora assustado. Na manhã de sexta-feira, dia 11, já sóbrio, o pedreiro procurou a Delegacia de Polícia de Ibiúna e denunciou a presença de muitos jovens e a ameaça que havia sofrido. O delegado imediatamente comunicou o fato aos superiores: o 30º Congresso da UNE estava sendo realizado em Ibiúna. O episódio, já devidamente documentado pela imprensa, quando entrevistou moradores, inclusive o cidadão que fez a denúncia ao delegado, é a prova cabal de que nunca houve a tal compra de milhares de pães em Ibiúna, conforme versão amplamente divulgada pela repressão e acolhida pela imprensa, ainda em 1968.

Na noite de sexta-feira, dia 11, o grupo que coordenava a logística do congresso estava reunido em um apartamento de uma militante do movimento estudantil, localizado na rua São Vicente de Paulo. Dali partiam as remessas de alimentos e materiais para o local do congresso. De repente, recebemos o telefonema de um jornalista que era estudante de direito na USP. Ele informou que a polícia havia descoberto o local e que o governador Sodré já havia autorizado o uso da força e, naquele momento, o Dops estava acertando os detalhes de como seria feita a operação pelas tropas da Polícia Militar. Não havia dúvidas, o 30º Congresso da UNE havia sido descoberto.

Nesse meio tempo, como estava a situação no local do congresso?

No local, centenas de estudantes mal podiam se locomover por causa do mau tempo. As refeições eram feitas por estudantes universitárias, que se apresentaram como voluntárias para a tarefa de cozinhar e limpar a cozinha. À noite, sem luz elétrica, a segurança do congresso atendia pedidos de assustadas universitárias para acompanhá-las até a barraca de lona que servia de sanitário.

Vocês haviam previsto o desmantelamento do congresso?

A hipótese estava prevista por nós. Havia um plano emergencial: retirar cerca de 150 lideranças em menos de uma hora por uma trilha que só eu, Lauri, Ciro Junqueira (de São Paulo) e Nelson "Flambage", do Paraná, e mais umas duas pessoas conhecíamos. Naquele momento, havia duas pessoas para levar a notícia para as lideranças da UNE e deflagrar o Plano B: eu e Lauri. Decidimos que Lauri seguiria para o sítio e eu iria para as casas de apoio que os freis dominicanos haviam conseguido, localizadas às margens da represa de Ibiúna. Lauri partiu por volta das 22 horas. Por volta das 23 h e 30 min ele encontrou, em uma bifurcação da estrada de terra, um carro parado com policiais à paisana. Lauri vestia uma japona azul-marinho e, na escuridão e sob intensa chuva, foi confundido com um tenente da PM. O soldado batedor pediu instruções. Lauri ordenou que ele esperasse a tropa que já estava a caminho e seguiu para o sítio. Não havia dúvidas. A chegada da repressão era uma questão de horas.

Como reagiram as lideranças estudantis à notícia da iminência da queda?

Chegando ao sítio do congresso, Lauri teve enormes dificuldades para localizar as lideranças de nossa corrente política, porque, além da falta de luz, eles estavam reunidos em algum canto discutindo como seria a abertura do congresso, que deveria ter sido encerrado, na programação original, naquela noite de sexta-feira. Localizados, nossos dirigentes argumentaram que seria preciso conversar com as demais lideranças. Na madrugada, realizou-se a reunião com representantes de todas as correntes políticas que atuavam no movimento estudantil. Lauri expôs a situação com detalhes. Ouviu como resposta que tudo aquilo não passava de uma armação feita pelas Dissidências ali representadas por Vladimir Palmeira, José Arantes e José Dirceu, porque eles — das Dissidências — sabiam que Jean Marc, da Ação Popular (AP), derrotaria José Dirceu, candidato das Dissidências e, por isso, queriam melar o congresso. Além disso, argumentavam que não fazia sentido retirar as lideranças e deixar a massa avançada, como era chamada a parte formada por lideranças menos expressivas, para ser reprimida. Esse argumento convenceu todos os presentes. Por consenso, decidiu-se que qualquer iniciativa só seria tomada pela plenária marcada para sábado, logo cedo. Quando os estudantes se preparavam para fazer a primeira refeição, ainda sem nada saber, no sábado, ouviu-se uma rajada de metralhadora anunciando que o local se encontrava cercado. Ninguém foi retirado do sítio pelo Plano B. Eu fiquei na represa até sábado à noite. Não apareceu ninguém.

O esquema de segurança dos estudantes reagiu de alguma forma?

O dominicano frei Tito de Alencar era um dos responsáveis pela segurança, juntamente com Ailton Adalberto Mortati, o "Tenente", estudante da Mackenzie. Tito foi trocado pelo embaixador suíço, capturado pela guerrilha, e se suicidaria na França, em um convento da ordem dos dominicanos. "Tenente" é considerado desaparecido político desde novembro de 1971, quando teria sido preso pela polícia política, após retornar de Cuba como militante da organização Movimento de Libertação Popular (Molipo), uma dissidência da Ação Libertadora Nacional (ALN), liderada por Carlos Marighella. Tito, felizmente, estava embriagado na manhã de sábado, dia 12, quando a Polícia Militar e a Polícia Civil cercaram o local do congresso, e não disparou um tiro de aviso com a Winchester que detinha, conforme estava programado. "Tenente" conseguiu enterrar as bombas caseiras que seriam empregadas para destruir uma pequenina ponte de madeira sobre um córrego e, assim, retardar o avanço das forças policiais. As bombas seriam resgatadas em fevereiro de 1969 e posteriormente empregadas em ações da guerrilha urbana.

Como foi a repercussão da queda do congresso?

As assembléias estudantis que se seguiram foram marcadas por acusações recíprocas, que acabaram lançando uma névoa sobre os fatos. Nessas assembléias, todas as correntes argumentavam e defendiam que o congresso deveria ter sido realizado em local público e aberto. Não apareceu ninguém para defender a decisão tomada pela direção da UNE. O segundo passo foi acusar de militarista a concepção majoritária da UNE — leia-se, das Dissidências do PC que pregavam a luta armada. Curiosamente, a Ação Popular (AP) e o Partido Comunista do Brasil (PCdoB), que defendiam a candidatura de Jean Marc, eram alinhados com Luis Travassos, presidente da entidade, e detinham maioria na sua direção. Quando essa matemática era lembrada, eles retrucavam que a decisão teria sido tomada em uma reunião na qual um de seus dirigentes havia faltado e, por isso, teriam ficado momentaneamente em minoria. Esse argumento nunca foi levado a sério.

Houve alguma avaliação mais profunda sobre o desmantelamento do congresso?

Na época, as avaliações críticas foram marcadas por argumentos de ordem prática: faculdades e universidades invadidas, que teriam provocado o atraso fatal (o congresso *caiu* no sábado, quando já deveria ter sido encerrado na sexta-feira); dirigentes políticos que não eram estudantes teriam tumultuado o esquema, tentando entrar *na marra*. Críticas às condições do local do congresso foram contestadas com argumentos igualmente práticos: o que os delgados esperavam? Um hotel cinco estrelas como nos tempos dos congressos da UNE que se realizavam no Hotel Quitandinha, em Petrópolis, antes do golpe de 1964? Enfim, no frigir dos ovos, ninguém assumiu a paternidade do processo de realização do 30º Congresso da UNE. O distanciamento que marca a análise de muitos dos responsáveis pela realização do congresso talvez possa ser considerado a maior prova de que, em política, existe a chamada geração espontânea, já que ninguém assume a sua responsabilidade.

Qual é a sua avaliação pessoal depois de todos esses anos?

Depois de 40 anos, acredito que o 30º Congresso da UNE seria reprimido de qualquer forma, em qualquer lugar. Mas não tenho a menor dúvida de que, se tivesse sido realizado no Conjunto Residencial da Universidade de São Paulo (Crusp), como gregos e troianos reivindicam até hoje ter sido a sua posição na época, a história poderia ter sido outra, mas não seria muito diferente. O congresso teria sido reprimido do mesmo jeito. O custo político para a ditadura poderia ter sido maior, mas as entidades estudantis acabariam se fragilizando, como acabou ocorrendo. Nenhuma corrente política, das muitas que permeavam o movimento estudantil, se manifestou contrária à realização do 30º Congresso da UNE nas condições aprovadas pela sua direção executiva. Ninguém imaginava que haveria um golpe dentro do golpe em 13 de dezembro daquele ano, com a decretação do AI-5, antes, portanto, das ações da guerrilha urbana, que marcariam o ano seguinte. Análises açodadas vinculam até hoje a realização do congresso ao acirramento da repressão política, que montou um enorme cadastro com informações e fotos de centenas de lideranças estudantis detidas na ocasião. Esse fato permitiu que muitos militantes engajados nas lutas clandestinas, armadas ou não, fossem identificados, perseguidos, muitos foram presos e mortos, pelo fato de ter a foto exibida para outros presos que poderiam conhecer o companheiro apenas pelo nome de guerra, ou codinome. O cadastro de Ibiúna, sem dúvida, contribuiu para a repressão montar um mapa das organizações políticas que combatiam a ditadura militar. Porém, acredito que isso aconteceria de qualquer forma. Mesmo que o congresso tivesse sido realizado no Crusp. Vale lembrar que o Crusp foi invadido no dia 13 de dezembro de 1968 e todos os estudantes moradores ali presentes foram detidos e fichados, independentemente de qualquer outra atividade, além de estudar na USP.

Manchete

O que diziam os astros

Rachel Aisengart Menezes

Plutão

Virgem

Urano

O que se passou nesse ano de 1968, ano em que surgiram tantos movimentos de libertação, de rebeldia com relação ao poder vigente, em todo o mundo? Esses movimentos surgiram nos EUA, na Europa oriental e ocidental, na Ásia, na África e na América Latina, em países com formas de governo muito distintas, com movimentos eclodindo nas mais diversas classes sociais. O ano iniciou-se com a ofensiva do Tet, no Vietnã, com choques e violência. Como podemos entender esses movimentos à luz da astrologia? O que o céu pode nos esclarecer? A interpretação simbólica das posições planetárias pode nos clarificar movimentos do coletivo mundial.

Desde o início de 1958, Plutão transitava pelo signo de Virgem. Plutão foi o último planeta a ser descoberto pelo homem, em 1930, e é o planeta mais distante da Terra. É o planeta regente do signo de Escorpião, e seu significado simbólico está associado ao mito de Hades, da mitologia grega. Hades é o deus dos infernos. Ele representa o poder das profundezas, das grandes transformações, e seu movimento é semelhante ao da lava, que se forma no interior da terra e explode no vulcão. Representa movimentos radicais, que surgem explosivamente, e que trazem consigo questionamentos com relação ao já estabelecido. A força de Plutão está associada ao submundo, no sentido de ser um movimento de não-enquadramento nos moldes vigentes. Plutão também está associado à regeneração, limpeza, eliminação, depuração, transformação — ao surgimento de algo novo, que está inexoravelmente associado à perda e ao abandono do antigo, do velho.

Plutão estava no signo de Virgem. Virgem é um signo do elemento terra, ou seja, um signo em que é importante uma ação prática, concreta, de intervenção no real. Além disso, é um signo vinculado à crítica, à ordem, à discriminação e ao espírito analítico, de pesquisa científica.

Vejamos as posições dos outros astros. Netuno, o segundo planeta mais distante da Terra, transitava no signo de Escorpião desde 1957. Netuno é o planeta que representa o sonho, o idealismo, no sentido coletivo de algo que se espalha e que é envolvente, trazendo assim a descentralização da vontade do ego individual em favor de um ideal coletivo. Escorpião é o signo que rege as transformações radicais e viscerais, e também a vontade de poder. É também vinculado à vivência da sexualidade.

Urano transitava no signo de Virgem desde o final de 1961. Urano é o planeta que traz como significados simbólicos os seguintes pontos:

rebeldia, desejo de liberdade, criatividade, renovação, imediatismo e abertura sempre voltada para o futuro. Além disso, traz consigo o movimento do inconvencional, do original.

Antes de falarmos sobre os outros dois planetas transpessoais — Júpiter e Saturno —, queria desenvolver os significados desses três planetas — Urano, Netuno e Plutão —, os mais distantes da Terra, os mais lentos, invisíveis a olho nu, e por isso mesmo com maior significado para a compreensão do movimento coletivo mundial.

Todos esses planetas estavam transitando nesses signos desde aproximadamente o início de 1960, trazendo consigo o desenvolvimento da pesquisa científica, o desejo de ampliação do conhecimento, o movimento de expansão de limites, tanto territoriais quanto políticos e ideológicos. Foi também claro o movimento no sentido da expansão planetária — as viagens espaciais. Mas o que se passou especificamente em 1968, quando houve tanta concentração de radicalismo, violência, atuação de tão diferentes estamentos sociais (estudantes, intelectuais, operários, Igreja, minorias raciais e sexuais), tantos movimentos de contrapoder?

Houve a grande conjunção de Plutão com Urano no signo de Virgem. Até 1968, os dois planetas transitavam nesse signo, mas em graus distantes, e foram se aproximando, até que, em janeiro de 1968, eles estavam a uma distância de seis graus — Plutão a 22° e Urano a 28°. Formaram então uma conjunção, que é um aspecto planetário que se forma quando dois ou mais planetas estão muito próximos. É um aspecto de soma de energias, como se fosse a força de uma ignição. Numa conjunção, duas forças que normalmente operam separadamente, e são distintas, se juntam, uma ativando a outra. Não há uma fusão, não há mistura de forças e, sim, um impacto, pelo fato de uma força modificar ou catalisar a outra. Em geral, a conjunção explicita um processo que já vinha se formando.

Ao longo de todo o ano de 1968, os dois planetas transitaram em graus muito próximos. Houve então a combinação de duas forças simbólicas extremamente revolucionárias. Plutão, com a vontade de transformar, romper, depurar, limpar o sistema vigente de maneira radical, profunda, explosiva, e Urano, com seu movimento inovador, libertador, imediatista, revolucionário. Essa combinação é explosiva e rebelde, trazendo como conseqüência ações violentas. Em vários países eclodiram movimentos de reivindicações — estudantis, políticas, ideológicas, raciais. Não foram somente movimentos reivindicatórios, mas também movimentos artísticos, de grande renovação das formas de

Conjunção Plutão/Urano

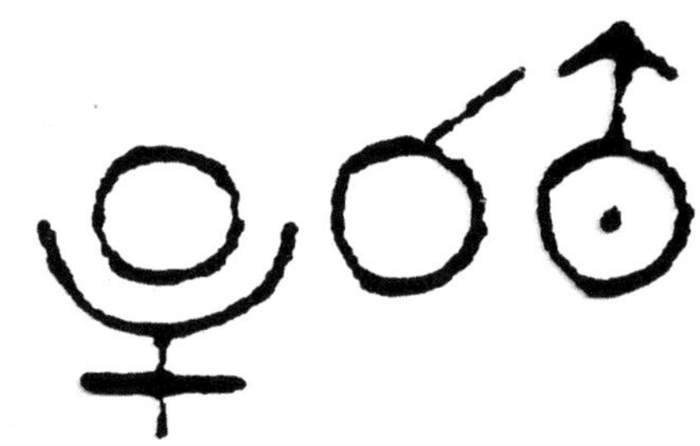

Netuno

"Mamãe, eu não posso sair, senão eles me prendem. A única coisa que a senhora pode fazer por mim é trazer comida. Mas traga o mais que a senhora puder, pois estamos morrendo de fome. Eu estou bem aqui dentro, os meus colegas também."

Secundarista do Colégio Pedro II

Escorpião

criação — música, teatro, cinema, artes plásticas, literatura, e também inovações na relação do criador com o espectador. Foi uma época de grande avanço científico mundial, com as viagens espaciais (em 1968, houve a primeira passagem do homem pela face oculta da Lua e, em 1969, o homem pisou na Lua), a pesquisa química (napalm, o agente laranja, os desfolhantes utilizados na Guerra do Vietnã). Houve também o desejo de ampliação do saber e da participação na estruturação do ensino universitário (movimentos estudantis em todo mundo, particularmente conhecidos na França, nos EUA e no Brasil). Esses movimentos visavam à participação no poder dentro das universidades.

Para termos noção da importância dessa conjunção, basta ver o que se passou nas conjunções anteriores desses dois planetas: a conquista da Gália, no início da nossa era; a invenção da imprensa, no século XVI, que também foi a época das grandes navegações (expansão de horizontes); e a época das descobertas de Newton, no século XVIII. Foram momentos históricos importantes em termos do desenvolvimento científico e da abertura do campo de conhecimento do homem.

Em 1968 não houve somente a conjunção de Plutão com Urano, também Netuno estava em Escorpião. Isso significa que havia o sonho, a idealização da salvação através da transformação do sistema de poder. E, além disso, Netuno traz consigo, em termos de força no coletivo, algo que se espalha, que envolve e que não tem limites. Essa soma de aspectos trouxe forças tão radicais, violentas e instantâneas à tona que levou toda uma geração a buscar uma forma de contestação e de ação que conduzisse ao que acreditava ser a salvação. E é claro que toda essa força coletiva trouxe conseqüências por parte do poder — a repressão. Mas esta não conseguiu acabar com o sonho, pelo contrário, só trouxe mais rebeldia, mais vontade de ação, de busca da transformação social. Pois o sonho que era buscado, com Netuno em Escorpião, é como o sonho do encontro amoroso — é algo vivido com paixão. Netuno é o planeta que representa a diluição do próprio contorno do indivíduo ou do conjunto social em prol de uma idéia ou de um sonho. Como no sono, em que se está sem o controle consciente da vontade, ou no uso das drogas. E Escorpião é um signo que busca os extremos, não se satisfaz com o superficial. Com essa combinação, houve a busca de um sonho de maneira apaixonada, intensa, visceral. A geração que fez 1968 colocou em questão vários aspectos — a sexualidade, que foi vivida de forma mais livre, com o advento da pílula anticoncepcional, o que teve como conseqüência a transformação dos papéis no casamento e do próprio sistema de casamento.

Examinemos agora os outros dois planetas: Saturno e Júpiter.

Saturno é o planeta que está associado mitologicamente a Cronos, o deus devorador de seus próprios filhos. Ele representa a disciplina, a dureza, o rigor, o controle, a seriedade, a prudência, a limitação e a autoridade. Saturno, ao devorar seus filhos, não permitia a instauração do Tempo, não morria, no sentido de passar o trono a seus herdeiros. Em 1968, Saturno transitava no signo de Áries, que é o signo do deus guerreiro, do impulso que deslancha os processos. Essa posição planetária é extremamente difícil, pois há a combinação de dois princípios opostos, um de início, de centelha, e outro de manutenção dos limites. Saturno está em queda em Áries. É uma combinação que traz em si a dureza, a violência, o rigor, a dificuldade de diálogo por parte do poder, da autoridade. O que pudemos verificar com o que se passou no ano de 1968: a lei era a da força, da violência. A autoridade era a de Saturno, não querendo dar espaço à expressão de vida de sua prole e descendência. A partir daí podemos entender como os movimentos de contrapoder foram tão explosivos, e também a reação do poder, tão cruel, intransigente e autoritária. Em vários países do mundo os sistemas de governo eram ditaduras, inclusive no Brasil, ditaduras que tendiam a uma rigidez cada vez maior.

Júpiter transitava no signo de Virgem no início do ano de 1968, retrogradando para o signo de Leão, e novamente em Virgem em junho. Júpiter é o planeta associado simbolicamente à justiça, à lei, à expansão social e filosófica, à conversação, à democracia. Quando ainda no signo de Leão, em maio de 1968, houve a formação de um aspecto planetário entre Júpiter e Netuno — uma quadratura. Quadratura é um aspecto que se forma quando dois ou mais planetas formam um ângulo de 90°. Ela significa tensão, conflito, fricção, dificuldade de interação das duas forças simbólicas planetárias. Essa quadratura de Júpiter com Netuno mostra que havia o sonho, o idealismo (Netuno), mas com a dificuldade de ser colocado na prática, pois traz a tendência à diminuição da crítica coletiva das reais possibilidades de concretização dos sonhos. Esse aspecto planetário leva o coletivo a tentar soluções irreais para os conflitos. Há também a tendência a supervalorizar as próprias capacidades diante do real. Não é, pois, por acaso que maio de 1968 foi tão importante historicamente — a tomada da Sorbonne pelos estudantes franceses — o *Maio* francês. Em setembro, Júpiter aproximou-se de Plutão e de Urano, no signo de Virgem, formando uma conjunção com eles. Isso significa

Saturno

♄

Júpiter

♃

Áries

♈

Quadratura Júpiter/Netuno

♃□♆

que houve uma maior mobilização das massas populares, pois Júpiter é o planeta associado às grandes massas. Essa conjunção trouxe também uma intransigência maior por parte do poder, da lei, e, em contrapartida, intensificou a força da rebeldia, de desacato à lei, inclusive conduzindo o coletivo à sensação de que esse momento trazia em si uma oportunidade que não podia ser perdida. Júpiter, pois, enfatizou e radicalizou a força da vontade de poder e de transformação (conjunção Plutão com Urano).

Podemos perceber que realmente esse ano foi um momento muito especial em termos de aspectos planetários celestes, e isso ficou marcado na geração que fez os movimentos de 1968, e nas gerações posteriores, que herdaram as conseqüências políticas e sociais, entre outras. Podemos fazer uma analogia com a transformação que houve a partir da invenção da imprensa. O mundo não podia seguir sendo mais o mesmo, a informação circulava. A partir de 1968, o mundo seguiu com as transformações surgidas nesse período — artes, conhecimento científico, o papel da mulher na sociedade, a instituição do casamento, o uso do poder. E seguiu com as cicatrizes da explosão do vulcão, com feridas que foram sanadas, e outras que estão sendo adiadas, e se somando a outras que vão se criando com o passar do tempo — feridas e crises que a geração que atuou em 1968 segue tentando trabalhar de outras formas, pois percebeu a inviabilidade e as limitações de sua força e de sua prática. E a geração que nasceu por volta de 1968 herdou esse momento também, com as questões que não foram resolvidas e com as novas questões que vão se somando. Estamos há 20 anos dessa grande conjunção, numa passagem de século, e com a passagem de Plutão por seu signo natal, Escorpião, mostrando que a questão do momento é a da sobrevivência, que não se pode mais postergar as ameaças criadas pelo próprio homem: a violência social, o uso de seus próprios recursos e do seu planeta, a Terra — a poluição ambiental, a contaminação (césio 137), o uso de agrotóxicos, os acidentes nucleares (Chernobyl). As possibilidades existem, pois Plutão traz em seu simbolismo os significados de transformação e de morte. A escolha é nossa.

Agência Folhas

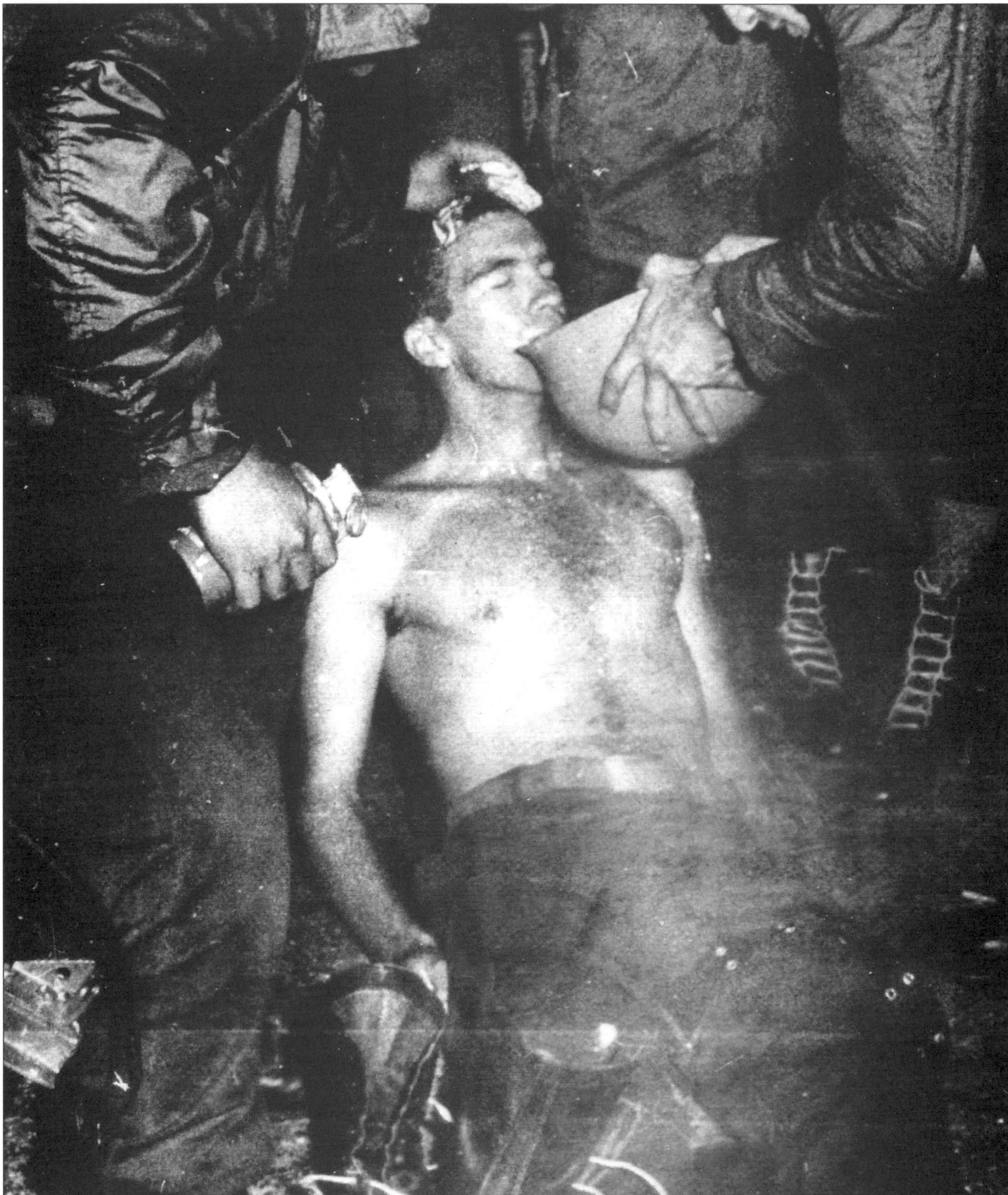

Cronologia

	Brasil	Mundo
Janeiro		
5		**Tchecoslováquia** A. Dubcek é eleito primeiro-secretário do Partido Comunista
11		**Espanha** Choques entre estudantes e policiais em Madri
13	Estréia da peça *Roda viva* no Teatro Princesa Isabel, no Rio de Janeiro	
15	Passeata dos estudantes do Calabouço	
29		**Espanha** Invasão e ocupação da Universidade de Madri pela polícia
30		**Vietnã** Início da ofensiva do Tet (ano-novo lunar)
31		**Colômbia** Anunciada a morte de Angel Gómez, líder do Exército de Libertação Nacional (ELN)
Fevereiro		
7		**Bélgica** Conflitos na Universidade de Louvain
8	Expropriação de fundos em São Paulo. Início de uma série de 47 ações atribuídas a organizações políticas de esquerda	**EUA** Manifestações de negros na Carolina do Sul. Três mortos e 34 feridos
12	Greve dos teatros no Rio de Janeiro, em protesto contra a censura Em São Paulo, vigília dos artistas na escadaria do Teatro Municipal	
15	Passeata de excedentes no Rio de Janeiro	
19		**Polônia** Condenação de Janusz Szpotanski a três anos de prisão por ter escrito a ópera satírica *O silêncio e os gansos*
20		**EUA** Prisão de Rap Brown, presidente do SNCC (Student Non-violent Coordinating Committee)

	Brasil	Mundo
20/26		**EUA** Debate no Congresso norte-americano sobre o "incidente de Tonkin", que deu origem aos bombardeamentos na República Democrática do Vietnã pela força aérea americana
21		**China** Conflito em Guangdong entre organizações rivais de guardas vermelhos
22		**Chile** Pedem asilo cinco sobreviventes da guerrilha de Che Guevara **Itália** Início dos conflitos nas universidades
23	Passeata de excedentes em São Paulo	
Março		
1		**Itália** Fechamento da Universidade de Roma (até o dia 12)
6		**Rodésia** Execução de guerrilheiros do Zimbábue, em Salisbury
8/9		**Polônia** Manifestações estudantis em Varsóvia **EUA** Rebelião na penitenciária de Oregon
11		**Polônia** Batalhas de rua em Varsóvia, contra a censura da peça *Os ancestrais*, de Adam Mickiewitcz, poeta polonês do século XIX
16		**Itália** Novo fechamento da Universidade de Roma (até o dia 18) **Vietnã** Massacre dos camponeses vietnamitas em My Lay
17		**Inglaterra** 10 mil manifestantes em Londres contra a Guerra do Vietnã
21	Luta dos excedentes em São Paulo: estudantes invadem e acampam na Reitoria da USP	
22	Passeata dos excedentes da PUC de São Paulo	
23		**Alemanha Oriental** Reunião de cúpula dos partidos comunistas em Dresden pressiona a Tchecoslováquia a recuar na política de abertura democrática
28	Polícia invade o Calabouço, no Rio de Janeiro. Assassinato de Edson Luis de Lima Souto. Os estudantes ocupam a Assembléia Legislativa com o corpo e iniciam vigília. Teatros suspendem espetáculos	**EUA** Protestos contra a discriminação racial em Memphis. Assassinato de Larry Payne, 16 anos. **Espanha** Novamente fechada a Universidade de Madri (até o dia 6 de maio) **Japão** Batalha campal em Tóquio entre a polícia e a Zengakuren (Federação Nacional das Associações Estudantis) dura 10 horas **EUA** Lyndon Johnson desiste de se recandidatar à presidência dos Estados Unidos

	Brasil	Mundo
29	Enterro de Edson Luis de Lima Souto. Passeata de 60 mil pessoas no Rio de Janeiro. Outras passeatas, em solidariedade, são realizadas em Belo Horizonte, Recife, São Paulo, Niterói, Petrópolis e Brasília. Na capital federal, os estudantes queimam os palanques armados para festejar o aniversário do regime militar. A repressão faz 20 feridos e espanca, inclusive, parlamentares	
30	Novas manifestações de protesto contra a morte do estudante no Rio de Janeiro são realizadas em Salvador, Porto Alegre, Belo Horizonte e São Paulo. Em Goiânia, a polícia mata outro estudante, Ivo Vieira. Tiroteio na catedral de Goiânia	
Abril		
1	Estudantes saem às ruas em protesto contra o aniversário do golpe de 1964. Intervenção do Exército nas ruas do Rio de Janeiro. Outras manifestações em Goiânia, Belo Horizonte, São Paulo, Porto Alegre, Brasília, João Pessoa, Fortaleza, São Carlos, Presidente Prudente	**Etiópia** Manifestações estudantis em Adis-Abeba
2	Passeatas estudantis em Porto Alegre, Recife, São Paulo, Salvador, Florianópolis, Campinas, Piracicaba. Greve universitária em Natal e João Pessoa. Protesto contra a ação da repressão e solidariedade	
3	Novas passeatas em Recife, Natal, Belém, Vitória, Curitiba	**Vietnã** Governo da República Democrática do Vietnã aceita iniciar conversações com os Estados Unidos
4	Missa de sétimo dia na Candelária, Rio de Janeiro, em memória de Edson Luis de Lima Souto. Cavalaria da PM investe com sabres contra padres e estudantes. Manifestações e missas de sétimo dia em Belo Horizonte, Porto Alegre, João Pessoa, Recife e São Luís também enfrentam a repressão	**EUA** Assassinato de Martin Luther King em Memphis. Estudantes da Universidade de Cornell ocupam o Departamento de Economia. Eclodem revoltas dos negros norte-americanos em protesto pela morte de Martin Luther King. Duram até o dia 11 e atingem 125 cidades em 28 estados: 46 mortos, 2.600 feridos e mais de 20 mil presos
5	Portaria do Ministério da Justiça proíbe o funcionamento da Frente Ampla Passeatas em Santo André, São Paulo e João Pessoa	
6	Passeata em Vitória	
8	Manifestação de estudantes e operários em Osasco	**EUA** Manifestação reúne 40 mil pessoas em Memphis **Tchecoslováquia** Oldrich Cernik forma novo governo

	Brasil	Mundo
9	Ato público em São Paulo	**EUA** Enterro de Martin Luther King reúne 100 mil pessoas **Tchecoslováquia** Publicado o programa de ação do novo governo, que promete consolidar a abertura democrática iniciada em janeiro
11	Manifestação em Fortaleza depreda locais da Usis	**Alemanha Ocidental** Atentado contra Rudi Dutschke, líder da Liga dos Estudantes Socialistas Alemães, SDS. Manifestações contra a cadeia de jornais Springer, que incitara o atentado
12		**Alemanha ocidental** Manifestações estudantis em Hamburgo, Frankfurt, Munique, Hanover, Essen, Colônia, Bremen, Stuttgart, Heidelberg: dois mortos, 200 feridos e cerca de mil presos (até o dia 15)
14		**Espanha** Polícia reprime manifestação cultural no País Basco e ocupa San Sebastián, capital da província de Guipúzcoa
16	Começa a greve dos metalúrgicos em Contagem, Minas Gerais: 15 mil operários param o trabalho por nove dias	
22		**EUA** Ocupação, pelos estudantes, do Trinity College, em Hartford (até o dia 24)
23	Comício no Rio de Janeiro em defesa dos estudantes do Calabouço	**EUA** Ocupação, pelos estudantes, da Universidade de Colúmbia, Nova York (até o dia 30)
24		**Itália** Manifestações e conflitos estudantis atingem Roma, Pádua, Turim, Milão, Florença, Palermo, Pisa, Nápoles, Veneza, Bolonha e Bari **EUA** Estudantes ocupam a Universidade de Boston
25		**Paquistão** Manifestação dos camisas vermelhas por autonomia regional
26		**EUA** Estudantes ocupam a Universidade de Ohio
27		**EUA** Manifestações contra a Guerra do Vietnã atingem 17 cidades. Passeata em Nova York reúne cerca de 90 mil pessoas. **França, Tchecoslováquia e Japão** Manifestações contra a Guerra do Vietnã

	Brasil	Mundo
Maio		
1	Ato público na praça da Sé em comemoração ao Dia Internacional do Trabalho. Apedrejamento do governador Abreu Sodré e queima do palanque das autoridades. Mais de 20 mil operários e populares saem depois em passeata	
3		**França** Polícia invade a Universidade de Sorbonne
6		**França** Tem início semana de intensas lutas estudantis (até dia 11)
7	Comícios-relâmpago no Rio de Janeiro. PM e Dops ocupam a Cinelândia	
10		**França** Iniciam-se conversações de paz entre Estados Unidos e República Democrática do Vietnã, em Paris
11		**EUA** Marcha do povo pobre em Washington: negros, chicanos, índios e porto-riquenhos protestam contra a discriminação **França** Noite das barricadas em Paris
12	Greve geral na Universidade Federal do Paraná. Manifestações estudantis contra anuidades são violentamente reprimidas pela polícia — seis feridos	**Sudão** Manifestação estudantil em Cartum **Argentina** Choques entre policiais e estudantes em La Plata
13		**França** Dia Nacional de Manifestações
14		**França** Inicia-se greve geral operária (até o dia 2 de junho, com apogeu em 23 de maio: 9 milhões de trabalhadores parados)
19		**Tchecoslováquia** Estudantes manifestam-se contra a visita de A. Kosygin, dirigente soviético, em Praga
20		**Haiti** Tentativa frustrada de desembarque guerrilheiro **Índia** Lutas violentas dos autonomistas Nagas (até o dia 26)
21		**EUA** Nova manifestação do povo pobre em Washington
23		**Bélgica** Estudantes ocupam a Universidade Livre de Bruxelas
24		**França** Nova noite de barricadas em Paris
27		**França** Assembléias operárias recusam os acordos de Grenelle **Argentina** Choques violentos entre estudantes e policiais, em Buenos Aires

	Brasil	Mundo
29		**França** Manifestação em Paris reivindica demissão do general De Gaulle da Presidência da República **Senegal** Estudantes ocupam a Universidade de Dacar (até o dia 31)
31		**Itália** Estudantes voltam a ocupar a Universidade de Roma
Junho		
1		**Itália** Conflitos estudantis na Universidade de Roma, que é ocupada pela polícia (até o dia 3)
2	Bispo Valdir Calheiros depõe no IPM de Volta Redonda	
3		**Iugoslávia** Agitação estudantil em Belgrado estende-se a outras cidades: Zagreb, Sarajevo (até o dia 11)
4	Greve geral de 48 horas dos estudantes da UFRJ. Passeata de estudantes em Botucatu	**Itália** Choques entre policiais e estudantes em Lanciano, Turim, Nápoles e Gênova
5		**Palestina** Manifestações palestinas contra Israel nos territórios ocupados de Gaza e na Cisjordânia (até o dia 7)
6		**Guatemala** Anunciada a morte de Cesar Montes, dirigente guerrilheiro das Forças Armadas Rebeldes (FAR) **EUA** Morre Robert Kennedy, vítima de um atentado cometido no dia 5 **França** Retomada do trabalho nos serviços públicos estratégicos anuncia o fim do movimento de Maio
7	Concentração dos estudantes de São Paulo na Reitoria da USP	
11	Estudantes paulistas invadem a Reitoria da USP	**EUA** Revolta na penitenciária de Atlanta, com tomada de reféns **Uruguai** Greve de funcionários e professores
12	Concentração dos estudantes do Rio de Janeiro no pátio do MEC. Reivindicam diálogo, mais verbas e protestam contra a política educacional do governo	**França** Governo proíbe novas manifestações e dissolve organizações acusadas de "extremismo" **Uruguai** Noite de conflitos entre estudantes e policiais em Montevidéu
13		**Uruguai** Decretada Lei Marcial
18	Greve da Universidade Federal da Bahia, com ocupação das faculdades	**Uruguai** Greve geral

	Brasil	Mundo
19	Nova passeata no Rio de Janeiro contra a política educacional do governo e pela abertura do diálogo. Nova tentativa de concentração no MEC Passeata em São Paulo contra a política educacional do governo	
20	Concentração dos estudantes na Reitoria da UFRJ impõe o diálogo ao Conselho Universitário. A assembléia dura oito horas. A polícia cerca a reitoria, mas os estudantes rompem o cerco: 400 estudantes são presos no campo do Botafogo F. R., sofrendo vexames que provocam revolta em todo o país	**Tchecoslováquia** Manobras do Pacto de Varsóvia duram 10 dias em território tcheco
21	Sexta-feira *sangrenta* no Rio de Janeiro. Passeata de protesto contra a repressão do dia anterior. Intervenção do povo das cidades. Conflitos se prolongam até 20h. Cerca de mil presos, 57 feridos e três mortos Assembléia geral dos estudantes da Universidade de Brasília. Cerco policial e invasão da universidade	
22	Expropriação de armas do Hospital Militar de Cambuci, São Paulo, realizada pela Vanguarda Popular Revolucionária (VPR) Ocupação da Faculdade de Direito da USP. Criação das comissões paritárias em faculdades de São Paulo	
23		**França** Primeiro turno das eleições parlamentares. Segundo turno seria no dia 30 e marcaria a ampla vitória do partido do general De Gaulle
24	Manifestações em Fortaleza, São Paulo, Brasília, Belo Horizonte e Porto Alegre. No Rio de Janeiro, comícios anunciam nova manifestação no dia 26	**Canadá** Agitação no Quebec por reivindicações de caráter regional
25	Novas manifestações em Fortaleza	
26	Passeata dos 100 Mil no Rio de Janeiro. Polícia retira-se das ruas. O protesto transcorre sem incidentes. Constituída a Comissão dos Cem Mil	
27	A Vanguarda Popular Revolucionária (VPR) lança um carro-bomba contra o QG do II Exército, em São Paulo Atos públicos em São Paulo e no Recife. Passeata dos 20 mil em Fortaleza	
28	Manifestações em Brasília e Porto Alegre, onde há repressão violenta	

	Brasil	Mundo
Julho		
1		**Cuba** Publicação do diário de Che Guevara, em Havana
2	Estudantes que ocupam a Faculdade de Filosofia da USP prendem agente infiltrado do Dops Entrevista da Comissão dos Cem Mil com o general Costa e Silva	**Uruguai** Greve geral
3	Passeata de 8 mil estudantes no Recife e manifestação em São Paulo	
4	Passeata dos 50 Mil no Rio de Janeiro. A manifestação é mais uma vez pacífica e transcorre sem a presença da polícia Passeata em Salvador	
12	Assembléia de estudantes em Brasília é cercada pela polícia	
14		**Polônia** Reunião de cúpula comunista em Varsóvia censura processo em curso na Tchecoslováquia
16	O Comando de Caça aos Comunistas (CCC) ataca o Teatro Ruth Escobar, em São Paulo, onde estava sendo apresentada a peça *Roda viva*, espanca os atores e destrói os cenários Ato público em Belo Horizonte Começa a greve dos operários em Osasco, SP: 15 mil trabalhadores cruzam os braços por 48 horas e ocupam a Cobrasma, mas são expulsos com rapidez pela polícia	
17		**Uruguai** Nova greve geral
18	Passeatas estudantis em solidariedade à greve de Osasco, em São Paulo e no Rio de Janeiro	
20		**Moçambique** O II Congresso da Frente de Libertação de Moçambique (Frelimo) realiza-se em território libertado pela guerrilha, que radicaliza programa da luta de libertação nacional (até o dia 25)
22	Atentado a bomba contra a sede da Associação Brasileira de Imprensa (ABI), no Rio de Janeiro	
23	Novo atentado contra o Teatro Ruth Escobar, em São Paulo	**Itália** Guerrilheiros da Frente Popular de Libertação da Palestina (FPLP) seqüestram avião de passageiros entre Roma e Tel-Aviv **EUA** Conflitos entre guerrilheiros negros e policiais em Cleveland

	Brasil	Mundo
26		**Tailândia** Guerrilheiros atacam a base de Udorn, de onde decolam as superfortalezas voadoras norte-americanas para bombardear o Vietnã **México** Choques violentos entre policiais e estudantes na cidade do México: um morto, 180 feridos e mais de mil presos
28		**China** Dissolvidas organizações de guardas vermelhos
29	Bispos do Rio Grande do Sul defendem a realização da reforma agrária e exigem respeito ao Estatuto da Terra	**Tchecoslováquia** Encontro em Cierna de dirigentes da Tchecoslováquia e da URSS **Vaticano** O papa Paulo VI publica a encíclica *Humanae vitae*, proibindo o uso de anticoncepcionais pelos católicos
Agosto		
1		**México** Grande manifestação pacífica reúne 50 mil pessoas
2	Atentado a bomba contra o Teatro Opinião, no Rio de Janeiro	**Espanha** A Euzkadi Ta Askatatuna (ETA) elimina o chefe da polícia política espanhola no País Basco
3	Prisão de Vladimir Palmeira Passeata de protesto no Rio contra a prisão de Vladimir Palmeira	**Tchecoslováquia** Reunião de cúpula comunista ratifica os acordos de Cierna, em Bratislava
4		**Jordânia** Bombardeio israelense a bases guerrilheiras palestinas
5		**Guatemala** Greve geral dos estudantes (até o dia 11)
6/7	Novas passeatas de protesto contra a repressão no Rio	**Jordânia** Tropas israelenses invadem território jordaniano em perseguição a guerrilheiros palestinos
8	Passeata em Salvador contra o aumento das tarifas dos ônibus é violentamente reprimida a bala pela polícia	
9	Passeata no Rio contra a repressão. Choques violentos com a polícia	**México** Greve estudantil na Cidade do México
10	Expropriação do trem-pagador Jundiaí-Santos, realizada pela Ação Libertadora Nacional (ALN)	
12	Novas passeatas em Salvador e Fortaleza	
13	Manifestações em Salvador	
14	Conflitos de rua em Fortaleza	
15	Passeata em Salvador	
16	Ato público e manifestação em São Paulo	**URSS** Imprensa soviética retoma ataques à Tchecoslováquia

	Brasil	Mundo
19	Atentado a bomba contra o Dops de São Paulo danifica várias viaturas. Foi a maior ação do grupo de direita liderado por Sabato Dinotos Tentativas de passeatas em Goiânia e Belo Horizonte maciçamente reprimidas	
20		**Tchecoslováquia** Invasão pelas tropas do Pacto de Varsóvia (URSS, Hungria, Alemanha Oriental, Bulgária e Polônia): 650 mil homens ocupam rapidamente o país
21		**Tchecoslováquia** Realiza-se, na clandestinidade, o XIV Congresso do Partido Comunista, em Praga
23	Novas tentativas de manifestações em Belo Horizonte são frustradas pela polícia	**Tchecoslováquia** Greve geral de uma hora pela retirada das tropas invasoras do Pacto de Varsóvia **URSS** Conversações entre líderes soviéticos e tchecoslovacos, em Moscou, terminam em acordo que reconhece a presença das tropas do Pacto de Varsóvia na Tchecoslováquia
24		**Colômbia** Abertura da II Conferência Episcopal Latino-Americana (Celam), em Medellín **Nigéria** Tropas nigerianas começam assalto final a Biafra
25		**URSS** Nove intelectuais são presos na praça Vermelha, em Moscou, quando protestavam contra a invasão da Tchecoslováquia
26		**EUA** Convenção do Partido Democrata, em Chicago. Protestos estudantis e populares são violentamente reprimidos (até o dia 29)
28		**México** Grande manifestação estudantil em frente ao palácio nacional **Guatemala** Fracassa tentativa de seqüestro do embaixador norte-americano John Gordon Mein, morto na ação
29	Invasão da Universidade de Brasília. Muitos feridos graves. Espancamento de parlamentares. Prisão do líder da Feub, Honestino Guimarães	**EUA** Passeatas em todo o país contra a Guerra do Vietnã
30	Assembléia dos estudantes na Praia Vermelha, no Rio, é atacada a tiros pela polícia	

	Brasil	Mundo
Setembro		
1	Depoimento de Sabato Dinotos (preso em 27 de agosto) revela autoria de 22 atentados e 32 assaltos realizados por grupo de extrema direita com ramificações na Casa Militar da Presidência da República	
3	O deputado federal Márcio Moreira Alves denuncia, em discurso proferido no Parlamento, a ditadura militar e o papel das Forças Armadas	
4		**Tchecoslováquia** É restabelecida oficialmente a censura. Começa o processo de normalização
6		**China** Concluída a formação dos comitês revolucionários da Tríplice Aliança que institucionalizam a Revolução Cultural
7	Atentado à Editora Tempo Brasileiro e ao Colégio Brasileiro, no Rio de Janeiro	
8	Ato de protesto de religiosos — padres e freiras — contra a expulsão do padre Vauthier, acusado pelas autoridades de estar envolvido com o movimento grevista de Osasco, na Catedral Metropolitana do Rio de Janeiro	**EUA** Condenado Huey Newton, líder dos Panteras Negras
9		**EUA** Greve de professores em Nova York paralisa 50 mil professores e 1 milhão de alunos
12	O ministro da Educação Tarso Dutra encontra vestibulandos e é vaiado por eles	
13	Os ministros militares solicitam a abertura de processo contra o deputado Moreira Alves, acusando-o de ter ofendido a honra das Forças Armadas	**China** As autoridades começam a enviar estudantes para trabalhos de "reeducação" na área rural
18		**México** Tropas do Exército voltam a ocupar a Universidade Nacional (até o dia 30)
23/24		**México** Noite de lutas estudantis: 17 mortos e mais de mil presos
24	Passeata dos estudantes contra a realização da Conferência dos Exércitos Americanos, no Rio de Janeiro Condenação de quatro estudantes, no Rio de Janeiro, acusados de incendiar uma viatura do Exército, a dois anos de prisão, pela 3ª Auditoria da 1ª Região Militar	
26		**URSS** O jornal *Pravda* expõe a Doutrina da Soberania Limitada no bloco socialista
29	Greve dos bancários em Belo Horizonte. Durou até 3 de outubro, mas foi parcial	

	Brasil	Mundo
Outubro		
1	O deputado Maurílio Ferreira Lima (MDB-PE) denuncia, na Câmara, a tentativa de emprego do Serviço de Salvamento da Aeronáutica (Para-Sar) em atos de terrorismo de direita, sob orientação do brigadeiro João Paulo Burnier Começa a segunda greve de Contagem, em Minas Gerais. Não teria sucesso e nem teve a amplitude da primeira, realizada em abril	**China** Evidenciam-se conflitos entre a China e o Vietnã por ocasião do 19º Aniversário da República Popular da China
2	Conflitos na rua Maria Antônia, centro de São Paulo, entre os estudantes da Faculdade de Filosofia da USP e elementos do CCC da Universidade Mackenzie	**México** Massacre na praça das Três Culturas. Centenas de mortos e cerca de 1.500 presos
3	Morto José Guimarães, assassinado pelos elementos do CCC nos conflitos da rua Maria Antônia, em São Paulo. Passeata de estudantes de São Paulo em protesto contra a repressão policial e a atuação impune do CCC	**Peru** Golpe militar. Assume o governo o general Velasco Alvarado
4	Seqüestro de atores que encenavam a peça *Roda viva* em Porto Alegre por grupos paramilitares Passeata em São Paulo	
5/6		**Irlanda do Norte** Conflitos em Londonderry entre católicos e policiais
6/7/8	Passeatas e choques com a polícia, em São Paulo e no Rio de Janeiro, em protesto contra a morte de José Guimarães. A polícia ataca a tiros essas manifestações. Muitos feridos e mais mortos	
8	Norma Bengell é seqüestrada em São Paulo por comando de direita	**Canadá** Revoltas estudantis em Quebec, com ocupação de faculdades (até o dia 22)
9	Passeata no Rio de Janeiro é dissolvida com violência	
11	Começa em Ibiúna, São Paulo, o 30º Congresso da UNE	**Panamá** Golpe militar. Assume o governo o general Omar Torrijos
12	A polícia estoura o 30º Congresso da UNE e prende cerca de 700 estudantes Justiçamento do capitão do Exército norte-americano Charles Rodney Chandler, em São Paulo	
13	Atentado a bomba contra a Editora Civilização Brasileira, no Rio de Janeiro Assembléia de 2 mil estudantes no Conjunto Residencial da Universidade de São Paulo (Crusp) avalia a repressão ao 30º Congresso da UNE	

	Brasil	Mundo
14/15/16	Passeatas de protesto contra a repressão ao 30º Congresso da UNE em Recife, Florianópolis, Brasília, Salvador, Vitória, Fortaleza, Belém, Rio de Janeiro (tomada simbólica do prédio onde funcionava a UNE, na praia do Flamengo) e Aracaju	**Tchecoslováquia** Assinado tratado com a URSS autorizando o estacionamento temporário (mas de duração indefinida) das tropas soviéticas na fronteira da Alemanha Ocidental
19	Passeata em Curitiba contra a repressão ao 30º Congresso da UNE	
20		**Iugoslávia** O general Tito afirma, em Belgrado, em comício para mais de 100 mil pessoas, que a Iugoslávia resistirá com armas a eventuais invasores
22	Dia Nacional de Luta contra a Repressão ao 30º Congresso da UNE. No Rio de Janeiro, a polícia reprime a tiros manifestação em frente da Faculdade de Ciências Médicas, em Vila Isabel, matando um estudante e ferindo sete a bala. Manifestações em São Paulo, Fortaleza, Belo Horizonte e Salvador	
23	Manifestações de protesto, no Rio de Janeiro, contra a repressão às passeatas do dia anterior. Mais dois mortos	
28		**Tchecoslováquia** Protestos e manifestações contra a presença das tropas do Pacto de Varsóvia
31		**China** As autoridades anunciam o expurgo de Liu Shao-chi, acusado de pertencer aos quadros dos serviços secretos do Guomindang
Novembro		
1		**EUA** Anunciada a suspensão dos ataques aéreos à República Democrática do Vietnã
3		**Grécia** Protestos maciços contra a ditadura militar por ocasião do enterro do líder popular G. Papandreou, em Atenas
5		**EUA** Richard Nixon é eleito presidente dos Estados Unidos
8	Expropriação do carro-pagador do Instituto de Pensões do Estado da Guanabara (Ipeg), no Rio de Janeiro, realizada pela Ação Libertadora Nacional (ALN)	
12		**Itália** Greve geral estudantil (até o dia 14)
13		**EUA** Conflitos armados entre policiais e Panteras Negras, na Califórnia
14		**Itália** Greve operária paralisa 12 milhões de trabalhadores

	Brasil	Mundo
19		**EUA** Novos conflitos armados entre policiais e Panteras Negras, na Califórnia
21		**URSS** Reunião de 64 partidos comunistas em Moscou evidencia divergência e adia a Conferência Internacional de PCs **Egito** Agitação estudantil é violentamente reprimida em Alexandria: 15 mortos e 84 feridos
29		**Espanha** Choques entre policiais e estudantes em Madri **Canadá** Novos conflitos em Quebec. Luta pela autonomia regional
Dezembro		
1		**Jordânia** Israel ataca bases palestinas
2		**EUA** Conflitos estudantis em Nova York: 132 prisões
3	CCC explode bomba no Teatro Opinião, no Rio de Janeiro	**Itália** Protestos e greves atingem Roma, Florença, Turim, Bolonha, Nápoles e Gênova (até o dia 12)
5	Expropriação da loja de armas Diana, em São Paulo, pela Vanguarda Popular Revolucionária (VPR)	
7	Bomba de alto teor explosivo na agência Marquês do Herval, do *Correio da Manhã*, no Rio de Janeiro	
12	Congresso Nacional rejeita a licença para processar o deputado Márcio Moreira Alves por 216 votos contra 141, e 12 votos em branco	
13	O ministro da Justiça anuncia a decretação do Ato Institucional nº 5	**França** Manifestações estudantis
24/25		**EUA** A Apolo-8 circunda pela primeira vez a Lua
28		**Líbano** Comandos israelenses atacam o aeroporto internacional de Beirute e destroem 13 aviões

Manchete

Ato Institucional nº 5

(...)
Art. 2º – O Presidente da República poderá decretar o recesso do Congresso Nacional, das Assembléias Legislativas e das Câmaras de Vereadores por Ato Complementar, em estado de sítio ou fora dele, só voltando os mesmos a funcionar quando convocados pelo Presidente da República.
(...)
Art. 3º – O Presidente da República, no interesse nacional, poderá decretar a intervenção nos Estados e Municípios sem as limitações previstas na Constituição.
(...)
Art. 4º – No interesse de preservar a Revolução, o Presidente da República, ouvido o Conselho de Segurança Nacional e sem as limitações previstas na Constituição, poderá suspender os direitos políticos de quaisquer cidadãos pelo prazo de 10 anos e cassar mandatos eletivos, federais, estaduais e municipais.
(...)
Art. 6º — Ficam suspensas as garantias constitucionais, ou legais, de vitaliciedade, inamovibilidade, estabilidade, assim como a de exercício de funções por prazo certo.
(...)
Art. 7º — O Presidente da República, em quaisquer dos casos previstos na Constituição, poderá decretar o estado de sítio e prorrogá-lo, fixando o respectivo prazo.
(...)
Art. 10 — Fica suspensa a garantia de *habeas corpus* nos casos de crimes políticos contra a segurança nacional, a ordem econômica e social e a economia popular.
(...)
Art. 11 – Excluem-se de qualquer apreciação judicial todos os atos praticados de acordo com este Ato Institucional e seus Atos Complementares, bem como os respectivos efeitos.

Brasília, 13 de dezembro de 1968

Ato Complementar nº 38

O Presidente da República, no uso das atribuições que lhe confere o Artigo 9º do Ato Institucional nº 5 de 13 de dezembro de 1968, resolve baixar o seguinte Ato Complementar:
Art. 1º — Nos termos do Art. 2º e seus parágrafos do Ato Institucional nº 5, de 13 de dezembro de 1968, fica decretado o recesso do Congresso Nacional a partir desta data.
(...)

Brasília, 13 de dezembro de 1968

Manchete

Bibliografia selecionada sobre 1968

Apresento a seguir um certo número de textos que poderão contribuir para ampliar o conhecimento a respeito das lutas e dos sonhos de 1968. Relaciono não somente reflexões *sobre* a época mas também algumas leituras fundamentais que faziam a cabeça dos que agiam e lideravam o movimento dos estudantes. Não se deve perder de vista, porém, outras fontes, igualmente decisivas para a formação das pessoas, como, por exemplo, a música, os romances e as novelas, o cinema e o teatro, as artes plásticas etc. De qualquer modo, acredito que as indicações a seguir constituem um quadro de referências sugestivo para que se compreenda a época e como a viam os contemporâneos.

ALTHUSSER, L. *A favor de Marx.* Rio de Janeiro: Zahar, 1979.

———. *Ler o Capital.* Rio de Janeiro: Zahar, 1979.

ALVES, M. H. M. *Estado e oposição no Brasil (1964-1984).* Petrópolis: Vozes, 1984.

ALVES, M. M. *Beabá dos MEC-Usaid.* Rio de Janeiro: Gernasa, 1968.

———. *A Igreja e a política no Brasil.* São Paulo: Brasiliense, 1979.

———. *68 mudou o mundo.* Rio de Janeiro: Nova Fronteira, 1993.

ANDERSON, P. *A crise da crise do marxismo.* São Paulo: Brasiliense, 1984.

AQUINO, M. A. de. *Censura, imprensa, Estado autoritário (1968-1978).* Bauru: Edusc, 1999.

———. A especificidade do regime militar brasileiro: abordagem teórica e exercício empírico. In: REIS FILHO, D. A. (Org.). *Intelectuais, história e política: séculos XIX e XX.* Rio de Janeiro: Sette Letras, 2000.

BAFFA, A. *Nos porões do SNI.* Rio de Janeiro: Objetiva, 1989.

BARAN, P.; SWEEZY, P. *Capital monopolista.* Rio de Janeiro: Zahar, 1966.

BASBAUM, L. *História sincera da República.* São Paulo: Alfa-Ômega, 1983.

BEOZZO, J. O. *Cristãos na universidade e na política.* Petrópolis: Vozes, 1984.

BERNADET, J. C. (Org.). *Brasil, hoy.* México: Siglo XXI, 1968.

BESANÇON, J. (Org.). *Les murs ont la parole.* Paris: Tchou, 1968.

BETTO, F. *Batismo de sangue.* Rio de Janeiro: Civilização Brasileira, 1982.

BIOCCA, E. *Estratégia do terror.* Lisboa: Iniciativas Editoriais, 1974.

BOGO, A. *Arquiteto de sonhos*. São Paulo: Expressão Popular, 2003.

BOITEUX, B. D. *A guerrilha de Caparaó e outros relatos*. Rio de Janeiro: Inverta, 1998.

BOSC, S. et al. *A crise européia: revolta ou revolução?* Rio de Janeiro: Degrau, 1968.

BRANCO, C. C. *Introdução à revolução de 1964*. Rio de Janeiro: Artenova, 1975.

BRECHT, B. *Poesia*. Rio de Janeiro: Elo, 1983.

———. *Teatro completo*. Rio de Janeiro: Paz e Terra, 1986.

BRENNENSEIN, E. C. *Relações de poder, dominação e resistência*. Cascavel: Edunioeste, 2002.

BRITTO, S. de. *Sociologia da juventude*. Rio de Janeiro: Zahar, 1968. v. I, II, III e IV.

BROCHIER, J.-J.; OELGART, B. *L'Internationale Étudiante*. Paris: Julliard, 1968.

BROUE, P. *A primavera dos povos começa em Praga*. São Paulo: Kairós, 1979.

BROWN, N. O. *Vida contra morte, o sentido psicanalítico da história*. Petrópolis: Vozes, 1972.

CALADO, C. *Tropicália — uma revolução musical*. São Paulo: Ed. 34, 1997.

CALDAS, A. *Tirando o capuz*. Rio de Janeiro: Codecri, 1981.

CAMUS, A. *A peste*. Rio de Janeiro: Record, 1982.

———. *O estrangeiro*. Rio de Janeiro: Record, 1982.

CARANDELL, J. M. *A contestação juvenil*. Rio de Janeiro: Salvat, 1979.

CARNEIRO, M. L. T. (Org.). *Minorias silenciadas*. São Paulo: Imprensa Oficial, Edusp, 2002.

CARONE, E. *Movimento operário no Brasil, 1945/1964*. São Paulo: Difel, 1981.

CASO, A. *A esquerda armada no Brasil, 1967/1971*. Lisboa: Moraes, 1976.

CASSAL, A. B. Lamarca e Iara. In: RIDENTI, M. (Org.). *Tempo de ditadura*. Campinas: Unicamp, AEL, 2001. p. 99-113. (Cadernos Arquivo Edgard Leuenroth, 14-15.)

CASTAÑEDA, C. *A erva do diabo*. Rio de Janeiro: Record, 1973.

CAVALCANTI, P. (Org.). *Memórias do exílio*. São Paulo: Livramento, 1978.

CENTRE DE REGROUPEMENT DES INFORMATIONS UNIVERSITAIRES. *Quelle université? Quelle société?* Paris: Seuil, 1968.

CERTEAU, M. de. *La prise de la parole*. Paris: Desclée De Brouwer, 1968.

CHAGAS, F. A. G. das. *A Vanguarda Popular Revolucionária: dilemas e perspectivas da luta armada no Brasil (1968-1972)*. 2000. Dissertação (Mestrado) — Faculdade de História, Direito e Serviço Social da Universidade Estadual Paulista, Franca, 2000.

CHAVES, G.; SOUZA, D. *Nossa paixão era inventar um novo tempo: 34 depoimentos de personalidades sobre a resistência à ditadura militar*. Rio de Janeiro: Rosa dos Tempos, 1999.

COHN-BENDIT, D. *Le gauchisme*. Paris: Seuil, 1968.

———. *Nós, que amávamos tanto a revolução*. São Paulo: Brasiliense, 1987.

———. *O grande bazar*. São Paulo: Brasiliense, 1988.

———; SAUVAGEOT, J. *A revolta estudantil*. Rio de Janeiro: Laudes, 1968.

COMITÊ CENTRAL DO PC (b) DA URSS. *História do PC (b) da URSS.* Rio de Janeiro: Horizonte, s.d.

CONY, C. H. *Pessach: a travessia.* São Paulo: Companhia das Letras, 1997.

CORBISIER, R. *Reforma ou revolução.* Rio de Janeiro: Civilização Brasileira, 1968.

COSTA, A. H. *Barão de Mesquita, 425.* São Paulo: Brasil-Debates, 1981.

COUTO, R. C. *História indiscreta da ditadura e abertura. Brasil: 1964-1985.* Rio de Janeiro: Record, 1998.

———. *Memória viva do regime militar — Brasil: 1964-1985.* Rio de Janeiro: Record, 1999.

CUNHA, L. A. O milagre brasileiro e a política educacional. *Argumento*, n. 2, nov. 1973.

———. *A universidade crítica.* Rio de Janeiro: Francisco Alves, 1983.

CUNHA, S. Narrativas de um acontecimento: a morte do estudante Edson Luís no Calabouço em 1968. In: TRAVANCAS, I.; FARIAS, P. (Orgs.). *Antropologia e comunicação.* Rio de Janeiro: Garamond, Faperj, 2003.

DANIEL, H. *Passagem para o próximo sonho.* Rio de Janeiro: Codecri, 1982.

DANSETTE, A. *Mai, 1968.* Paris, Plon, 1971.

D'ARAUJO, M. C. et al. *Os anos de chumbo: a memória militar sobre a repressão.* Rio de Janeiro: Relume-Dumará, 1994.

DEBORD, G. *A sociedade do espetáculo.* Rio de Janeiro: Contraponto, 1997.

DEBRAY, R. *Revolução na revolução.* São Paulo: Centro Editorial Latino-Americano, 1980.

DELALE, A.; RAGACHE, G. *La France de 68.* Paris: Seuil, 1978.

DESGRAUPES, P.; DUMAYET, P. (Coords.). *Praga — quando os tanques avançam.* Rio de Janeiro: Expressão e Cultura, 1968.

DEUTSCHER, I. *Trotsky.* Rio de Janeiro: Civilização Brasileira, 1966/67.

———. *A revolução inacabada.* Rio de Janeiro: Civilização Brasileira, 1968.

———. *Ironias da história.* Rio de Janeiro: Civilização Brasileira, 1968.

DIAS, L. N. *Esquerda armada.* Vitória: Edições do Leitor, 1979.

DINIZ, J. *O cerco das Trevas-Calabouço, 1968.* Rio de Janeiro: Achiamé, 1988.

DIRCEU, J. Histórico do movimento estudantil. s.d. ms.

———; PALMEIRA, V. *Abaixo a ditadura: o movimento de 1968 contado por seus líderes.* Rio de Janeiro: Garamond, 1998.

DREIFUSS, R. *1964 — a conquista do Estado.* Petrópolis: Vozes, 1981.

DREYFUS-ARMAND, G.; GERVEREAU, L. (Dirs.). *Mai 68: les mouvements étudiants en France et dans le monde.* Paris: Bibliothèque de Documentation Internationale Contemporaine (BDIC), 1988.

DUARTE, P. S. *Anos 60: transformação da arte no Brasil.* Rio de Janeiro: Campos Gerais, 1998.

DUMONTIER, P. *Les situationnistes et mai 68.* s.l.: Gérard Lebovici, 1990.

FANON, F. *Les damnés de la terre.* Paris: Maspero, 1968.

FAVARETO, C. *Tropicália: alegria, alegoria.* São Paulo: Kairós, 1987.

FÁVERO, M. de L. de A. *A UNE em tempo de autoritarismo.* Rio de Janeiro: UFRJ, 1995.

FERNANDES, F. A revolução brasileira e os intelectuais. *Revista da Civilização Brasileira*, n. 1, 1965.

———. *A revolução burguesa no Brasil.* 2. ed. Rio de Janeiro: Zahar, 1976.

FERREIRA, J. *O populismo e sua história — debate e crítica.* Rio de Janeiro: Civilização Brasileira, 2001.

———; DELGADO, L. de A. N. (Orgs.). *O Brasil republicano. O tempo da ditadura; regime militar e movimentos sociais em fins do século XX.* Rio de Janeiro: Civilização Brasileira, 2003. v. 4.

FERREIRA, M. de M.; ROCHA, D.; FREIRE, A. *Vozes da oposição: depoimentos.* Rio de Janeiro: FGV, 2001.

FERRY, L.; RENAUT, A. *Pensamento 68.* São Paulo: Ensaio, 1988.

FICO, C. *Como eles agiam: os subterrâneos da ditadura militar — espionagem e polícia política.* Rio de Janeiro: Record, 2001.

———. Eles não usam *black-tie*: várias histórias, muitos protagonistas. In: SOARES, M. de C.; FERREIRA, J. *A história vai ao cinema: vinte filmes brasileiros comentados por historiadores.* Rio de Janeiro: Record, 2001.

FORACHI, M. M. *O estudante e a transformação da realidade brasileira.* São Paulo: Nacional, 1965.

———. *A juventude na sociedade moderna.* São Paulo: Pioneira, 1972.

FOUCAULT, M. *Vigiar e punir.* Petrópolis: Vozes, 1977.

———. *História da sexualidade.* Rio de Janeiro: Graal, 1979.

FRANFEL, C. *Education and the barricades.* New York: Norton, 1968.

FRANK, A. G. *Capitalisme et sous-développement en Amérique Latine.* Paris: Maspero, 1972.

FRASER, R. *1968, a student generation in revolt.* New York: Pantheon, 1988.

FROMM, E. *A arte de amar.* Belo Horizonte: Itatiaia, 1961.

———. *Psicanálise da sociedade contemporânea.* Rio de Janeiro: Zahar, 1965.

———. *O medo à liberdade.* Rio de Janeiro: Zahar, 1968.

———. *O conceito marxista do homem.* Rio de Janeiro: Zahar, 1970.

FURTADO, C. *Dialética do desenvolvimento.* Rio de Janeiro: Fundo de Cultura, 1964.

———. *Subdesenvolvimento e estagnação na América Latina.* Rio de Janeiro: Civilização Brasileira, 1966.

GABEIRA, F. *O que é isso, companheiro?* Rio de Janeiro: Codecri, 1979.

———; COHN-BENDIT, D. *Nós que amávamos tanto a revolução/diálogo.* Rio de Janeiro: Rocco, 1985.

GARAUDY, R. *Perspectivas do homem.* Rio de Janeiro: Civilização Brasileira, 1965.

———. *Marxismo do século XX.* Rio de Janeiro: Paz e Terra, 1967.

———. *Do anátema ao diálogo.* Rio de Janeiro: Paz e Terra, 1969.

———. *Toda a verdade.* Rio de Janeiro: Nova Fronteira, 1985.

———; CESBRON, G. et al. A rebelião dos estudantes. *Revista da Civilização Brasileira.* Rio de Janeiro, n. 19/20, maio/ago. 1968.

GARCIA, M. A. Contribuição à história da esquerda brasileira, 1960/1979. *Em Tempo.* São Paulo, ago. 1979/abr. 1980.

———; VIEIRA, M. A. (Orgs.). *Rebeldes e contestadores — 1968: Brasil, França e Alemanha.* São Paulo: Fundação Perseu Abramo, 1999.

GASPARI, E. *A ditadura envergonhada.* São Paulo: Companhia das Letras, 2002.

———. *A ditadura escancarada*. São Paulo: Companhia das Letras, 2002.

———. *A ditadura derrotada*. São Paulo: Companhia das Letras, 2003.

GASQUET, V. *Les 500 affiches de mai 1969*. Paris: Balland, 1978.

GIAP, N. V. *O Vietnã, segundo Giap*. Rio de Janeiro: Saga, 1968.

GINSBERG, A. M. *Psicologia da sociedade*. Rio de Janeiro: Zahar, 1966.

GOLDFEDER, S. *A Primavera de Praga*. São Paulo: Brasiliense, 1981.

GOMES, D. *Apenas um subversivo — autobiografia*. Rio de Janeiro: Bertrand Brasil, 1998.

GORENDER, J. *Combate nas trevas*. São Paulo: Ática, 1987.

GROPPO, L. A. *Uma onda mundial de revoltas — movimentos estudantis de 1968*. São Paulo: Fapesp; Piracicaba: Unimep, 2005.

GUEVARA, E. *Textes militaires*. Paris: Maspero, 1968.

———. *Textos revolucionários*. São Paulo: Centro Editorial Latino-Americano, 1980.

———. *Diário da guerrilha*. São Paulo: Global, 1985.

GULLAR, F. *Vanguarda e subdesenvolvimento*. Rio de Janeiro: Civilização Brasileira, 1978.

GURGEL, A. de P. *A rebelião dos estudantes*. Brasília: UnB, 2002.

HAMON, H.; ROTMAN, P. *Génération*, 1: Les années de rêve. Paris: Seuil, 1987.

HARRINGTON, M. *A outra América; pobreza nos EUA*. Rio de Janeiro: Civilização Brasileira, 1964.

———. *A revolução tecnológica e a decadência contemporânea*. Rio de Janeiro: Civilização Brasileira, 1967.

———. *Por uma esquerda democrática*. Rio de Janeiro: Civilização Brasileira, 1969.

HOLLANDA, H. B. de. *Impressões de viagem*. São Paulo: Brasiliense, 1980.

———; GONÇALVES, M. A. *Cultura e participação nos anos 60*. São Paulo: Brasiliense, 1982.

HUXLEY, A. *A ilha*. Rio de Janeiro: Civilização Brasileira, 1964.

———. *As portas da percepção*. Rio de Janeiro: Civilização Brasileira, 1965.

IANNI, O. *O colapso do populismo no Brasil*. Rio de Janeiro: Civilização Brasileira, 1968.

——— (Org.). *Política de massas e revolução social no Brasil*. Rio de Janeiro: Civilização Brasileira, 1968.

INSPETORIA GERAL DAS PMs. *Guerrilha e contraguerrilha urbanas*. Brasília, 1968.

JOFFRIN, L. *Mai 68 — histoire des évenements*. Paris: Seuil, 1988.

JOSÉ, E.; MIRANDA, O. *Lamarca, o capitão da guerrilha*. São Paulo: Global, 1981.

JOUSSELIN, J. *Les révoltes des jeunes*. Paris: Ouvrières, 1968.

KING JR., M. L. *O grito da consciência*. Rio de Janeiro: Expressão e Cultura, 1968.

KLEIN, L.; FIGUEIREDO, M. *Legitimidade e coação no Brasil pós-64*. Rio de Janeiro: Forense Universitária, 1978.

LABRO, P. *Les barricades de mai*. Paris: Solar, 1968.

LEFEBVRE, H. et al. *A irrupção*. São Paulo: Documentos, 1968.

LENIN, V. I. *Obras escogidas*. Moscou: Progresio, 1961.

LÉVI-STRAUSS, C. *Antropologia estrutural*. Rio de Janeiro: Tempo Brasileiro, 1967.

LIMA, H.; ARANTES, A. *História da ação popular*. São Paulo: Alfa-Ômega, 1984.

LIMA, L. G. *Evolução política dos católicos e da Igreja no Brasil*. Petrópolis: Vozes, 1979.

LIMA, M. A. *Marginália*. Rio de Janeiro: Salamandra, 1996.

MACIEL, L. C. *Negócio seguinte*. Rio de Janeiro: Codecri, 1982.

———. *Anos 60*. Porto Alegre: L&PM, 1987.

———. *Geração em transe*. Rio de Janeiro: Nova Fronteira, 1996.

MAILER, N. *Os degraus do Pentágono*. Rio de Janeiro: Expressão e Cultura, 1968.

———. *Miami e o cerco de Chicago*. Rio de Janeiro: Expressão e Cultura, 1969.

MALTA, M. H. *Brasil, um sonho intenso*. Rio de Janeiro: Espaço & Tempo, 1987.

MANDEL, E. *Da comuna a maio de 68*. Lisboa: Antídoto, 1979.

———. *Os estudantes, os intelectuais e a luta de classes*. Lisboa: Antídoto, 1979.

MAO ZE-DONG. *Obras escolhidas*. São Paulo: Alfa-Ômega, 1979.

MARCUSE, H. *Eros e civilização*. Rio de Janeiro: Zahar, 1968.

———. *Ideologia da sociedade industrial*. Rio de Janeiro: Zahar, 1968.

———. *O fim da utopia*. Rio de Janeiro, Paz e Terra, 1969.

MARIGHELLA, C. *Escritos*. São Paulo: Livramento, 1979.

MARINI, R. M. *A dialética do desenvolvimento capitalista no Brasil*. Rio de Janeiro: UME, 1968.

———. *Contradições e conflitos no Brasil contemporâneo*. Rio de Janeiro: UME, 1968.

———. *Interdependência brasileira e integração imperialista*. Rio de Janeiro: UME, 1968.

———. *Subdesenvolvimento e revolução*. México: Siglo XXI, 1969.

MARTINS, L. Grupos bilionários nacionais. *Revista do Instituto de Ciências Sociais*. Rio de Janeiro, 1965.

———. Formação do empresariado industrial. *Revista da Civilização Brasileira*. Rio de Janeiro, n. 13, maio 1967.

MARTINS FILHO, J. R. *Movimento estudantil e ditadura militar*. Campinas: Papirus, 1987.

———. *A rebelião estudantil*. Campinas: Mercado de Letras, 1996.

———. A guerra da memória: a ditadura militar nos depoimentos de militantes e militares. *Varia Historia*. Belo Horizonte, Departamento de História e PPG em História da Universidade Federal de Minas Gerais, n. 28, dez. 2002.

MARX, K.; ENGELS, F. *Obras escolhidas*. Rio de Janeiro: Vitória, 1963.

MATOS, O. *Paris, 1968, as barricadas do desejo*. São Paulo: Brasiliense, 1984.

MATTOS, M. B. Em busca da revolução socialista: a trajetória da Polop (1961-1967). In: REIS FILHO, D. A.; RIDENTI, M. (Orgs.). *História do marxismo no Brasil; partidos e organizações dos anos 20 aos 50*. Campinas: Unicamp, 2002. v. 5.

McLUHAN, H. M. *Revolução na comunicação*. Rio de Janeiro: Zahar, 1968.

———. *O meio são as mensagens*. Rio de Janeiro: Record, 1970.

MEDINA, C. (Org.). *1968-1988: nos passos da rebeldia*. São Paulo: CJE/ECA/USP, 1989.

MELLO, M. A. *Vinte anos de resistência — alternativas da cultura no regime militar*. Rio de Janeiro: Espaço & Tempo, 1986.

MENDES JR., A. *Movimento estudantil no Brasil.* São Paulo: Brasiliense, 1981.

MIRANDA, N.; TIBÚRCIO, C. (Orgs.). *Mortos e desaparecidos políticos durante a ditadura militar: a responsabilidade do Estado.* São Paulo: Fundação Perseu Abramo, Boitempo, 1999.

MORAES, J. Q. *Dictatorship and armed struggle in Brazil.* New York: Monthly Review Press, 1971.

MORIN, E. *Cultura de massas no século XX.* Rio de Janeiro: Forense, 1967.

———. *Introdução à política do homem.* Rio de Janeiro: Forense, 1969.

———; LEFORT, C.; COUDRAY, J. M. (Cornelius Castoriadis). *Mai 1968 — la breche.* Paris: Fayard, 1968.

NETO, T. *Os últimos dias de Paupéria.* São Paulo: Max Limonad, 1982.

NÓVOA, C.; NÓVOA, J. (Orgs.). *Marighella: o homem por trás do mito.* São Paulo: Unesp, 1999.

OLIVEIRA JR., F. *História da Ação Popular.* 2000. Tese (Doutorado) — CFCH-EFPE, Recife, 2000.

ORGANISATION LATINO-AMÉRICAINE DE SOLIDARITÉ (OLAS). *Première conferénce de l'Olas — La Havane, aôut 1967.* Paris: Maspero, 1967.

PACKARD, V. *A revolução sexual.* Rio de Janeiro: Record, 1968.

PARTIDO COMUNISTA BRASILEIRO (PCB). *Vinte anos de política, 1958/1979 — documentos.* São Paulo: Lech, 1980.

PEREIRA, L. C. B. *As revoluções utópicas.* Petrópolis: Vozes, 1979.

PERI, M. *Perspectivas da revolução brasileira.* Rio de Janeiro: Autores Reunidos, 1962.

PERRONE, F. *Relato de guerras: Praga, São Paulo, Paris.* São Paulo: Busca Vida, 1988.

PICQUE, C. *Mai 1968.* Bruxelles: Crédit Communal de Belgique, 1978.

POERNER, A. *O poder jovem.* Rio de Janeiro: Civilização Brasileira, 1968.

POLARI, A. *Em busca do tesouro.* Rio de Janeiro: Codecri, 1982.

POLITZER, G. *Princípios fundamentais da filosofia.* São Paulo: Fulgor, 1967.

PONIATOWSKA, E. *La noche de Tlatelolco.* Ciudad de México: Era, 1987.

PRADO JR., C. *A revolução brasileira.* São Paulo: Brasiliense, 1966.

REBELO, G. *A guerrilha de Caparaó.* São Paulo: Alfa-Ômega, 1980.

REICH, C. *O renascer da América.* Rio de Janeiro: Record, 1970.

REICH, W. *A revolução sexual.* Rio de Janeiro: Zahar, 1974.

REIS FILHO, D. A. *A revolução faltou ao encontro.* São Paulo: Brasiliense, 1991.

———. Ditadura e sociedade: as reconstruções da memória. In: SEMINÁRIO 40 ANOS DO GOLPE, 2004, Rio de Janeiro. *Anais...* Rio de Janeiro: UFRJ, UFF, CPDOC, Aperj, 2004.

———. *Ditadura militar, esquerdas e sociedade.* Rio de Janeiro: Zahar, 2005.

———; FERREIRA, J. (Orgs.). *A história das esquerdas no Brasil; revolução e democracia (1964-...).* Rio de Janeiro: Civilização Brasileira, 2007. v. 3.

———; RIDENTI, M. (Orgs.). *História do marxismo no Brasil — partidos e organizações dos anos 20 aos 50.* Campinas: Unicamp, 2003. v. 5.

———; ——— (Orgs.). *História do marxismo no Brasil — partidos e organizações dos anos 60 aos dias atuais.* Campinas: Unicamp, 2007. v. 6.

———; SÁ, J. F. de (Orgs.). *Imagens da revolução.* Rio de Janeiro: Marco Zero, 1985.

———; ——— (Orgs.). *Imagens da revolução; documentos políticos das organizações clandestinas de esquerda dos anos 1961-1971.* ed. rev. e atual. São Paulo: Expressão Popular, 2006.

———; GASPARI, E.; BENJAMIN, C. et al. *O seqüestro da História.* São Paulo: Fundação Perseu Abramo, 1997.

REVISTA DA CIVILIZAÇÃO BRASILEIRA. Dossier sobre a Tchecoslováquia. set. 1968. (Caderno especial, 3.)

RIDENTI, M. *O fantasma da revolução brasileira.* São Paulo: Unesp, 1993.

———. Intelectuais, artistas e estudantes: Paris, 1968. In: REIS FILHO, D. A. (Org.). *Intelectuais, história e política (séculos XIX e XX).* Rio de Janeiro: Sette Letras, 2000.

———. *Em busca do povo brasileiro; artistas da revolução, do CPC à era da TV.* Rio de Janeiro: Record, 2002.

———. Ação Popular: cristianismo e marxismo. In: REIS FILHO, D. A.; RIDENTI, M. (Orgs.). *História do marxismo no Brasil — partidos e organizações dos anos 20 aos 50.* Campinas: Unicamp, 2003. v. 5.

———. Resistência e mistificação da resistência armada contra a ditadura: armadilhas para os pesquisadores. In: SEMINÁRIO 40 ANOS DO GOLPE, 2004, Rio de Janeiro. *Anais...* Rio de Janeiro: UFRJ, UFF, CPDOC, Aperj, 2004.

ROLLEMBERG, D. *Exílio — entre raízes e radares.* Rio de Janeiro: Record, 1999.

———. A ALN e Cuba: apoio e conflito. In: RIDENTI, M. (Org.). *Tempo de ditadura.* Campinas: Unicamp, AEL, 2001; *Cadernos Arquivo Edgard Leuenroth.* Campinas, Unicamp, v. 8, n. 14/15, 1º e 2º sem. 2001.

———. *O apoio de Cuba à luta armada no Brasil — o treinamento guerrilheiro.* Rio de Janeiro: Mauad, 2001.

———. A Vanguarda Popular Revolucionária: os "marginais" na revolução brasileira. In: MENEZES, L. M. de; ROLLEMBERG, D.; MUNTEAL FILHO, O. (Orgs.). *Olhares sobre o político.* Rio de Janeiro: Eduerj, 2002.

———. Clemente. In: KUSHNIR, B. (Org.). *Perfis cruzados: trajetórias e militância política no Brasil.* São Paulo: Imago, 2002.

———. Esquerdas revolucionárias e luta armada. In: FERREIRA, J.; DELGADO, L. de A. N. (Orgs.). *O Brasil republicano. O tempo da ditadura — regime militar e movimentos sociais em fins do século XX.* Rio de Janeiro: Civilização Brasileira, 2003. v. 4.

———. Esquecimento das memórias. In: MARTINS FILHO, J. R. (Org.). *O golpe de 1964 e o regime militar; novas perspectivas.* São Carlos: Edufscar, 2006.

ROSZAK, T. *A contracultura.* Petrópolis: Vozes, 1972.

SACCHETTA, V.; CAMARGO, M.; MARINGONI, G. (Orgs.). *A imagem e o gesto — fotobiografia de Carlos Marighella.* São Paulo: Fundação Perseu Abramo, 1999.

SAES, D. Classe média e política no Brasil, 1930/1964. In: FAUSTO, B. (Org.). *O Brasil republicano.* São Paulo: Difel, 1983. v. 3.

———. *Classe média e sistema político no Brasil.* São Paulo: T. A. Queiroz, 1985.

SALES, J. R. *Partido Comunista do Brasil (PCdoB): propostas teóricas e prática política, 1962-1976.* 2000, Dissertação (Mestrado) — Universidade Estadual de Campinas, Campinas, 2000.

———. O PCdoB e o movimento comunista internacional nos anos 60. *História, Questões e Debates.* Curitiba, v. 35, 2001.

———. O PCdoB conta a sua história: tradição, memória e identidade política. *Diálogos*, Maringá, 2002.

SANTOS, N. et al. *História da UNE.* São Paulo: Livramento, 1980.

SANTOS, W. G. *Quem dará o golpe no Brasil?* Rio de Janeiro: Civilização Brasileira, 1962.

———. *Reforma e contra-reforma.* Rio de Janeiro: Tempo Brasileiro, 1963.

SARTRE, J.-P. *A idade da razão.* São Paulo: Difel, 1957/58, 1959.

———. *Furacão sobre Cuba.* Rio de Janeiro: Ed. do Autor, 1960.

———. *Questão de método.* São Paulo: Difel, 1966.

———. *Situations, VIII — autour de 68.* Paris: Gallimard, 1972.

——— et al. *Por que a revolta?* Lisboa: Sá da Costa, 1975.

SEMINÁRIO 40 ANOS DO GOLPE. *Anais...* Rio de Janeiro: UFRJ, UFF, CPDOC, Aperj, 2004.

SERBIN, K. *Diálogos na sombra: bispos e militares, tortura e justiça social na ditadura.* São Paulo: Companhia das Letras, 2001.

SILVA, F. C. T. da. 1968: memórias, esquinas e canções. *Acervo.* Brasília, Arquivo Nacional, v. 11, 1998.

SODRÉ, N. W. *Introdução à revolução brasileira.* Rio de Janeiro: Civilização Brasileira, 1963.

———. *História da burguesia brasileira.* Rio de Janeiro: Civilização Brasileira, 1964.

———. *História militar do Brasil.* Rio de Janeiro: Civilização Brasileira, 1965.

SORJ, B.; ALMEIDA, M. H. T. de (Orgs.). *Sociedade e política no Brasil pós-64.* São Paulo: Brasiliense, 1984.

SOUZA, M. I. S. *Os empresários e a educação — o Ipes e a política educacional após 1964.* Petrópolis: Vozes, 1981.

STALIN, J. D. *Cuestiones del leninismo.* México: Sociales, 1941.

STANSILL, P.; MAIROWITZ, D. *Bamm.* Harmondsworth: Penguin Books, 1971.

SUBIRATIS, E. (Dir.). *Textos situacionistas.* Barcelona: Anagrama, 1973.

SYRKIS, A. *Os carbonários.* São Paulo: Global, 1980.

TOURAINE, A. *Le mouvement de mai ou le communisme utopique.* Paris: Seuil, 1968.

UNEF; SNESup. *Le livre noir des journées de mai.* Paris: Seuil, 1968.

VALLE, M. R. do. *O diálogo é a violência — movimento estudantil e ditadura militar.* Campinas: Unicamp, 1999.

VANEIGEM, R. *Traité du savoir-vivre à l'usage des jeunes générations.* Paris: Gallimard, 1967.

VELOSO, C. *Verdade tropical.* São Paulo: Companhia das Letras, 1997.

VENTURA, Z. *1968 — o ano que não terminou.* Rio de Janeiro: Nova Fronteira, 1988.

VIEIRA, R. A. A. *Juventude em crise: de Sartre a Marcuse.* Rio de Janeiro: Bit, 1970.

WEFFORT, F. Raízes sociais do populismo em São Paulo. *Revista da Civilização Brasileira*, n. 2, maio 1965.

———. Estado e massas no Brasil. *Revista da Civilização Brasileira*, n. 7, 1966.

XAVIER, I. *Alegorias do subdesenvolvimento.* São Paulo: Brasiliense, 1993.

ZIÉGLER, J. *Sociologia e contestação.* Rio de Janeiro: Civilização Brasileira, 1972.

Impresso nas oficinas da
SERMOGRAF - ARTES GRÁFICAS E EDITORA LTDA.
Rua São Sebastião, 199 - Petrópolis - RJ
Tel.: (24)2237-3769